SCEN@RIOS

SCEN@RIOS

PEDAGOGIES DU VIRTUEL

Atelier de lecture et d'écriture

INSTRUCTOR'S EDITION

MICHELE MAGNIN
University of San Diego

VERONIQUE FLAMBARD-WEISBART
Loyola Marymount University

THOMSON
HEINLE

Australia Brazil Canada Mexico Singapore Spain United Kingdom United States

TO THE PROFESSOR

OVERVIEW

Scén@rios: Pédagogies du virtuel, Atelier de lecture et d'écriture is intended for the college intermediate- or advanced-level classroom. The text explores not only traditional reading and composition studies, but also offers an interactive exploration of virtual reality.

In an era of global communication, it has become more challenging for French instructors to find readings that enrich the experiential learning component of classroom writing activities. ***Scén@rios*** offers the appeal of playful reading activities that introduce a variety of writing styles and techniques, as well as lessons in syntax, vocabulary, and culture. More importantly, the readings create a conceptual space in which lively communication can take place in the classroom. Indeed, through the selection of texts and reading activities in ***Scén@rios***, students participate in authentic exchanges that enhance close reading activities, and go beyond the often simplistic interactions taking place in the language classroom. For example, the reading activities presented in *Structure 1: Les personnages,* around an excerpt of Michel Leiris's self-portrait in *L'Age d'homme* (1939), make immediate the rich literary and cultural tradition of the self-portrait genre in France and are designed to create a meaningful transition between reading and creative writing activities.

Efficient pedagogical tools are necessary to reach students beyond the traditional academic framework. Both authors are experienced in teaching creative writing/composition courses in French using the pedagogy of global simulations. All creative writing activities in ***Scén@rios*** are structured around the pedagogy of global simulations, which is particularly suited for dynamic interactions between students in a French context, where culture and personal experience merge and where a world can be constructed using a foreign language in a playful atmosphere. A global simulation also introduces virtual situations to the classroom, which can induce coherent and viable responses to similar situations in real life.

As described by Patrick Charrière in the *Préface*, simulations originated as early as 1941, when the United States entered the Second World War. Contrary to common belief, simulations were not invented by theorists, but rather by men and women who needed the job done quickly, and expected concrete results. In Paris in the 1970s, the same pragmatic concern attracted pedagogues to include simulations in the pedagogical context of language instruction. Concurrently, the theory of language learning (linguistics, methodologies, etc.) began to share the limelight with a communicative approach for language learning that fostered creativity, role-playing, improvisation, and writing workshops. In short, the teaching of French as a foreign language took a turn towards a pedagogy combining linguistic skills with communicative goals.

Scén@rios is designed for French classes in textual analysis, composition, or for creative writing workshops for college students who can demonstrate a proficiency level equivalent to a minimum of two years of college-level study.

Scén@rios introduces students of French to close readings, improves their written expository prose, and allows them to practice various forms of writing after having studied an array of different styles and points of view. Web resources and new technologies are integrated into the class curriculum. Class size will not influence the effectiveness of the text, although a minimum of six students is preferable. Since the pedagogy of global simulations is based on the principle of role-play, it can be applied to any course content, regardless of class size.

Global simulations rely on the principle of role-play and require students to reinvent themselves directly in a virtual space and time that they create within the framework of a broad array of narrative cultural parameters introduced by the instructor. By participating in the simulation, students construct an invented universe, imitating reality in a francophone context. This new universe is ruled by constraints, which must be respected. Students create virtual characters and all scenarios of their characters' virtual reality.

In a simulation, instructors act as facilitators. They do not teach culture; rather, the added value of culture is taught through the socio-linguistic component of the course. Instructors are virtual-reality animators, and students are players. Students' understanding and experiencing of culture depends much less on the instructor's teaching of culture than on the virtual-reality animator's ability to direct the players on the proper path to knowledge. To ensure that students do not lose sight of the original goal of the simulation while playing, the instructor must essentially prepare them for unknown factors that they may encounter. For example, the instructor can make students aware of cultural clichés to be avoided. Thus, an authentic experience of culture can be achieved with careful attention and the guidance of multimedia activities. A detailed outline of the simulation's rules and specifications regarding the proper space for individual work, collaborative work within the groups, and for the whole class, must be provided by the instructor. The simulation's context must be made explicit: where, when, and how does it start, progress, and end? ***Scén@rios*** will provide the necessary pedagogical guidelines, cultural information, and additional resources in the *Notes pour le professeur* section.

From among many possible global simulations, we have chosen "The Building" *("L'immeuble")*. Imagine transporting your entire class to France and having students become tenants in a French *immeuble*. They are going to pretend two things:

1. to live someplace else
2. to be someone else

The building can be situated in a francophone city of the instructor's choice, based either on his/her personal knowledge, travel experience, or on the availability of information on the Web. Once the instructor has chosen the city, students choose a name, an identity, and an occupation. They describe themselves in a personal journal and in compositions that are read by the rest of the class. Very quickly, a sense of community is born, and interactions in the building become very lively as the teacher develops ideas for the students to write about. Invitations are made, encounters take place, incidents occur in the building, and major events in the city affect tenants' lives. For American students who are often raised in suburban single-family homes, it may be necessary to explain the vicissitudes of living on a fourth floor walk-up, especially when carrying groceries, or when tiptoeing past the *loge* of the nosey concierge at 2:00 a.m., knowing the cranky first-floor neighbor's dog will bark.

The city is a vast and rich text for the teaching of different cultures and social codes. A modern U.S. city such as Los Angeles offers many grids and few circular patterns, except where urban development has followed the natural layout of the terrain, such as canyons and steep hills. But a city as old as Paris was built in concentric circles around the Ile-de-la-Cité and the Ile Saint-Louis. Many cultural insights can be gained through observing, for instance, the width of streets, their names, sidewalks, number of pedestrians, or number of cars. The architecture of buildings is also significant. Students can ask: Are there shops on the bottom floor? offices or apartments above? windows that open? balconies? plants or trees on terraces?

Interior decoration illustrates lifestyles. An American kitchen usually contains a microwave oven and a toaster oven. Television sets appear in the family room, bedrooms, and sometimes even in kitchens, showing the importance of this medium in the culture. Is this true in France as well? A quick tour on the Web lets students find out by peeking into Parisian apartments, using a 360° view.

When the characters have become familiar with each other and a good dynamic has been well established within the group, it is time to collaborate and write a detective story that will take place in the building. The experience culminates with the theatrical production of a scene from the detective story (or mini-novel); the students play their parts in a dialogue they have written.

If simulations are popular with students and teachers alike, it is because they render the class material and curriculum (grammar, vocabulary enrichment, style, and genre) pertinent. For instance, proper use of past tenses becomes relevant when the "tenants" write an essay about a significant event in their lives. Students write longer essays and do more research without resistance. They create their own context and practice the language within it. For the instructor, it is a way of traveling outside of the classroom and fostering active participation by the students, and a perfect vehicle for creating a multicultural learning environment.

FEATURES

The ***Scén@rios*** package is composed of a textbook and a companion Website. The Instructor's Edition is organized as follows:

- Préface (by Patrick Charrière, Attaché Linguistique, French Consulate) In the preface, Patrick Charrière explains the general principles of global simulation pedagogy, and how the use of this pedagogy helps students develop better communicative skills.
- Notes pour le professeur
- Table des matières (Table of Contents)
- Text

Scén@rios is divided into ten *Structures*:

Structure préliminaire: Vers la simulation presents the concept of global simulation pedagogy. It prepares students for role-play activities by selecting a scenario for the term's (semester or quarter) simulation and by inviting students to create the identities of their alter-egos in the simulation. The representative text selected for this *Structure*, and the analytical and interpretative reading exercises that follow, allow the instructor to work on vocabulary, nuances, and authorial choices; sentence structure; style; cultural background information; atmosphere; and décor. The exercises guide students through a close reading of the text so that they are able in turn to write creatively with a significantly enriched style as they work through the *Structures* of the book.

The next four *Structures* (*1. Les personnages*; *2. Le milieu*; *3. Le décor*; *4. Les événements*) explore a linguistic function and/or genre necessary for the simulation to come to life and to progress. For example, in *Structure 1: Les personnages,* students study portraits and self-portraits, as well as physical and psychological descriptions of character.

The *Structure intermédiaire: Vers l'écriture collaborative* presents the culminating writing project done in a collaborative fashion. Each student contributes to the group project. In a collaborative effort, students insure that their individual participation is valuable to the group and corresponds to other participants' goals.

The last four *Structures* (*5. La mémoire*; *6. La correspondance*; *7. Les dialogues*; *8. L'avenir*) explore more linguistic functions and genres and work toward the end of the simulation.

Structure Organization

Each *Structure* begins with an introductory passage describing a particular linguistic function or genre. Each genre or function is illustrated by a *Texte modèle*, a reading excerpt that provides an example of the genre or function being presented. It is followed by an *Explication de texte* section that situates the text, defines its general emphasis, indicates its structure, analyzes its form and content, and explains its meaning. For example, in *Structure préliminaire: Vers la simulation*, the writers' group OULIPO is discussed and its principles are applied to the reading by Georges Perec. Through the selection of readings and reading activities, students experience authentic exchanges that enhance close reading activities and authentic interactions in the language classroom. Integrated cultural and multimedia activities help enrich the simulation with the support of a website, provide authentic documents, and give substantial data for in-class discussions and reports, as well as written work. In *Structure 3: Le décor,* for example, students visit apartments on real estate websites. Forms that enable students to record and assess group activities are also available and downloadable from the companion Website. Finally, reading activities create a meaningful transition between reading and creative writing tasks.

In the next section, students are invited to the practice of *Ecriture extensive* in the form of a personal journal. Always writing in the first person, students imagine that they are writing journal entries for their fictional character in the simulation. They write as much as possible and build up their fictional character's identity while giving more details about his/her environment and context. In *Structure 1: Le portrait,* students imagine the official *fiche d'identité* for their character, including his/her age, occupation, nationality, and so forth. The journal is not corrected in a detailed fashion, but offers instructors a chance to make encouraging remarks, to foster creativity, and — at this stage — to offer only general observations on style and form. This is an extensive writing exercise; students write freely, and structure is not as important as developing ideas and gaining cultural insight. The journal assignment is e-mailed to the instructor and, depending on class size, may also be read by the whole class via e-mail or a chatroom.

A *Stylistique* section follows, which includes the description of a writing genre (e.g., in *Structure 2: Le milieu,* the genre is *le récit*). Practice activities focus on the writing task at hand. *Rappel grammatical* notes direct students to the grammar explanations and practice exercises in *Appendice I* at the back of the book.

In the *Ecriture intensive* section, students write essays or compositions. The topics assigned help the simulation come to life by allowing the participants to describe themselves, their activities, and their interactions with other participants. The compositions involve the practice of intensive writing; students must make great efforts to produce a near perfect text. The topics call for a variety of styles and techniques, including the portrait, the parody, narration and dialogues, summaries, and amplification exercises. (See, for example, *Structure 4: Les événements,* where the student's character expresses his/her knowledge or opinion about an incident involving other characters in the simulation.) Each composition is drafted twice (*Premier jet* then *Révision*) and evaluated each time by the instructor. It can be submitted for peer-evaluation as well. A *grille d'évaluation* form, which can be downloaded and printed from the Website, completes each *Structure*. Students turn these forms in with each draft of their compositions. There is space for self-evaluation, peer-evaluation, and instructor's evaluation, thus establishing a stronger dialogue between students and professor and better self-awareness for the student. The form is also a valuable aid and time-saver for the instructor. Moreover, because it focuses on objective points, it also eliminates grade grievance by the students.

Instructors who teach composition classes tend to become overwhelmed with the amount of papers and homework to grade. The authors share this experience and offer suggestions to minimize the amount of time spent grading (cf. *Notes pour le professeur*). When used as a textbook for the reading class, many activities can be done orally, and writing assignments can be shorter.

The *Appendices* follow the *Structures* at the end of the textbook. *Appendice I* includes the *Rappel grammatical* and features grammar revisions and practice exercises. The corrections for all grammar exercises in *Appendice I* are available on the ***Scén@rios Instructor Website*** under *Corrections des exercices* (see below). *Appendice II* focuses on *Les verbes,* and presents verbal modes, tenses and uses.

A *Notes pour le professeur* section at the beginning of the Instructor's Edition offers pedagogical suggestions and possible answers to the textual analysis questions throughout each of the *Structures.*

ANCILLARY MATERIALS

Website

This book-specific Website completes the textbook with integrated cultural activities for the ten *Structures*. The Website is organized in two main sections for each *Structure*:

- The *Student Website* gives access to biographical or contextual information to enrich the reading activities of the literary texts, links, general directions for the *Activités multimédia,* and composition evaluation forms that can be downloaded and printed.
- The *Instructor Website* is password-protected and includes the corrections for grammar exercises found in *Appendice I* of the textbook, as well as pedagogical tools, links, and support materials for the instructor.

Système-D CD-ROM: Writing Assistant for French

Students may have access to this powerful and proven program that combines the features of a word processor with a database of language reference material, a searchable dictionary featuring the entire contents of Merriam-Webster's® French-English Dictionary, a verb conjugating reference, and audio recordings of vocabulary, example sentences, and authentic samples of the language. With **Système-D 4.0**, beginner and lower-intermediate level students develop critical-thinking skills as they learn to read, analyze, make word associations, and understand the link between language functions and linguistic structures.

PREFACE

«ON NE PEUT PAS NE PAS IMPROVISER.»

Patrick Charrière

Qu'on le veuille ou non, quoi qu'on fasse et quoi qu'il arrive, on ne peut pas ne pas improviser.

Faites un tout petit effort de mémoire: Vous souvenez-vous de votre premier voyage à l'étranger? Mais si! Rappelez-vous comme vous en rêviez à l'avance et combien il vous tardait d'expérimenter en situation cette langue étrangère que vous aimiez tant à l'école, que vous appreniez avec tant de ferveur et en laquelle vous aviez d'excellentes notes lors des tests et des contrôles... Et souvenez-vous de la panique qui vous prenait soudain dans le pays en question quand il fallait demander son chemin dans la rue, quand il fallait meubler la conversation à table entre amis ou quand il fallait se faire indiquer le commissariat de police le plus proche pour déclarer le vol de votre passeport ou de votre sac à main. Souvenez-vous: envolés vos beaux résultats scolaires, anéanti(e) le/la bon(ne) élève!

Souvenez-vous alors des prodiges dont vous étiez capable pour véritablement COMMUNIQUER avec votre misérable petit bagage linguistique. En faisant des gestes, des sourires, des bruits, en vous contorsionnant, en faisant le clown, en jouant la comédie avec tout ce qui pouvait vous tomber sous la main. Parce qu'il fallait bien se faire comprendre. Parce qu'il y avait de l'urgence et peut-être même du danger. Parce qu'il y avait — à l'inverse, bien souvent, de ce qui se passe dans la classe de langues — un véritable enjeu. Parce qu'il était peut-être tout simplement vital de joindre au plus vite le commissariat. On ne peut pas ne pas improviser.

* * *

Vous souvenez-vous d'avoir pris un jour la décision de demander un rendez-vous à votre patron afin d'obtenir une augmentation de salaire? Comment aviez-vous décidé de vous habiller ce jour-là? Qui a parlé le premier, vous ou lui? Quels ont été vos premiers mots? Vous souvenez-vous de la somme d'argumentations dont vous avez été capable, vous qui d'habitude ne brillez pas particulièrement en société? Rappelez-vous comment vous aviez bâti votre requête et comment vous avez dû, en cours de route, changer de stratégie. C'est alors que vous êtes allé(e) chercher au fond de vous-même tous vos acquis, linguistiques ou non, afin de déployer la panoplie dialectique qui devait finalement vous valoir cette augmentation sans laquelle... etc. On ne peut pas ne pas improviser.

* * *

Rappelez-vous la dernière fois que vous êtes tombé(e) amoureux(-euse). Laissez-moi deviner:

> Je lui dis tout de suite ou à la sortie de la classe (du bureau, du bus, du métro...)?... Non, plutôt ce soir... Ou bien demain...?... La semaine prochaine

juste en sortant!... Qu'est-ce que je vais lui dire d'ailleurs?... A quoi bon, de toute manière, il/elle va m'envoyer promener, alors...

Bien sûr, ce n'est pas facile. On s'expose personnellement. Il y a du danger. De l'urgence aussi. Mais quel enjeu! Laisserez-vous échapper «l'amourette qui passe, qui vous prend aux cheveux» dont parle Georges Brassens dans l'une de ses chansons? On ne peut pas ne pas improviser.

* * *

Dans *Une Logique de la communication*[i], Paul Watzlawick raconte l'histoire suivante: C'est l'anniversaire du fils de la maison. Il a vingt ans. Sa mère, pour l'occasion, lui a offert deux cravates. Une rouge et une bleue. Le fils remercie poliment. La soirée se termine paisiblement. Chacun s'en va dormir de son côté. Le lendemain matin, le fils, par correction, arbore l'une des deux cravates au petit déjeuner. Sa mère l'accueille alors d'un glacial: «Hummh! Tu as mis la bleue...»

Nos vies entières sont perpétuellement tissées de ces doubles contraintes et de ces paradoxes. La cravate rouge n'aurait rien changé. Mais dans la vie, on est parfois obligé de porter une cravate ou de demander son chemin dans la rue à un passant ou encore de demander une augmentation à son patron... Et il nous arrive même de tomber amoureux.

Il s'agit là d'exemples simplistes. Qu'en est-il alors à l'occasion de prises de décision plus ardues? «On ne peut pas ne pas communiquer» écrit Paul Watzlawick. Nous nous permettons de surenchérir sur la formule: On ne peut pas ne pas improviser.

* * *

Longtemps les institutions, et particulièrement l'Education, se sont défiées de l'improvisation, lui reprochant son absence de sérieux, de préparation, d'efforts. Les exemples qui précèdent, aussi dérisoires soient-ils, attestent cependant du contraire. Non seulement on ne peut pas ne pas improviser, mais encore, aussi paradoxal que cela paraisse, il faut beaucoup travailler pour bien improviser. Et cela s'apprend.

Dans le domaine de l'apprentissage des langues, si l'on veut faire appel à l'improvisation, il faut créer des situations de communication qui présentent tous les enjeux de la réalité. Il faut que le travail d'apprentissage soit proposé non pas comme des tâches à accomplir en tant qu'exercices imposés, voire au mieux en tant qu'exercices de style, mais comme des réponses appropriées et viables à des problématiques vraisemblables de la vie. En d'autres termes, comment faire pénétrer le réel dans la classe de langues?

* * *

A y regarder de près, simuler est l'acte même de l'apprentissage. C'est d'abord et avant tout celui de la langue maternelle qui s'apprend dans un jeu de simulation de babil avec «maman», qui figure dans les premiers mots prononcés par chaque petit homme ou femme dans l'idiome qui lui est propre et probablement, à l'origine, onomatopée simulatoire. Et c'est en simulant le monde des adultes qu'on apprend la socialisation, les règles du jeu social, des gagnants et des perdants, des coups durs, des coups de cœur et autres aléas de la vie.

Les simulations ont d'abord été professionnelles. Elles sont apparues en 1941, alors que les Etats-Unis décident d'entrer dans le conflit de la Deuxième Guerre mondiale, dans un contexte de danger, d'urgence et de nécessité vitale. Très vite, il faut construire des infrastructures guerrières performantes, des armes et des munitions, des avions, des navires, des véhicules et des engins de toute sorte. Il faut aussi former les hommes qui utiliseront ce matériel. Et l'on comprend très vite que le fait de mettre un futur pilote de chasse dans une situation de simulation en studio s'avère beaucoup plus rentable, à tous les sens du terme, en ressources humaines et matérielles, qu'un apprentissage dans des conditions réelles.

Le principe, allié à d'autres découvertes comme la technique du «brainstorming» d'Osborne, pour ne citer que celle-ci, fait très vite ses preuves. On le généralise, après la guerre, à des domaines de formation aux métiers de la banque, du commerce, de la psychologie, de la communication, etc. Contrairement à ce qu'on pourrait penser, ce ne sont ni des théoriciens, ni des pédagogues, ni des didacticiens qui ont expérimenté le bien-fondé des simulations, mais des gens de terrain, des professionnels d'abord en quête de résultats concrets.

C'est probablement cet aspect pragmatique qui a déclenché au BELC (Bureau pour l'Enseignement des Langues et des Cultures), à Paris et à la fin des années soixante-dix, l'idée d'intégrer le principe des simulations dans une méthodologie d'apprentissage du Français Langue Etrangère (FLE). A cette époque en effet, à côté de formations théoriques (linguistiques, méthodologiques, etc.), se développe, dans le cadre des «approches communicatives», tout ce qui tourne autour de la créativité, de l'expression théâtrale, des ateliers d'écriture, voire même des «matches d'improvisation». Comme le dit Francis Debyser, directeur du BELC et inventeur de la simulation globale en classe de langues, on s'oriente alors vers une pédagogie alternative où le plaisir du langage rivalise avec les enjeux de la communication.

Dans sa magnifique préface de *L'immeuble,* publié en deuxième édition en 1996 chez Hachette, il donne cette définition: «Une simulation globale est un protocole ou un scénario-cadre qui permet à un groupe d'apprenants pouvant aller jusqu'à une classe entière d'une trentaine d'élèves, de créer un univers de références — un immeuble, un village, une île, un cirque, un hôtel — de l'animer de personnages en interaction et d'y simuler toutes les fonctions du langage que ce cadre, qui est à la fois un lieu-thème et un univers du discours, est susceptible de requérir.» [ii]

Tout est dit. Quel que soit le lieu-thème choisi, la procédure sera immuable et consistera à

- planter le décor
- prendre des identités d'emprunt
- faire vivre une histoire en interaction

La lecture de *La Vie mode d'emploi* de Georges Perec[iii], amène Francis Debyser à imaginer le canevas de *L'Immeuble.* Suivront, dans le domaine de la simulation strictement «globale», *Le Village* et *Iles,* puis plus tard, pour répondre à des besoins spécifiques dans l'apprentissage du Français de Spécialités: *L'Entreprise, L'Hôtel* et *La Conférence internationale.*

* * *

L'action de simuler consiste à

faire semblant,
ensemble,
en même temps.

Cela nous rapproche considérablement des principes du jeu qui sont au nombre de deux:

1. Il n'y a pas de jeu sans règles.
2. Il n'y a pas de jeu sans enjeu.

Un sociologue hollandais ajoutait même dès 1938: «Il n'y a rien de plus sérieux que le jeu.» [iv]

L'animateur d'une simulation devra donc commencer par expliquer clairement les règles du jeu auquel on se propose de jouer, au cours d'une négociation sans laquelle il n'est pas de pédagogie de projet. Les enfants, auxquels rien n'échappe, sont tellement conscients de la nécessité de règles dans l'espace ludique qu'ils explicitent les conditions de jeu par une redondance de la forme conditionnelle: «On dirait qu'on ferait..., toi tu serais le gendarme et moi je serais le voleur...». Le sens du jeu, la prise de conscience qu'on décide de participer à des actes d'un autre ordre que la réalité — une sorte de réalité virtuelle? — excuse bien l'apparente faute grammaticale qu'un puriste s'empresserait de souligner. En matière de contexte ludique et de réalité virtuelle, on remarquera aussi le fait qu'aujourd'hui la quasi-totalité des publics d'apprenants d'une langue étrangère sont nés avec un «joy-stick» à la main, le visage rivé à un écran de jeux, de télévision, de cinéma ou d'ordinateur. C'est donc un public de choix pour les simulations pédagogiques. Voilà qui n'a pas échappé aux auteures du présent ouvrage.

Un autre aspect positif de la simulation consiste en l'organisation d'un «laisser-faire» ou d'un «laisser se faire» dans la confiance, parce qu'il est relié à un objectif connu et à des consignes claires. L'animateur d'une simulation accepte de descendre de sa chaire de professeur pour jouer davantage le rôle d'un animateur. Ce sera le contrat à établir dès le début du cursus entre l'animateur et les participants de la simulation. Et ce n'est là que le début de la négociation qui sera constante tout au long de la simulation.

A cet égard, la manière de planter le décor et de l'habiter ne sera pas non plus artificielle, comme une simple toile de fond sans épaisseur et sans histoire. Au contraire, le décor deviendra un personnage à part entière à partir duquel on pourra se situer. On pourra l'aimer, le détester, en préférer un autre, en discuter, etc. «Nous ne voyons pas l'espace qui nous entoure, nous le vivons. Notre expérience du monde extérieur est individuelle et biographique» écrit Gaston Bachelard dans *La Poétique de l'espace*[v]. Ainsi, lorsqu'ils seront en présence les uns des autres et dans l'obligation de se présenter, les participants d'une simulation auront autre chose à se dire que les sempiternels «Comment allez-vous? — Très bien merci, et vous?» que l'on trouve habituellement dans les méthodes d'apprentissage de langues.

Le fait de prendre des identités d'emprunt, outre le fait qu'il brise les inhibitions auxquelles aboutiraient des activités de type «psychodramatiques» où l'on jouerait avec sa propre identité — ce que les enseignants de langues doivent s'interdire absolument — favorise la prise de paroles et l'épanouissement de chaque participant.

En parallèle avec le travail en petits groupes, autre composante de la pédagogie de projet, il permet de libérer les déblocages à l'écrit comme à l'oral, il accentue l'implication des participants dans la réalisation de tâches pour lesquelles ils sont responsables devant le grand groupe et il rééquilibre les temps de paroles et de production face aux éternels dangers «d'effets Pygmalion», de triste mémoire[vi].

Enfin il y a le «désir de savoir» et le «plaisir d'apprendre» qui restent les enjeux essentiels de tout le système éducatif. Au BELC où, depuis plus de vingt ans, une centaine de stagiaires venus du monde entier, professeurs de français langue étrangère, directeurs de cours dans les alliances et les instituts, attachés de coopération, inspecteurs de l'Education, découvrent et mettent en pratique chaque année les simulations à tous niveaux, de l'enseignement primaire à l'universitaire, privé ou public, les retours d'expérimentation sont tous, sans exception, unanimes: le recours à la simulation redynamise un enseignement du français qui parfois s'essouffle. Les participants s'investissent avec délices dans cet immense jeu de rôle qui les fait progresser dans la connaissance et la pratique d'une langue étrangère qu'ils acquièrent au gré des aventures collectives de leurs imaginaires. Et ceci constitue une expérience difficilement transmissible auprès des collègues, de l'administration ou des parents.

Un peu comme la pâte à modeler. Cela ne se raconte pas. Personne n'est obligé, mais si l'on veut vraiment savoir, il suffit de mettre ses mains dedans.

---

[i] Paul Watzlawick, *Une Logique de la communication.* Paris: Le Seuil, 1974.

[ii] Francis Debyser, *L'Immeuble.* Hachette, Paris: Hachette, coll. «Simulations Globales», 1996, p. IV.

[iii] Georges Perec, *La Vie mode d'emploi.* Paris: Hachette, 1978.

[iv] Johann Huizinga, *Homo ludens.* Paris: Réedition Gallimard, 1981.

[v] Gaston Bachelard, *La Poétique de l'espace.* France: Puf, 2001.

[vi] Rosenthal, R., and Jacobson, L., *Pygmalion in the Classroom.* New York: Rinehart and Winston, 1968.

NOTES POUR LE PROFESSEUR

LA SIMULATION GLOBALE

Si vous avez choisi ce manuel, c'est sans doute que vous voulez essayer d'engager vos étudiants dans l'aventure de la simulation, ou que vous l'avez déjà fait et cherchez un manuel adapté à cette pratique. Si vous êtes néophyte en matière de simulation globale, cette section vous aidera tout au long du trimestre ou du semestre. Si vous choisissez de ne pas faire de simulation, cette section est également pour vous, car elle traitera aussi de réponses possibles aux questions d'analyse textuelle, de pistes de recherche enrichissantes et de façons d'abréger les temps de correction des devoirs. La simulation est intégrée dans le programme de ce manuel. Les textes sélectionnés servent de modèles et aident les étudiants à sortir de leur univers quotidien pour les aider à en créer un nouveau où ils seront des acteurs francophones grâce à l'identité qu'ils s'inventeront. La simulation est le support qui rend la lecture des textes et la pratique de la langue pertinentes et stimule la créativité des étudiants.

La première partie de ***Scén@rios*** prépare les étudiants aux activités de jeu de rôle à travers la sélection d'un lieu de vie et d'une identité fictive qu'ils développeront dans leurs journaux et leurs compositions ainsi qu'à travers les *Activités multimédia*. La deuxième partie permet au professeur de guider les étudiants à travers l'expérience de l'écriture collaborative dans un contexte culturel et linguistique riche. La troisième partie offre diverses possibilités pour conclure la simulation, l'un des buts primordiaux étant la production d'un travail à la fois collaboratif et individuel dont les étudiants sont fiers et qu'ils peuvent publier sous forme de livret, de portfolio ou de CD-ROM. Ces travaux peuvent être montrés aux étudiants de l'année suivante pour les motiver.

Des conseils et des suggestions pour gérer les journaux et les compositions ainsi que le travail collaboratif seront donnés dans chaque *Structure*.

Pour ce qui est du reste du travail de l'étudiant, en classe ou en dehors de la classe, cette section vous donnera également des suggestions quant à la façon de corriger les exercices sans passer trop d'heures un stylo rouge à la main.

Vous trouverez aussi dans cette section des pistes à suivre pour guider l'analyse des textes et leur contexte culturel.

STRUCTURE PRELIMINAIRE: VERS LA SIMULATION

Pour ce manuel, nous avons privilégié la simulation globale «L'immeuble», créée par Francis Debyser (Hachette 1996). De façon générale, les *Activités multimédia* s'appliquent à «L'immeuble» en France métropolitaine. Nous indiquerons aussi, pour les *Activités multimédia* sur le site web du manuel, des pistes de recherche sur la francophonie qui agrémenteront parfaitement la simulation et qui vous aideront à créer un environnement pour l'immeuble plus représentatif de la France actuelle et des autres pays francophones.

Pour une bibliographie sur les différentes simulations publiées à ce jour, voir les liens sur la page web de la *Structure préliminaire*, réservée aux professeurs.

Lecture analytique: OULIPO et l'écriture sous contraintes (p. 3)

La *Lecture analytique* permet de pratiquer l'analyse de texte dans un état d'esprit dynamique et rigoureux qui permettra de présenter la tradition culturelle d'un genre et aidera à créer une transition significative entre les activités de lecture et d'écriture.

Bien que des espaces soient réservés pour faire les exercices directement dans le manuel, ces espaces sont limités et on peut donc suggérer aux étudiants d'écrire sur des feuilles séparées, qui leur permettront une plus grande flexibilité, ou par courrier électronique en indiquant bien la référence du devoir dans le sujet du message.

Au fur et à mesure des réponses des étudiants, et selon leurs besoins, des révisions de grammaire (*Rappel grammatical*) pourront être utiles, c'est-à-dire pour parler des lieux, de l'heure, de la date et du temps, par exemple. La section *Stylistique* de la *Structure 2: Le milieu* contient aussi des explications sur les expressions de temps et de lieux.

Au-delà du texte: La contrainte pour se libérer et se retrouver (p. 5)

Cette section permet, à partir de la *Lecture analytique*, une interprétation du texte invitant à une pratique créative de la lecture et par extension, à l'écriture créative.

Activités multimédia (p. 7)

Les *Activités multimédia* sont expliquées dans le livre. Pour plus de facilité, les liens des pages web à consulter sont en lien sur le site web www.thomsonedu.com/french/scenarios. Faites prendre note aux étudiants de l'URL principale pour ce cours. Il y a une page web par *Structure*. Chaque *Structure* a aussi une page web spéciale pour le professeur, protégée par un mot de passe. Elle contient des liens supplémentaires fournissant des informations plus approfondies sur un sujet ou un auteur. Elle contient aussi les corrections des exercices de grammaire que vous pourrez soit copier et coller dans un fichier Word à rendre accessible à la date de votre choix sur Web-CT, Blackboard, etc. Cette page web réservée aux professeurs est inaccessible aux étudiants.

Afin de préparer les étudiants aux activités de groupe qui s'intensifieront au cours du semestre et qui demandent un certain temps d'adaptation pour les étudiants, nous commencerons dès la *Structure préliminaire* avec des activités sur le Web. Les étudiants devront dès lors échanger leurs adresses électroniques et/ou numéros de téléphone. Laisser le choix de partenaires aux étudiants est souvent plus opportun que d'imposer un choix, même si celui-ci est basé sur des principes pédagogiques solides. Si l'étudiant(e) prend la responsabilité de son choix, il/elle s'investira plus dans ce choix. Les affinités immédiates et les compatibilités d'emploi du temps ont parfois plus de poids que l'équilibre des compétences.

Si vous trouvez les *Activités multimédia* trop nombreuses, il est possible de former des groupes pour chacune des activités de recherche et de diviser les tâches. Assurez-vous de toujours cibler précisément le rôle de chaque groupe. Si les groupes sont trop grands, il est également possible d'avoir plus d'un groupe par sujet, ce qui permet d'ajouter un autre élément ludique: «la chasse au trésor». Le groupe qui aura terminé son activité en premier gagnera.

Pour les recherches individuelles, chaque étudiant(e) devra prendre des notes sur les sites visités dans le laboratoire d'informatique ou à la maison afin de pouvoir les utiliser au moment de la discussion en classe.

Pour tout travail collectif, les étudiants devront remplir des fiches qui pourront être archivées pour la classe par un(e) étudiant(e) volontaire, «l'archiviste», en vue de consultation ultérieure. Ces fiches sont disponibles sur le Web. Un lien pour les télécharger se trouve juste après celui de la *grille d'évaluation.*

Filmographie pour le professeur

Quelques films faciles à trouver (à acheter ou à louer) où l'on trouvera des scènes situées dans les lieux suivants:

a. un café: *Amélie, Chacun cherche son chat*

b. un magasin d'alimentation: *Amélie, Chacun cherche sont chat, Monsieur Ibrahim*

c. un immeuble: *Chacun cherche son chat, Delicatessen, Ils se marièrent et eurent beacoup d'enfants, Le locataire*

d. la gare Saint-Lazare: *Diva, La Bête Humaine*

Les étudiants peuvent avoir accès à divers extraits de films, essais critiques, filmographies, etc. sur le Web, mais la qualité du son et de l'image des clips vidéo rend la compréhension difficile. Les DVD permettent de montrer des extraits et offrent souvent des informations supplémentaires, interview du metteur en scène, extraits d'autres films de celui-ci, et séquences du tournage.

Ecriture extensive

Elle se traduit sous forme de journal intime. Toujours écrit à la première personne — celle de leur personnage fictif — c'est le journal tenu par les participants dans la simulation: les étudiants y écrivent le plus possible et y construisent leur identité fictive, y donnent des détails sur leur environnement et leur contexte et leurs réactions à des événements. Le journal n'est pas corrigé de façon détaillée. Cet exercice d'écriture extensive permet aux étudiants d'écrire plus librement, avec un souci moindre pour la structure, et un accent plus important mis sur le développement des idées, la créativité et la découverte culturelle. Les découvertes faites à travers les *Activités multimédia* enrichiront ces journaux. Le professeur pourra sélectionner les activités pertinentes pour son choix personnel d'utilisation du manuel ainsi que la façon de vérifier ou de corriger ces travaux: envois par courriers électroniques, rapports oraux en classe, partage d'informations recueillies par petits groupes ou il pourra tout simplement demander que les résultats de ces recherches apparaissent dans les journaux.

Journal préliminaire (p. 9)

Les courriers électroniques sont très versatiles et permettent aux étudiants de communiquer avec vous et entre eux pour demander des renseignements sur les dates ou explications des devoirs, d'organiser des rendez-vous de groupes, etc. Cette messagerie a une utilité pratique essentielle! Mais évolutive. Blackboard ou Web-CT peuvent faciliter ces échanges. Il sera important de donner des instructions simples et précises à vos étudiants quant à la façon de procéder avec les courriers électroniques et d'évaluer fréquemment le temps passé à les gérer. Si vous passez trop de temps à ouvrir les fichiers joints, demandez-leur d'envoyer leurs devoirs à l'intérieur du message. Ce ne sera pas une raison pour accepter qu'ils écrivent sans mettre les accents. (Consultez une page sur les signes diacritiques français: www.sandiego.edu/french/accents.html. Cette page est aussi disponible en fichier PDF téléchargeable dès la *Structure 1*). Selon vos méthodes et lieux de correction des devoirs, vous choisirez peut-être les journaux imprimés ou écrits à la main, plus pratiques pour les corrections dans les transports en commun, par exemple. Il est important de ne pas laisser la technologie vous «manipuler», mais d'utiliser ce qu'elle peut vous apporter comme avantages: économie de temps ou d'encombrement, archivage facilité, communication rapide et efficace. Les messages envoyés à toute la classe pour rappeler une échéance, pour envoyer un lien utile ou une correction font gagner beaucoup de temps en classe. N'hésitez pas à expédier un message à toute la classe lorsqu'une erreur est répétée dans plusieurs devoirs ou de copier et coller le texte de votre correction dans chacun des devoirs.

Copiez et collez sur un fichier Word les phrases maladroites trouvées dans les compositions ou les devoirs de vos étudiants. Projetez cette page à l'écran — si votre classe est équipée d'un ordinateur connecté à un projecteur — et écrivez les suggestions de corrections des étudiants. Faites la même chose avec des phrases à traduire en classe, des exemples de grammaire, et sauvegardez le tout à la fin de la classe. Vous pourrez utiliser ces informations plus tard pour préparer des examens de contrôle ou pour mettre les étudiants absents au courant de ce qui a été fait en classe.

Les messages individuels et ciblés peuvent encourager les étudiants et leur montrer que vous pouvez les aider dans le cadre de leurs études ou de leurs voyages, dans d'autres domaines que la littérature ou la grammaire. Ces étudiants auront alors envie de venir vous voir dans votre bureau pour parler de culture, de politique, etc. Ces deuxièmes types de messages prennent du temps, mais les résultats sont parfois sans prix. A vous d'évaluer!

Les activités proposées dans la *Structure* entière (exercices de lecture, d'analyse, de grammaire, *Activités multimédia*) sont nombreuses et requièrent que vous fassiez des choix selon le temps dont vous disposez et l'accent que vous désirez mettre sur la lecture, l'écriture, la grammaire, la simulation, ou les activités culturelles.

STRUCTURE 1: LES PERSONNAGES

Texte Modèle (p. 12)

Le texte modèle de cette *Structure* sera peut-être surprenant pour certains de vos étudiants. Le choix de ce texte permettra pourtant de présenter la riche tradition culturelle du genre de l'autoportrait en France (de Montaigne à Rousseau, de Simone de Beauvoir à Nathalie Sarraute, etc. — voir les liens pertinents sur le site web) et aidera à créer une transition logique et fluide entre les activités de lecture et d'écriture.

Lecture analytique: Le portrait

Le portrait psychologique (p. 13)

Dès la fin de l'exercice, commencez à préparer vos étudiants à l'idée de créer leur propre identité fictive. On ne s'invente pas de pied en cap sans préavis. Lorsque vous attirez l'attention sur les détails narratifs et l'étude psychologique d'un personnage, encouragez les étudiants à réfléchir à la création de leur futur personnage.

Au-delà du texte: L'autoportrait

Cette lecture interprétative permet, à partir de la *Lecture analytique*, une interprétation du texte invitant à une pratique créative de la lecture et par extension, à l'écriture créative.

Exercices (p. 15)

1. Cet exercice de dessin est une bonne occasion de faire un travail collaboratif en classe. Travailler en groupe donnera confiance aux moins doués en dessin et les mettra plus à l'aise. C'est aussi un excellent moyen d'encourager la communication (en français, bien sûr) entre les étudiants.

Activités multimédia

Note en marge (p. 16)

Des textes supplémentaires sont offerts sur le site web pour chaque *Structure*. Ils offrent un point de vue différent et enrichissent la première lecture. Ils enrichissent aussi les choix du professeur qui n'est pas obligé de faire lire et étudier tous les textes, mais qui peut ainsi sélectionner le texte le mieux adapté à son style et à ses buts éducatifs.

Activité 6: L'orientalisme (p. 24)

Le texte de Baudelaire (1821–1867) nous transporte dans l'univers de l'«orientalisme», très à la mode à son époque (Voir le tableau de Delacroix, *Femmes d'Alger dans leurs appartements*, 1834). Faites remarquer aux étudiants les détails que Baudelaire (et Delacroix) trouve(nt) «exotiques». Comprend-on l'exotisme de la même façon aujourd'hui encore? L'orientalisme pourrait-il exister aujourd'hui? Si vos étudiants ont choisi l'identité d'un homme ou d'une femme d'un pays du Proche-Orient ou d'Asie ayant immigré en France, guidez-les dans leurs recherches sur les modes de vie des diverses ethnies présentes dans le lieu de la simulation. Comment est perçu le port du voile en France (un débat qui dure depuis des années dans le monde de l'Education nationale!)? Y a-t-il un quartier asiatique dans Paris (par exemple, le treizième arrondissement)? Qu'y trouve-t-on? Ces questions offrent des pistes qui enrichiront la perception culturelle de ce texte pour les étudiants.

Vous trouverez des informations utiles en faisant une recherche sur www.google.fr avec les mots «Baudelaire Orientalisme». Attention: le mot anglais *orientalism* vous donnera surtout des syllabus de cours sans véritables informations de fond sur le sujet.

Ecriture extensive

Le journal

Toujours écrit à la première personne, le journal est individuellement tenu par chaque participant(e) dans la simulation — les étudiants y écrivent le plus possible, y construisent l'identité de leur personnage fictif et y donnent des détails sur l'environnement et le contexte de celui-ci. Le journal n'est pas corrigé de façon détaillée. C'est un exercice d'écriture extensive dans lequel les étudiants écrivent librement et pour lequel la structure est moins importante que le développement des idées. Le journal est envoyé au professeur par courrier électronique et, selon le nombre d'étudiants dans la classe, le professeur peut aussi faire lire ces journaux par toute la classe en demandant aux étudiants d'utiliser une liste électronique ou un babillard *(chat room).* Cette pratique n'est pas recommandée pour les classes de plus de dix étudiants.

Suggestions pratiques pour le journal

Il est recommandé de demander aux étudiants d'écrire leur journal directement dans le texte de leur e-mail. Pour les professeurs dont les étudiants n'ont pas accès au courrier électronique pour communiquer, le même travail peut-être fait sur une feuille de papier qui sera rendue ou partagée en classe. Pour ceux qui, pour des raisons pratiques (trop gros effectif de la classe, etc.) préfèrent être les seuls à recevoir les courriers électroniques, il suffira de l'indiquer aux étudiants au commencement du cours. Autrement, les envois peuvent aussi rapidement être faits par groupes d'étudiants au professeur ou postés sur le babillard de Blackboard ou de Web-CT.

Journal 1.1: Ebauche d'autoportrait (p. 19)

Vous pouvez encourager un travail collectif en suggérant dès maintenant la création de personnages intimement liés dans la simulation. Après la création de la fiche d'identité, il sera trop tard. Par exemple, dans un immeuble, la simulation sera plus dynamique et elle exprimera mieux la diversité si les étudiants choisissent des situations où ils présentent les relations entre un père et son fils ou bien celles d'un vieux/jeune couple plutôt que des situations où tous les personnages sont jeunes et célibataires. En outre, un immeuble où les âges seront variés (de 9 à 99 ans) et les origines ethniques diverses sera plus représentatif de la France actuelle. Vous créerez, en liant des personnages, des sous-couches d'interaction. Si nécessaire, demandez aux étudiants de préciser les relations entre les personnages de la simulation sur une fiche.

Rappel grammatical: L'adjectif et l'adverbe (p. 23)

Dans l'*Appendice I,* les exercices de grammaire qui suivent le *Rappel grammatical* offrent une occasion aux étudiants de s'exercer soit à la maison, soit en classe selon vos directives. Les réponses des exercices se trouvent sur la page web réservée au professeur, accessible à l'aide d'un mot de passe. Si vous utilisez Web-CT, Blackboard ou un autre programme de gestion de fichiers, vous pouvez copier les réponses dans un fichier Word et le rendre disponible aux étudiants aux dates de votre choix. Selon vos préférences, vous pouvez aussi copier les réponses des exercices du jour précédent dans le texte d'un courrier électronique adressé à la liste de votre classe. Nous espérons que cela vous permettra de passer moins de temps à corriger les devoirs.

Vous avez l'option de commander le logiciel **Système-D** qui peut être acheté avec ce manuel. Nous recommandons cette solution pour les cours de niveau débutant-intermédiaire comme référence de grammaire pratique. L'accès aux conjugaisons régulières et irrégulières est en particulier très utile pour les étudiants de ce niveau. Mais si vous optez autrement, il existe des sites gratuits dédiés à la conjugaison comme www.leconjugueur.com.

Ecriture intensive

Les sujets de composition contribuent à faire vivre la simulation en permettant à chaque participant(e) (c'est-à-dire, chaque étudiant[e]) de développer son personnage dans la simulation, ainsi que de décrire ses activités et son interaction avec les autres participants. Les compositions représentent une pratique de l'écriture intensive: de longs efforts sont faits pour produire un texte presque parfait. Les sujets font appel à une variété de styles et de techniques: le portrait, la parodie, la narration et les dialogues, les résumés et des exercices pratiques. Chaque composition est écrite en deux jets, *Premier jet* et *Révision*, qui seront chacun soumis à et évalué par le professeur.

Composition 1: L'autoportrait de votre personnage (p. 27)

Suggestions pratiques pour la composition Les compositions peuvent être envoyées au professeur, en version électronique en fichier joint, ou peuvent être imprimées. Pour créer une bonne habitude de travail, il est recommandé de demander aux étudiants d'utiliser un format spécifique et identique pour toutes les compositions. Par exemple, le nombre approximatif de pages, leur format, le style et la taille des polices de caractères *(fonts),* les espaces, etc. devront être déterminés à l'avance et communs à l'ensemble de la classe. Ceci rendra la tâche beaucoup plus facile à la mi-semestre pour la cohérence formelle du projet d'écriture collaborative (*Structure intermédiaire: Vers l'écriture collaborative*). Les étudiants devraient aussi rendre leurs compositions accompagnées des *grilles d'évaluation* (téléchargeables sur le Web) pour le *Premier jet* comme pour la *Révision* — afin de faciliter, à la fois au professeur et à l'étudiant(e), l'évaluation des progrès accomplis entre le *Premier jet* et la *Révision.* Ces grilles mettent l'accent sur des points objectifs et mettent ainsi le professeur et l'étudiant(e) en confiance quant à l'équité des notes.

Symboles pour corriger les compositions Pour la correction du premier jet de la composition, nous proposons au professeur d'utiliser des symboles qui pourront l'aider à commenter les erreurs faites par les étudiants et à guider ceux-ci sans leur donner les réponses. Les étudiants pourront ainsi s'autocorriger et apprendre de leurs erreurs avant de rendre la révision de la composition au professeur. Deux listes de symboles possibles sont téléchargeables sur la page web du professeur. Nous conseillons d'agrafer un exemplaire de la liste choisie à la première composition.

Des *grilles d'évaluation,* comme dans l'exemple ci-dessous, sont téléchargeables par les étudiants sur le site web et doivent accompagner le premier jet de la composition. Il est essentiel de rendre la révision de la composition accompagnée du premier jet et de la *grille d'évaluation* pour permettre au professeur de comparer et d'évaluer les progrès de l'étudiant(e) avant la note finale.

Grille d'évaluation Chacun des dix critères d'évaluation étant noté sur dix, le total sera sur cent points. Pour évaluer les corrections dans la révision, chaque faute non-corrigée peut coûter un ou deux points (ou plus) sur les cinquante points donnés pour un travail parfaitement corrigé. Cette note sur cinquante sera ajoutée à la première pour obtenir la note finale de chaque composition sur 150 points. Chaque professeur peut modifier le barème (en particulier pour les corrections) durant le semestre, en prévenant les étu-diants à l'avance. La première composition corrigée peut être notée plus ou moins généreusement que les suivantes et servir d'avertissement.

Grille d'évaluation **Nom: ______________**

COMPOSITION #1: L'AUTOPORTRAIT DE VOTRE PERSONNAGE **Date: ______________**

Note du Premier jet: _______ / 100 + Révision ______ / 50 = Total: _______ / 150

TITRE: ____

CONTENU GENERAL 10 9 8 7 6 5 4 3 2 1

1. Créativité / Idées originales
2. Utilisation de détails culturels pertinents
3. Thème et point de vue clairs / Organisation et plan logiques
4. Introduction qui attire le lecteur / Conclusion pertinente
5. Transitions logiques et souples / Répond à la question posée ou au titre
6. Données et/ou arguments suffisants

SYNTAXE

7. Constructions
8. Variété de vocabulaire (utilisation du vocabulaire de la *Structure*)
9. Relecture (orthographe, mots oubliés, accords, etc.)
10. Application des points de grammaire de la *Structure* (adjectifs / adverbes)

Total des points: ______ /100

Commentaires supplémentaires: ____

STRUCTURE 2: LE MILIEU

Lecture analytique: Le milieu

Le point de vue (p. 31)

1. Dans cet extrait du texte de Fournier, l'imparfait de répétition contribue à créer un sens de stabilité et de familiarité.
2. Pour les préparer aux questions suivantes, le professeur peut aussi faire noter aux étudiants que les allusions aux sens peuvent être faites autrement que par des adjectifs et leur en donner quelques exemples.
    - «des bruits de cuillers battant les assiettes» (ouïe)
    - «roulé… sous les averses et dans le vent» (toucher)

Ecriture extensive

Journal 2: Regards sur les voisins (p. 36)

Rappel: Si vous avez peu d'étudiants dans votre classe, vous avez peut-être choisi de faire envoyer les journaux à toute la classe. Dans ce cas, spécifiez-le et diffusez au préalable la liste d'adresses électroniques à toute la classe.

STRUCTURE 3: LE DECOR

Lecture analytique: A la recherche du décor et des souvenirs

La mémoire sensorielle (p. 46)

1. Le sens de la vue n'est pas pris au sens propre chez Proust. Dans cet extrait de *Combray,* il ne s'agit pas de ce qu'il a vu des souvenirs de Marcel, mais de sa perception sensorielle de ce qu'il a vu. Pour Proust, la vue appartient donc au registre des souvenirs et son instrument n'est pas les yeux, mais la mémoire.
2. Par exemple, remarquez la façon dont Marcel associe un spectacle à un dessert (comparaison, métaphore) ou celle dont il définit un spectacle par son affiche (métonymie). Ces diverses figures de style sont étudiées dans la section *Stylistique*: *Créer des images* de cette même *Structure.*
3. Par réflexe ou automatisme sensoriel et sensitif, on entend que le corps ressent seul les effets de la stimulation sensorielle et que le sujet lui-même n'est qu'observateur. Ainsi, en rapportant non pas ce qu'il a vu, mais sa perception sensorielle de ce qu'il a vu, le narrateur, Marcel, dépasse son expérience individuelle en partageant avec le lecteur des expériences sensorielles communes à tous.

Activités multimédia

Activité 7: «Les Choses», une chanson de Jean-Jacques Goldman (p. 52)

Pour l'activité sur la chanson de Jean-Jacques Goldman, le site de *TV5* (www.tv5.org) offre la possibilité de visionner le vidéo-clip de la chanson.

La fiche pédagogique portant sur cette chanson vous donne des idées supplémentaires d'exploitation de ce clip qui vous emmène vers un monde futuriste qui plaira sans doute à l'imagination de vos étudiants. (Voir le lien sur le site web du professeur.)

Stylistique

Exercices: La métaphore (p. 57)

Les questions 1 à 4 sur le vers d'Eluard («La terre est bleue comme une orange») font partie d'une progression.

- L'incongruité de la comparaison en raison de la couleur (1)
- La comparaison de la forme (2)
- Le symbolisme des couleurs évoquées (3)
- Le symbolisme de l'orange (fruit et couleur). Par exemple, l'orange peut symboliser la chaleur, le soleil. Traditionnellement, les enfants recevaient des oranges pour Noël et ainsi, l'orange peut aussi devenir un symbole de fête et de joie. La comparaison de la terre à une orange peut donc contribuer à une image chaleureuse et joyeuse de la terre. (4)

STRUCTURE 4: LES EVENEMENTS

Lecture analytique: Récit événementiel et voix de la narration

Techniques du récit (p. 64)

1. Un conte commence généralement avec une formule du type «Il était une fois…», «Un jour…», «Je vais vous raconter l'histoire de…», qui impose les temps verbaux du passé dans le reste du récit. Le conte de Mistral, qui commence avec la formule «Parmi ces contes de veillée, celui que je vais vous dire se répétait fréquemment [...]», n'échappe pas à cette convention.
2. Dans le conte de Mistral, le discours direct a l'avantage de conserver la spontanéité des paroles prononcées par les personnages et peut donner au lecteur l'impression d'assister à la scène racontée. En revanche, le discours indirect a tendance à être plus lourd et il rapporte les faits racontés au passé, ce qui crée une distance plus grande avec le lecteur.

Au-delà du texte: La suspension de l'incrédulité (p. 67)

«La suspension de l'incrédulité» exprime la volonté de la part d'un lecteur de se laisser conduire par l'auteur dans un univers fictif vraisemblable, auquel il peut et doit croire. Ce n'est qu'à partir du moment où le lecteur accepte la suspension de l'incrédulité qu'il peut donner au texte sa cohérence.

STRUCTURE INTERMEDIAIRE: VERS L'ECRITURE COLLABORATIVE

Au-delà du texte: Exercices de style

3. Jeux d'écriture (p. 83)

b. *Jeu des définitions*

Pour cet exercice, vous pouvez choisir des faux amis ou des mots trompeurs, ce qui rend le jeu à la fois plus amusant et plus utile, ou des mots sur lesquels vos étudiants font régulièrement des fautes, ou simplement des mots qui leur permettront de pratiquer l'art de la définition. Voici une liste de mots qui pourra être modifiée selon vos besoins. Copiez les mots de votre choix sur des morceaux de papier que vous plierez et mettrez dans un panier ou une boîte pour le tirage au sort en classe. Prévoyez un mot par étudiant, ou bien, pour une classe de plus de douze à quinze étudiants, un mot pour deux et faites faire l'activité par groupe de deux selon le temps que vous voulez y passer. Prévenez les étudiants que ces mots peuvent avoir plusieurs sens et qu'ils peuvent donc donner plusieurs définitions ou en indiquer les différentes nuances.

un avertissement
à l'aveuglette
une boîteuse
le chantage
un contrefacteur
un contrôleur
un escroc
dérober (v. tr.)
désabusé (adj.)
un étage
une étape
un indicateur
introduire (v. tr.)
la location
louche (adj.)
maniaque (adj.)
une manigance
se méprendre (v. réfl.)
un ouvreur / une ouvreuse
perspicace (adj.)
un ravisseur
un somnifère
trahir (v. tr.)
voler (v. tr.)

Activités multimédia

Activité 1: «L'Oreille coupée» (p. 84)

Pour l'activité sur *L'Oreille coupée,* vous trouverez le script sur le site www.polarfle.com/classe/oc.htm, ce qui vous permettra de vous référer au texte exact sans rejouer la bande dessinée entière.

Ecriture collaborative (p. 89)

Autre composant de l'écriture intensive, le projet collectif final pour la classe est élaboré à partir de la mi-semestre et il est basé sur un travail d'équipe ou de groupe. Les dernières semaines de classe sont consacrées à synthétiser les divers éléments édifiés par les étudiants dans la simulation au cours du semestre (les personnages, leur interaction, les lieux), et à construire un récit en collaboration. A la mi-semestre, chaque étudiant(e) prend la responsabilité — avec deux ou trois autres étudiants avec lesquels il/elle forme une équipe — d'un récit (un chapitre du polar) choisi par la classe. Chaque étudiant(e) devra contribuer à ce projet d'écriture collaborative et chaque groupe devra s'assurer de la cohérence de son chapitre avec ceux des autres groupes de la classe. Pour gagner du temps envoyez par email à l'avance les chapitres corrigés.

STRUCTURE 5: LA MEMOIRE

Lecture analytique: Fiction personnelle

La surimposition des narrateurs (p. 93)

2. Le *moi* «aujourd'hui» agit après avoir raisonné, analysé les faits, tandis que le *moi* «entre vingt et trente ans» agit instinctivement.

Les personnages (p. 94)

1. Pour le narrateur-protagoniste, la Seine symbolise le rêve, l'espoir et elle lui permet d'exprimer sa nostalgie d'une ère révolue, son désespoir.
2. a. Par le biais des sobriquets, les camarades, Mouche et les objets du récit participent tous à l'ambiance d'une ère révolue; ils agrémentent le souvenir de la Seine et créent une impression d'insouciance et de gaieté.

   Le site web de cette *Structure* comporte un lien, «Au fil de l'onde», que les étudiants peuvent consulter pour voir d'autres images de la Seine à l'époque à laquelle Maupassant fait référence dans *Mouche*, avec des tableaux par des peintres impressionnistes et des poèmes par des contemporains de Maupassant.

Au-delà du texte: Le récit enchâssé

Le contrat narratif (p. 97)

2. *Les obligations de l'auteur et la vraisemblance du récit enchâssé*

   Le récit fictif imite la réalité extérieure des lecteurs que l'auteur Maupassant a ciblée avec l'incipit «Il nous dit».
3. *La transgression du récit fictif: Les lecteurs-enquêteurs*
   a. Le vrai thème du récit est la vision pessimiste du monde de Maupassant qui enchâsse le récit rempli de contradictions du narrateur-protagoniste. Dans cet extrait de *Mouche*, à travers le narrateur-protagoniste, le lecteur sent clairement la nostalgie de l'auteur pour un monde qui n'est plus et ne sera jamais plus; même quand il nous parle des choses qu'il a aimées passionnément (par exemple, la Seine), Maupassant fait référence à un monde «pourri».
   b. Des thèmes sous-jacents et contradictoires du récit sont, par exemple, l'insouciance du narrateur-protagoniste jeune en opposition avec le comportement plus rationnel du narrateur-protagoniste ayant atteint une certaine maturité. Le thème de la nostalgie d'une époque insouciante où le ravissement arrivait à oblitérer même la pourriture et la vulgarité est le plus évident dans l'extrait étudié.

STRUCTURE 6: LA CORRESPONDANCE

Activités multimédia

Activité 2: Madame de Montespan (p. 111)

B. 2. Bien que Madame de Sévigné semble se plaindre explicitement des mœurs et coutumes à Versailles dans cette lettre à Madame de Grignan, elle montre aussi sa participation active dans ces mœurs et coutumes. Son point de vue de l'intérieur du système tient lieu de chronique mondaine indulgente destinée à une semblable (sa fille) et ne représente en rien une critique sociale objective.

Lecture analytique: La lettre reportage

Les relations mondaines (p. 112)

2. Encore une fois, le ton de commérage utilisé par Madame de Sévigné au sujet de Madame de Montespan renforce l'idée de la présence de l'épistolière à la cour, de même que sa familiarité avec les nobles et le roi.

Ecriture intensive

Composition 6: La lettre personnelle ou officielle (p. 124)

Avant d'écrire cette composition, il peut être utile de faire une session de travail collectif en classe pour élaborer les plans de ces deux exemples de lettres. Dans la première, les étudiants gagneront à réfléchir à tous les détails à inclure, puis à les mettre dans l'ordre. Par exemple, l'importance sentimentale de cette montre doit-elle être mentionnée au début ou à la fin? Qu'attend-on du détective? Quelles sont les circonstances de la disparition? Peut-on se servir du modèle «Qui, quoi, quand, comment, où»? Est-il suffisant?

Dans le deuxième exemple, un plan en trois parties peut émerger aisément: les félicitations pour l'heureux événement, les réminiscences sur l'enfance de la nièce, les regrets d'autant plus forts que les deux premières parties exprimaient des émotions sincères.

STRUCTURE 7: LES DIALOGUES

Activités multimédia

Activité 2: Un air de famille (p. 129)

Le film tiré de cette pièce se trouve dans le catalogue de Netflix (www.netflix.com). Il est donc facile d'obtenir le DVD pour pouvoir aussi regarder la scène abrégée à l'écran. Elle se trouve dans son intégralité à 1:13:58.

En guise de conclusion: Autres formes d'interaction

L'interview (p. 131)

1. Paradoxalement, c'est l'interviewé (Céline) qui relate l'interview dans cet extrait. L'intervieweur (Le professeur Y) ne pose pas de questions pertinentes qui encouragent l'interviewé à se mettre en valeur par ses réponses et le ton de ses questions et de ses commentaires sont pour le moins hostiles.
2. Style indirect libre. Notez que comme c'est l'interviewé (Céline) qui relate l'interview, on peut lire ses pensées et ses sentiments vis-à-vis de l'intervieweur.
3. Définir le métatexte. Alors même que l'interviewé, Céline, revendique son titre de gloire «retrouver l'émotion du "parlé" à travers l'écrit», la narration se fait dans le mode même du style émotif qu'il revendique.

Le tête-à-tête (p. 133)

1. Le rôle du lecteur dans ce dialogue d'*Enfance* de Nathalie Sarraute est de se porter garant, d'être témoin de l'échange qui a lieu entre «je» et «tu». Comme dans un débat, le lecteur représente aussi un modérateur silencieux de l'échange entre «je» et «tu».
2. Le «je/tu» dans cet extrait du texte remet en question l'énonciation autobiographique traditionnelle qui oppose en général un «je» intérieur (celui de l'auteur / du narrateur / du personnage principal) à un «tu» extérieur (celui du lecteur); il exprime la nécessité d'un mouvement entre le «je» et le «tu» pour marquer la remise en question de soi par Nathalie Sarraute.

Activités multimédia

Activité 3: Débats (p. 134)

Selon la taille de votre classe, cette activité peut être donnée à faire individuellement ou en groupe.

Ecriture intensive

Composition 7: Le polar monte sur scène (p. 138)

Le professeur peut aussi choisir et donner un même thème de dialogue à tous les groupes.

Si le travail d'écriture collaborative a demandé plus de temps que prévu pour des raisons d'emploi du temps ou d'affinité entre les étudiants, ce dialogue peut être donné comme sujet de composition individuelle (non collaborative), auquel cas le nombre de personnages dans le dialogue peut être réduit.

STRUCTURE 8: L'AVENIR

Lecture analytique: Littérature d'anticipation, futurisme

La promesse de l'avenir (p. 141)

3. b. Traduction possible: trouble-fête, rabat-joie. Vous pouvez aussi apprendre aux étudiants à dire «Espèce de rabat-joie!»
4. c. C'est le moment de faire découvrir aux étudiants les mots-valises. Une excellente préparation à cette activité est le «jeu Marabout». Chaque étudiant doit trouver un mot ou un groupe de mots qui commence par la dernière syllabe du mot de la personne précédente. L'exemple courant est donc: Marabout – Bout de ficelle – Selle de cheval – etc. L'étudiant apprend ainsi à considérer chaque syllabe des mots séparément pour former un nouveau sens. Les mots-valises sont des mots formés à partir de la combinaison d'une ou deux syllabes prises dans plusieurs mots. Par exemple, un animal qui ressemblerait à la fois à un zèbre, une autruche et une loutre pourrait s'appeler un «zèbraulout». Il serait ici utile de définir ce qu'est «un néologisme».

   Une description complète du jeu Marabout et d'autres activités créatives autour de ce jeu se trouvent en lien sur le site web du professeur.

Activités multimédia

Activité 5: Le meilleur itinéraire (p. 149)

Pour cette activité, vous pouvez aussi demander aux étudiants de préparer (en groupe ou individuellement) une présentation multimédia de ces quatre jours, avec un plan de Paris et des photos des endroits à visiter à l'appui, comme des agents de voyage pourraient le faire afin de vendre ce programme à un client éventuel.

Activité 6: L'espace gargantuesque (p. 151)

B. 2. Gargantua aménage le paysage qui l'entoure selon une logique tout arbitraire, celle-là même qui régit ses besoins naturels: «il se contente d'aménager le paysage: les cailloux coincés dans ses bottes ou sa pierre à affiler forment les menhirs; les palets avec lesquels il joue deviennent les tables des dolmens; la terre décollée de ses sabots, et les produits de ses vomissures ou de sa défécation génèrent tertres et collines; il tarit les rivières en buvant, et engendre les fleuves en urinant...» (Voir «Le personnage de Gargantua» sur le site web de cette *Structure*).

3. François Rabelais partage avec les premiers humanistes de la Renaissance, l'idée que l'homme est digne et libre, et qu'il est «un grand miracle». L'homme est un infini qui s'autogénère au centre de l'univers et qui en reflète toutes les propriétés. L'univers, lui, est un être vivant et beau qui, tout comme l'homme, sent et vibre. Cependant, la vision de la nature humaine par Rabelais est loin d'être idéalisée et parfaite et elle ne vise pas à remplacer la nature divine médiévale. Tout au plus, Rabelais se contente de redéfinir et d'illustrer avec humour l'interaction de l'homme et de l'univers.

SCEN@RIOS

PEDAGOGIES DU VIRTUEL

Atelier de lecture et d'écriture

MICHELE MAGNIN
University of San Diego

VERONIQUE FLAMBARD-WEISBART
Loyola Marymount University

THOMSON
HEINLE

Australia Brazil Canada Mexico Singapore Spain United Kingdom United States

THOMSON

HEINLE

Scén@rios
Pédagogies du virtuel
Atelier de lecture et d'écriture
Magnin/Flambard-Weisbart

Executive Editor: *Carrie Brandon*
Senior Acquisitions Editor: *Lara Semones*
Assistant Editor: *Morgen Murphy*
Managing Technology Project Manager: *Sacha Laustsen*
Media Assistant: *Rachel Bairstow*
Marketing Manager: *Lindsey Richardson*
Marketing Assistant: *Marla Nasser*
Marketing Communications Manager: *Stacey Purviance*
Production Coordinator: *Jennifer Kostka*
Senior Permissions Editor: *Isabel Alves*
Print Buyer: *Betsy Donaghey*
Production Service/Compositor: *Pre-Press Company, Inc.*
Text Designer: *Pre-Press Company, Inc.*
Senior Art Director: *Bruce Bond*
Photo Manager: *Sheri Blaney*
Cover Designer: *Suzanne Heiser*
Cover Art: © *Keith Levit Photography/Index Open*
Text/Cover Printer: *Courier Corporation/Stoughton*

Printed in the United States of America
1 2 3 4 5 6 7 09 08 07 06

Library of Congress Control Number:
2006923300

ISBN 1-4130-1599-9

Thomson Higher Education
25 Thomson Place
Boston, MA 02210-1202
USA

For more information about our products, contact us at:
Thomson Learning Academic Resource Center
1-800-423-0563
For permission to use material from this text or product, submit a request online at **http://www.thomsonrights.com**
Any additional questions about permissions can be submitted by e-mail to **thomsonrights@thomson.com**

Credits appear on page 216, which constitutes a continuation of the copyright page.

TABLE DES MATIERES

TO THE STUDENT

OVERVIEW

Scén@rios: Pédagogies du virtuel, Atelier de lecture et d'écriture is intended for the college intermediate- or advanced-level classroom. The text explores both traditional reading and composition studies as well as interactive exploration of virtual reality.

Global simulation pedagogy relies on the principle of role-play and requires you to reinvent yourself directly in a virtual space and time that you will create within the framework of a broad array of narrative parameters introduced by your instructor.

By participating in the simulation, you will construct an invented universe, imitating reality in a francophone context. This new universe is ruled by constraints, which must be respected. You will create virtual characters and the scenarios of the characters' virtual reality.

FEATURES

The ***Scén@rios*** package is composed of a textbook and a companion Website. ***Scén@rios*** is divided in ten *Structures*:

The representative texts selected for each *Structure*, and the analytical and interpretative reading exercises that follow, allow you to work on vocabulary, nuances, and authorial choices, sentence structure, style, cultural background information, atmosphere, and décor. The exercises will guide you through a close reading of the texts so that you are able in turn to write creatively with a significantly enriched style as you work through the *Structures* of the book.

Structure préliminaire: Vers la simulation presents the concept of global simulation pedagogy. It prepares you for role-play activities by selecting a scenario for the term's (semester or quarter) simulation and by inviting you to create the identity of your alter-ego in the simulation.

The next four *Structures* (*1. Les personnages*; *2. Le milieu*; *3. Le décor*; *4. Les événements*) explore a linguistic function and/or genre necessary for the simulation to come to life and to progress. For example, in *Structure 1: Les personnages,* you will study portraits and self-portraits, as well as physical and psychological descriptions of character.

The *Structure intermédiaire: Vers l'écriture collaborative* presents the culminating writing project done in a collaborative fashion. Each student in your class contributes to the group project. This collaborative effort ensures that your individual participation is valuable to the group and corresponds to other participants' goals as well as your own.

The last four *Structures* (*5. La mémoire*; *6. La correspondance*; *7. Les dialogues*; *8. L'avenir*) explore more linguistic functions and genres and work toward the end of the simulation.

The *Appendices* sections follow the ten *Structures* at the end of the textbook. *Appendice I* includes the *Rappel grammatical* (grammar revisions and practice exercises). *Appendice II* focuses on *Les verbes,* and presents verbal modes, tenses and uses.

ANCILLARY MATERIALS

Website

This book-specific Website completes the textbook with integrated cultural activities for the ten *Structures*. The Website provides links to biographical or contextual information to enrich the reading activities of the literary texts, links and general directions for the *Activités multimédia,* and composition evaluation forms that can be downloaded and printed.

Système-D CD-ROM: Writing Assistant for French

You may have to access this powerful and proven program that combines the features of a word processor with a database of language reference material, a searchable dictionary featuring the entire contents of Merriam-Webster's® French-English Dictionary, a verb conjugating reference, and audio recordings of vocabulary, example sentences, and authentic samples of the language. With **Système-D 4.0**, beginning to intermediate students develop critical-thinking skills as they learn to read, analyze, make word associations, and understand the link between language functions and linguistic structures.

ACKNOWLEDGMENTS

The authors would like to acknowledge the editing, production, and design team at Thomson Heinle, and express their warmest thanks to their exceptional editor, Lara Semones, and to Morgen Murphy, Arlinda Shtuni, Jennifer Kostka, Crystal Spath, and Sheri Blaney for their direction, support, and enthusiasm during the creation and production of the manuscript. We are particularly grateful for the constructive feedback provided by our colleagues and reviewers whose comments helped shape the final product:

Faith Beasley, *Dartmouth College* (NH)
Monique Burston, *Temple University* (PA)
Rebecca Chism, *Kent State University* (OH)
Diane Dansereau, *University of Colorado at Denver*
Marie-Christine Garneau, *University of Hawaii at Manoa*
Paulette S. Hacker, *University of Miami* (FL)
Sarah-Grace Heller, *The Ohio State University*
Terri Nelson, *California State University, San Bernardino*
Marina Peters-Newell, *University of New Mexico*
Karen Sorenson, *Austin Peay State University* (TN)
Ulrike Stroszeck, *Duke University* (NC)
James Tarpley, *Florida State University*
Janell Watson, *Virginia Tech*

We feel deeply indebted to our mentor, Patrick Charrière, former French Cultural and Linguistic Attaché, for his preface to ***Scén@rios***, his unerring guidance in Global Simulation Pedagogy, and for his creative advice over the years. The authors thank Laura Hartwell for her research on collaborative learning and creating pertinent charts to guide students and to help them focus while doing their collaborative writing tasks. We also thank Ilham Sinaceur for her research on textual materials, as well as Liliane Matta and Chloe Lamy for their clerical help during the production of the manuscript.

Finally, we express our fondest gratitude to Jonathan Weisbart for his patience, his kindness, and the delicious meals he prepared for us while we were working on this text.

STRUCTURE PRELIMINAIRE

Vers la simulation

TEXTE MODELE

Avant la lecture: Des renseignements et des liens supplémentaires sur OULIPO vous attendent sur le site www.thomsonedu.com/french/scenarios

Dans les années soixante en France, un groupe d'écrivains connu sous le nom d'OULIPO (OUvroir de LIttérature POtentielle) réinventa avec ludisme l'acte d'écrire en fabriquant de nouveaux types d'écriture pour libérer l'imaginaire et l'inconscient. Parmi eux, l'écrivain Georges Perec (1936–1982). Dans *Espèces d'espaces* (1974), Perec tente d'épuiser la notion d'espace en établissant un recensement et un inventaire des espaces qui nous entourent et dans lesquels nous vivons. Ce texte, à mi-chemin entre l'essai et le poème en prose, inclut des réflexions, des listes, des jeux, une pièce de théâtre d'une page, des travaux pratiques, des emplois du temps qui fondent l'analyse des espaces, et cela non pas de façon philosophique et abstraite, mais le plus concrètement possible. Soumettant son inspiration aux procédés les plus complexes, Perec nous invite à explorer le quotidien, l'espace de notre vie, à partir de ses lieux inaperçus ou rejetés.

Son exploration part du détail pour ensuite élargir la recherche. Sa démarche évoque celle d'une personne qui mettrait dans un verre d'eau de minuscules objets en papier ou éponge compressés et les regarderait gonfler un à un, révélant leurs formes secrètes, mais au fur et à mesure que les objets s'accumuleraient dans le verre, ils deviendraient indistincts et formeraient un tout de moins en moins définissable: par exemple, dans l'extrait qui suit, on part de la terrasse d'un café qui s'élargit à la rue, puis au quartier, puis à la ville, jusqu'à ce que l'espace décrit «devienne improbable».

Travaux pratiques

Observer la rue, de temps en temps, peut-être avec un souci un peu systématique.

S'appliquer. Prendre son temps.

Noter le lieu: La terrasse d'un café près du carrefour Bac-Saint-Germain

L'heure: Sept heures du soir

La date: 15 Mai 1973

Le temps: beau fixe

Noter ce que l'on voit. Ce qui se passe de notable. Sait-on voir ce qui est notable? Y a-t-il quelque chose qui nous frappe?

Rien ne nous frappe. Nous ne savons pas voir.

Il faut y aller plus doucement, Presque bêtement. Se forcer à écrire ce qui n'a pas d'intérêt, ce qui est le plus évident, le plus commun, le plus terne.

La rue: essayer de décrire la rue, de quoi c'est fait, à quoi ça sert. Les gens dans les rues. Les voitures. Quel genre de voitures? Les immeubles: noter qu'ils sont plutôt confortables, plutôt cossus; distinguer les immeubles d'habitation et les bâtiments officiels.

Les magasins. Que vend-on dans les magasins? Il n'y a pas de magasins d'alimentation. Ah! Si, il y a une boulangerie. Se demander où les gens du quartier font leur marché.

Les cafés. Combien y a-t-il de cafés? Un, deux, trois, quatre. Pourquoi avoir choisi celui-là? Parce qu'on le connaît, parce qu'il est au soleil, parce que c'est un tabac. Les autres magasins: des antiquaires, habillement, hi-fi, etc. Ne pas dire, ne pas écrire "etc.". Se forcer à épuiser le sujet, même si ça a l'air grotesque, ou futile, ou stupide. On n'a encore rien regardé, on n'a fait que repérer ce que l'on avait depuis longtemps repéré.

S'obliger à voir plus platement.

Déceler un rythme: le passage des voitures: les voitures arrivent par paquets parce que, plus haut ou plus bas dans la rue, elles ont été arrêtées par des feux rouges.

Compter les voitures.

Regarder les plaques des voitures. Distinguer les voitures immatriculées à Paris et les autres.

Noter l'absence des taxis alors que, précisément, il semble qu'il y ait de nombreuses personnes qui en attendent.

Lire ce qui est écrit dans la rue: colonnes Morris, kiosques à journaux, affiches, panneaux de circulation, graffitis, prospectus jetés à terre, enseignes des magasins.

Beauté des femmes.

La mode est aux talons trop hauts.

Déchiffrer un morceau de ville, en déduire des évidences: la hantise de la propriété, par exemple. Décrire le nombre des opérations auxquelles se livre le conducteur d'un véhicule automobile lorsqu'il se gare à seule fin d'aller faire l'emplette de cent grammes de pâtes de fruits:

— se garer au moyen d'un certain nombre de manœuvres

— couper le contact

— retirer la clé, déclenchant ainsi un premier dispositif anti-vol
— s'extirper du véhicule
— relever la glace de la portière avant gauche
— la verrouiller
— vérifier que la portière arrière gauche est verrouillée; sinon: l'ouvrir
— relever la poignée de l'intérieur
— claquer la portière; vérifier qu'elle est effectivement verrouillée
— faire le tour de la voiture; le cas échéant, vérifier que le coffre est bien fermé à clé
— vérifier que la portière arrière droite est verrouillée; sinon, recommencer l'ensemble des opérations déjà effectué sur la portière arrière gauche
— relever la glace de la portière avant droite
— fermer la portière avant droite
— la verrouiller
— jeter, avant de s'éloigner, un regard circulaire comme pour s'assurer que la voiture est encore là et que nul ne viendra la prendre.

Déchiffrer un morceau de ville. Ses circuits: pourquoi les autobus vont-ils de tel endroit à tel autre? Qui choisit les itinéraires et en fonction de quoi? Se souvenir que le trajet d'un autobus parisien *intra-muros* est défini par un nombre de deux chiffres dont le premier décrit le terminus central et le second le terminus périphérique. Trouver des exemples, trouver des exceptions: tous les autobus dont le numéro commence par le chiffre 2 partent de la gare Saint-Lazare, par le chiffre 3 de la gare de l'Est; tous les autobus dont le numéro se termine par un 2 aboutissent grosso modo dans le 16ème arrondissement ou à Boulogne.

(Avant, c'étaient des lettres: l'S, cher à Queneau, est devenu le 84; s'attendrir au souvenir des autobus à plate-forme, la forme des tickets, le receveur avec sa petite machine accrochée à sa ceinture...)

Les gens dans les rues: d'où qu'ils viennent? Où qu'ils vont? Quoi qu'ils sont?

Gens pressés. Gens lents. Paquets. Gens prudents qui ont pris leur imperméable. Chiens; ce sont les seuls animaux visibles. On ne voit pas d'oiseaux — on sait pourtant qu'il y a des oiseaux — on ne les entend pas non plus. On pourrait apercevoir un chat en train de se glisser sous une voiture, mais cela ne se produit pas.

Il ne se passe rien, en somme.

Essayer de classer les gens: ceux qui sont du quartier et ceux qui ne sont pas du quartier. Il ne semble pas y avoir de touristes. L'époque ne s'y prête pas, et d'ailleurs le quartier n'est pas spécialement touristique. Quelles sont les curiosités du quartier? L'hôtel de Salomon Bernard? L'église Saint-Thomas-d'Aquin? Le numéro 5 de la rue Sébastien-Bottin?

Du temps passe. Boire son demi. Attendre. Noter que les arbres sont loin (là-bas, sur le boulevard Saint-Germain et sur le boulevard Raspail), qu'il n'y a pas de cinémas, ni de théâtres, qu'on ne voit aucun chantier visible, que la plupart des maisons semblent avoir obéi aux prescriptions de ravalement.

Un chien, d'une espèce rare (lévrier afghan? sloughi?).

Une Land-Rover que l'on dirait équipée pour traverser le Sahara (malgré soi, on note que l'insolite, le particulier, le misérablement exceptionnel: c'est le contraire qu'il faudrait faire).

Continuer

Jusqu'à ce que le lieu devienne improbable

Jusqu'à ressentir, pendant un très bref instant, l'impression d'être dans une ville étrangère, ou mieux encore, jusqu'à ne plus comprendre ce qui ne se passe pas, que le lieu tout entier devienne étranger, que l'on ne sache même plus que ça s'appelle une ville, une rue, des immeubles, des trottoirs...

Faire pleuvoir des pluies diluviennes, tout casser, faire pousser de l'herbe, remplacer les gens par des vaches, voir apparaître, au croisement de la rue du Bac et du boulevard Saint-Germain, dépasser de cent mètres les toits des immeubles, King-Kong, ou la souris fortifiée de Tex Avery!

EXPLICATION DE TEXTE

Lecture analytique: *OULIPO et l'écriture sous contraintes*

En plaçant des jeux de rôles interactifs au centre de la narration, les membres d'OULIPO ont drastiquement réduit le rôle du narrateur dans la littérature. Ils se sont également éloignés du dogme de l'auteur et du style en sollicitant chez tout lecteur l'écrivain potentiel. Dans leurs écrits, les membres d'OULIPO ont adapté avec originalité des contraintes poétiques traditionnelles, et en ont inventé de nouvelles qu'ils se sont engagés à respecter absolument. L'acte poétique cesse donc d'être un produit de l'imagination ou du style individuel d'un auteur, mais est, au contraire, généré par l'application ludique et délibérée de formules géométriques ou mathématiques. Dans *Espèces d'espaces,* Georges Perec nous convie à notre tour à considérer l'espace de la rue d'une manière systématique.

Activités de lecture

Etablissez avec un(e) partenaire une fiche descriptive du texte de Perec afin d'analyser comment l'espace de la rue est construit. Suivez le plan ci-dessous pour vous aider.

1. «Observez la rue, de temps en temps, peut-être avec un souci un peu systématique» nous dit Perec dans *Espèces d'espaces.* A quel lexique le mot «systématique» appartient-il? Qu'est-ce que ce mot implique quant à l'observation de la rue?

___

___

2. Perec suggère de «s'appliquer, perdre son temps» à observer l'espace. De quels éléments de l'espace parle-t-il en ce qui concerne:

   a. le lieu?

   ___

   ___

   b. le temps?

   ___

   ___

   c. les personnages?

   ___

   ___

   d. les actions?

   ___

   ___

3. Perec nous invite dans cet extrait à porter notre attention non seulement sur tout ce que l'on voit, mais aussi sur tout ce que l'on ne voit pas. Il nous invite à faire des déductions et à considérer la présence ou l'absence de personnes, d'animaux, d'objets, de commerces, de véhicules, d'immeubles et d'actions. A votre avis, en quoi ce que l'on ne voit pas peut-il avoir autant d'importance que ce que l'on voit? Expliquez votre réponse.

___

___

4. Perec propose-t-il une hiérarchie des éléments à observer dans la rue? Comment interprétez-vous l'expression «s'obliger à voir plus platement»?

___

___

5. Dans ce passage, Perec nous donne de nombreux conseils pour explorer les actions quotidiennes en utilisant des verbes à l'infinitif. Après avoir souligné ces verbes dans le texte, commentez les effets produits par ces choix et ce qu'ils inspirent.

Rappel grammatical: L'infinitif

Une section de révision et des exercices d'application sur l'infinitif se trouvent à la page 155 dans l'*Appendice I*.

6. Aux questions de Perec sur les gens dans les rues, que répondriez-vous?
   a. «D'où viennent-ils?» (par exemple: Une personne qui est en train de lire un journal à la terrasse d'un café vient de l'acheter.)

   b. «Où vont-ils?» (par exemple: Une personne qui sort un ticket de la RATP de sa poche va soit prendre l'autobus, soit prendre la métro.)

   c. «Qui sont-ils?» (par exemple: Cet homme âgé qui porte un cabas (un sac à provision) plein de légumes est sans doute un retraité.)

7. *Le dénouement* Après avoir élaboré un système de lecture du quotidien particulièrement contraignant, quelle résolution Perec nous offre-t-il dans les deux derniers paragraphes? A la lumière de ce qui précède, cette fin était-elle prévisible? Pourquoi?

Au-delà du texte: La contrainte pour se libérer et se retrouver

Paradoxalement, c'est en décrivant la plus plate des réalités, en dénombrant, en faisant des listes, en accumulant, en énumérant que Georges Perec se protège contre l'angoisse de l'oubli et offre des certitudes en ce qui concerne le «temps retrouvé». Son dessein est de rendre visible un espace qui paraît évident mais qui pourtant nous échappe, car nous sommes aveugles; nous avons perdu ce regard que seule l'enfance rendait curieux et investigateur.

Exercices

Répondez aux questions suivantes selon les indications de votre professeur.

1. *Construire pour rêver* Comment Perec s'y prend-il «pour retrouver les évidences du familier, décapées de l'anesthésiant de l'habitude»? Comment qualifieriez-vous la discipline qu'il s'impose?

___

___

2. Perec nous dit qu'il faut «chercher, essayer, se demander, noter, déceler, déchiffrer, décrire, s'intéresser, s'appliquer, s'obliger, apprendre, continuer, s'efforcer de, recommencer» et interroger sans cesse, tout en jouant. Y voyez-vous une contradiction? Selon vous, ce système est-il efficace? Expliquez.

___

___

3. Pour Perec, jouer avec l'espace, c'est questionner les longueurs, les dimensions, les proportions, les lignes, les distances, les mesures… En vous inspirant du texte *Espèces d'espaces* de Perec, répondez aux questions suivantes.
   a. Habiter un lieu, qu'est-ce que c'est?

   ___

   ___

   b. Qu'est-ce que s'approprier un lieu?

   ___

   ___

   c. Habiter un lieu, est-ce se l'approprier?

   ___

   ___

   d. A partir de quand un lieu devient-il vraiment le vôtre?

   ___

   ___

4. *Vignettes de la Martinique* En classe, avec un(e) partenaire, choisissez chacun(e) l'une des deux photos suivantes et notez tout ce que vous voyez. Puis présentez votre photo à votre partenaire en vous contraignant, à la façon de Georges Perec, à donner autant de détails que possible et à tirer de brèves conclusions sur ce que vous voyez et ne voyez pas. N'hésitez pas à poser des questions à votre partenaire sur ses choix d'interprétation de l'espace décrit et à lui faire des suggestions.

ACTIVITES MULTIMEDIA

Pour vous guider dans ces activités, consultez la page web de cette *Structure*: www.thomsonedu.com/french/scenarios

Faites les activités suivantes selon les indications de votre professeur. Rendez-vous sur le site web pour les activités d'écriture sur les lieux qui vous entourent. En vous inspirant du texte de Georges Perec, portez une attention systématique à tous les détails et forcez-vous à ne rien oublier. Notez tout ce que vous voyez et/ou imprimez les pages qui offrent le plus d'informations pertinentes à vos besoins. Les résultats de vos recherches feront l'objet de discussions en classe et de façon générale vous seront utiles pour écrire ou enrichir vos journaux et vos compositions.

Activité 1 Paris

Vous allez visiter le Paris de Perec, de ses habitants et des milliers de visiteurs qui y viennent. Explorez la première source pour découvrir cette «ville lumière», puis plongez dans toute sa complexité.

Perec remarque que les numéros des autobus parisiens *intra-muros* ont deux chiffres alors que les lignes d'autobus qui sortent de Paris ont trois chiffres. Il note aussi que «les autobus dont le numéro commence par le chiffre 2 partent de la gare Saint-Lazare».

A. Allez sur le site de la RATP (www.ratp.fr) en lien sur la page web de cette *Structure*. Situez les gares de Paris et étudiez le réseau formé par les lignes d'autobus. Les observations de Perec sont-elles exactes? Par quel chiffre commence le numéro des autobus qui partent de la gare de l'Est? de la gare de Lyon?

B. *Plan de Paris* Allez sur www.pariszoom.com en lien sur la page web de cette *Structure* pour trouver les lieux suivants: la gare Saint-Lazare, Saint-Germain-des Prés. Cherchez un nom de rue proche de chacun de ces lieux.

C. Trouvez une photo d'un immeuble de cette rue sur www.voila.fr en lien sur la page web de cette *Structure* et suivez les directions.

Vous pouvez circuler dans la rue à l'aide des flèches. Quelle impression cela vous donne-t-il du quartier? Est-ce un quartier élégant ou populaire? (Attention au sens du mot populaire; ici: *working-class.*) Pouvez-vous imaginer les habitudes des gens qui y habitent? (Où prennent-ils leur café? Où achètent-ils leur journal? leur pain? Où prennent-ils le métro? Y a-t-il de la place pour garer sa voiture?)

D. Puis trouvez des photos et des illustrations de ces quartiers par des peintres français. Cliquez sur le lien www.google.fr. Sélectionnez l'option «Images». Tapez «Gare Saint-Lazare», «Boulevard Saint-Germain», «Colonne Morris» (au singulier).

Activité 2 **Terres francophones**

Sélectionnez un lieu francophone — un quartier de Montréal, de Dakar ou de Papeete, un petit village en France métropolitaine ou dans les territoires français d'outre-mer, etc. Ensuite, choisissez un des types d'observation conseillés par Georges Perec et observez l'endroit que vous avez choisi à l'aide d'une webcam de votre choix en lien sur la page web de cette *Structure*. Décrivez ce que vous voyez.

En guise de conclusion: *Jeux d'écriture sous contraintes*

Ailleurs dans *Espèces d'espaces,* Georges Perec invite son lecteur à faire quelques exercices pour mieux arpenter la ville ou pour investir l'espace et dégager le quotidien de son opacité. Il suggère par exemple de décrire les opérations que l'on effectue quand on prend le métro, ou de / d'.

- Calculer en s'aidant de cartes un itinéraire qui permettrait de prendre successivement tous les autobus de la capitale;
- Essayer d'imaginer ce que pourrait devenir Paris;
- Préparer un voyage qui permettrait de visiter tous les lieux se trouvant par exemple à 314,60 km de son domicile;
- Se faire photographier en soutenant un monument comme la tour de Pise.

Exercices

Faites les exercices d'écriture sous contraintes suivants selon les indications de votre professeur.

1. Après en avoir délibéré avec vos camarades de classe et votre professeur, choisissez ensemble l'un des lieux visités. En vous inspirant des conseils du texte de Perec, contraignez-vous à arpenter ce lieu virtuellement. Réfléchissez bien avant de choisir ce lieu, car vous allez l'habiter pendant toute la durée de la simulation que vous allez créer au cours des prochaines *Structures*. Commencez par écrire autant de détails que possible.

   ____

   ____

2. A l'instar de Perec, c'est à votre tour d'inventer une contrainte virtuelle pour investir le lieu que vous venez de présenter et faire apparaître une face voilée du son quotidien. Tout en respectant cette contrainte, mais sans la rendre explicite, commencez votre récit.

   ____

   ____

3. Maintenant, échangez votre récit avec celui d'un(e) partenaire et essayez de découvrir la contrainte qu'il/elle s'est imposé(e) et articulez-la en une phrase simple à la manière de Perec.

   ____

   ____

ECRITURE EXTENSIVE

En tout premier lieu, vous allez créer, ci-dessous, un carnet d'adresses électroniques incluant les adresses de tous vos camarades de classe et celle de votre professeur. Pour chaque activité d'écriture extensive, il est suggéré d'utiliser ce carnet pour communiquer en dehors de la classe.

Le carnet d'adresses électroniques	
1.	11.
2.	12.
3.	13.
4.	14.
5.	15.
6.	16.
7.	17.
8.	18.
9.	19.
10.	20.

Avant votre prochaine classe, allez chercher sur Internet le questionnaire qui se trouve en lien sur le site web qui a été créé pour vous à la page www.thomsonedu.com/french/scenarios. Imprimez-le, puis répondez aux questions. Apportez le questionnaire rempli en classe et comparez vos réponses avec celles d'un(e) partenaire. Partagez vos résultats avec le reste de la classe.

A partir de maintenant, dans le cadre de cette classe, vous allez écrire un journal sur des sujets qui vous seront précisés dans chaque *Structure*, et pour lesquels vous prétendrez être le personnage fictif de votre choix. Vous parlerez donc de la vie de ce personnage à la première personne («je»), comme si c'était la vôtre.

Journal préliminaire

Les lieux qui vous entourent

Rendez-vous à votre messagerie électronique ou bien, sortez vos stylos! Décrivez les lieux qui vous entourent dans la simulation choisie. Envoyez ce journal aux personnes dans votre nouveau carnet d'adresses électroniques (ou bien uniquement à votre professeur, selon ses instructions), à moins que l'on ne vous demande d'écrire dans un cahier ou sur des feuilles à rendre en classe.

STRUCTURE 1

Les personnages

TEXTE MODELE

Avant la lecture: Pour compléter l'introduction qui précède le texte de Michel Leiris, lisez la page d'information sur l'auteur en lien sur la page www.thomsonedu.com/french/scenarios

L'autoportrait que vous allez lire est tiré du début de *L'Age d'homme* (1939) de Michel Leiris, publié après une psychanalyse suivie pour vaincre une angoisse d'impuissance à la fois intellectuelle et sexuelle et une obsession du suicide. Né à Paris, Michel Leiris (1901–1990) est à la fois poète, ethnographe, critique d'art et essayiste, mais c'est son œuvre autobiographique qui s'impose nettement comme la partie la plus importante de son activité d'homme de lettres. Dans cet extrait, Michel Leiris crée sa propre mythologie en dressant de lui-même ce portrait sans complaisance.

Je viens d'avoir trente-quatre ans, la moitié de la vie. Au physique, je suis de taille moyenne, plutôt petit. J'ai des cheveux châtains coupés court afin d'éviter qu'ils ondulent, par crainte aussi que ne se développe une calvitie menaçante. Autant que je puisse en juger, les traits caractéristiques de ma physionomie sont: une nuque très droite, tombant verticalement comme une muraille ou une falaise, marque classique (si l'on en croit les astrologues) des personnes nées sous le signe du Taureau; un front développé, plutôt bossué, aux veines temporales exagérément noueuses et saillantes. Cette ampleur de front est en rapport (selon le dire des astrologues) avec le signe du Bélier; et en effet je suis né un 20 Avril, donc aux confins de ces deux signes: le Bélier et le Taureau. Mes yeux sont bruns, avec le bord des paupières habituellement enflammé; mon teint est coloré; j'ai honte d'une fâcheuse tendance aux rougeurs et à la peau luisante. Mes mains sont maigres, assez velues, avec des veines très dessinées; mes deux majeurs, incurvés vers le bout, doivent dénoter quelque chose d'assez faible ou d'assez fuyant dans mon caractère.

Ma tête est plutôt grosse pour mon corps; j'ai les jambes un peu courtes par rapport à mon torse, les épaules trop étroites relativement aux hanches. Je marche le haut du corps incliné en avant; j'ai tendance lorsque je suis assis, à me tenir le dos voûté; ma poitrine n'est pas très large et je n'ai guère de muscles. J'aime à me vêtir avec le maximum d'élégance; pourtant, à cause des défauts que je viens de relever dans ma structure et de mes moyens qui, sans que je puisse me dire pauvre, sont plutôt limités, je me juge d'ordinaire profondément inélégant; j'ai horreur de me voir à l'improviste dans une glace car, faute de m'y être préparé, je me trouve à chaque fois d'une laideur humiliante.

Quelques gestes m'ont été ou me sont familiers: me flairer le dessus de la main; ronger mes pouces presque jusqu'au sang; pencher la tête légèrement de côté; serrer les lèvres et m'amincir les narines avec un air de résolution; me frapper brusquement le front de la paume — comme quelqu'un à qui vient une idée — et l'y maintenir appuyée quelques secondes (autrefois, dans des occasions analogues, je me tâtais l'occiput); cacher mes yeux derrière ma main quand je suis obligé de répondre oui ou non sur quelque chose qui me gêne ou de prendre une décision; quand je suis seul me gratter la région anale; etc. Ces gestes, je les ai un à un abandonnés, au moins pour la plupart. Peut-être aussi en ai-je seulement changé et les ai-je remplacés par de nouveaux que je n'ai pas encore repérés? Si rompu que je sois à m'observer moi-même, si maniaque que soit mon goût pour ce genre amer de contemplation, il y a sans nul doute des choses qui m'échappent, et vraisemblablement parmi les plus apparentes, puisque la perspective est tout et qu'un tableau de moi, peint selon ma propre perspective, a de grandes chances de laisser dans l'ombre certains détails qui, pour les autres, doivent être les plus flagrants.

Mon activité principale est la littérature, terme aujourd'hui bien décrié. Je n'hésite pas à l'employer cependant, car c'est une question de fait: on est littérateur comme on est botaniste, philosophe, astronome, physicien, médecin. A rien ne sert d'inventer d'autres termes, d'autres prétextes pour justifier ce goût qu'on a d'écrire: est littérateur quiconque aime penser une plume à la main. Le peu de livres que j'ai publiés ne m'a valu aucune notoriété. Je ne m'en plains pas, non plus que je ne m'en vante, ayant une même horreur du genre écrivain à succès que du genre poète méconnu.

Sans être à proprement parler un voyageur, j'ai vu un certain nombre de pays: très jeune, la Suisse, la Belgique, la Hollande, l'Angleterre; plus tard la Rhénanie, l'Egypte, la Grèce, l'Italie et l'Espagne; très récemment l'Afrique tropicale. Cependant je ne parle convenablement aucune langue étrangère et cela, joint à beaucoup d'autres choses, me donne une impression de déficience et d'isolement.

Bien qu'obligé de travailler (à une besogne d'ailleurs peu pénible, puisque mon métier d'ethnographe est assez conforme à mes goûts) je dispose d'un certain confort; je jouis d'une assez bonne santé; je ne manque pas d'une relative liberté et je dois, à bien des égards, me ranger parmi ceux qu'il est convenu de nommer les «heureux de la vie». Pourtant, il y a peu d'événements dans mon existence que je puisse me rappeler avec quelque satisfaction, j'éprouve de plus en plus nettement la sensation de me débattre dans un piège et — sans aucune exagération littéraire — il me semble que je suis *rongé*.

Sexuellement je ne suis pas, je crois, un anormal — simplement un homme plutôt froid — mais j'ai depuis longtemps tendance à me tenir pour quasi impuissant. Il y a beau temps, en tout cas, que je ne considère plus l'acte amoureux comme une chose simple, mais comme un événement relativement exceptionnel, nécessitant certaines dispositions intérieures ou particulièrement tragiques ou particulièrement heureuses, très différentes, dans l'une comme dans l'autre alternative, de ce que je dois regarder comme mes dispositions moyennes.

D'un point de vue moins immédiatement érotique, j'ai toujours eu le dégoût des femmes enceintes, la crainte de l'accouchement et une franche répugnance à l'égard des nouveau-nés. C'est un sentiment qu'il me semble avoir éprouvé jusque dans ma plus lointaine enfance et je ne suis pas sûr qu'une formule telle que le «ils furent très heureux et eurent beaucoup d'enfants» des contes de fées ne m'ait pas, de bonne heure, plutôt porté à sourire.

Quand ma sœur accoucha d'une fille, j'avais quelque chose comme neuf ans; je fus littéralement écœuré lorsque je vis l'enfant, son crâne en pointe, ses langes souillés d'excréments et son cordon ombilical qui me fit m'écrier: «Elle vomit par le ventre!» Surtout, je ne pouvais tolérer de ne plus être le plus jeune. Celui que, dans la famille, on appelait «le petit dernier». Je saisissais que je ne représentais plus la dernière génération; j'avais la révélation du vieillissement; je ressentais une grande tristesse et un malaise, — angoisse qui, depuis, n'a fait que s'accentuer.

Adulte, je n'ai jamais pu supporter l'idée d'avoir un enfant, de mettre au monde un être qui, par définition ne l'a pas demandé et qui finira fatalement par mourir, après avoir peut-être, à son tour procréé. Il me serait impossible de faire l'amour si, accomplissant cet acte, je le considérais autrement que comme stérile et sans rien de commun avec l'instinct humain de féconder. J'en arrive à penser que l'amour et la mort — engendrer et se défaire, ce qui revient au même — sont pour moi choses si proches que toute idée de joie charnelle ne me touche qu'accompagnée d'une terreur superstitieuse, comme si les gestes de l'amour, en même temps qu'ils amènent ma vie en son point le plus intense, ne devaient que me porter malheur.

Bien que notre union n'ait pas été sans quelques orages dûs à mon caractère instable, à mon réel défaut de cœur et par-dessus tout à cette immense capacité d'ennui dont le reste découle, j'aime la femme qui vit avec moi et je commence à croire que je finirai mes jours avec elle, pour autant qu'il soit permis de proférer de telles paroles sans s'exposer à ce que le destin vous inflige un sanglant démenti. Comme beaucoup d'autres, j'ai fait ma descente aux enfers et, comme quelques-uns, j'en suis plus ou moins ressorti. En deçà de cet enfer, il y a ma première jeunesse vers laquelle, depuis quelques années, je me tourne comme vers l'époque de ma vie qui fut la seule heureuse, bien que contenant déjà les éléments de sa propre désagrégation et tous les traits qui, peu à peu creusés en rides, donnent sa ressemblance au portrait.

EXPLICATION DE TEXTE

Lecture analytique: Le portrait

Avec un(e) partenaire, composez une fiche descriptive du texte de Leiris afin d'en marquer les étapes et d'expliquer comment cet autoportrait est construit. Utilisez les questions suivantes pour vous guider.

Le portrait physique

1. Relevez toutes les expressions qui se rapportent à l'aspect physique de Leiris dans le texte.
   a. la taille

____

____

b. la tête

____

____

c. le corps

____

____

2. Quelles sont les métaphores utilisées par Leiris pour décrire son aspect physique? A quel registre ces métaphores font-elles référence?

____

____

L'image de soi

1. Certains aspects physiques ou sociaux de l'autoportrait de Leiris soulignent, selon l'auteur, des aspects plus intimes de son caractère. Par exemple, ses «majeurs incurvés» dénoteraient de son «caractère faible ou fuyant». Dans les deux colonnes ci-dessous, faites l'inventaire de ces divers détails concrets et de leurs implications en ce qui concerne le caractère de l'auteur.

Détail concret		Implication
Ex: «majeurs incurvés»	➔	«caractère faible ou fuyant»
______	➔	______
______	➔	______
______	➔	______
______	➔	______
______	➔	______
______	➔	______

2. A votre avis, les implications que Leiris suggère au sujet de son caractère à partir des détails concrets de sa physionomie et de son statut social sont-elles logiques ou non? Quelle image de soi donnent-elles de Leiris?

____

____

Le portrait psychologique

Dès la fin de cet exercice, commencez à réfléchir à une identité fictive. On ne s'invente pas de pied en cap sans préavis. Lorsque votre attention est attirée sur les détails narratifs et sur l'étude psychologique d'un personnage, réfléchissez à la création de votre futur personnage.

1. Notez toutes les expressions du texte qui s'appliquent aux traits de caractère de Leiris et qui vous aident à comprendre l'état psychologique du narrateur. Commentez les effets produits par ces expressions.

   a. les noms

____

____

b. les adjectifs

c. les adverbes

d. les verbes et les temps des verbes

e. le point de vue narratif

f. le ton de la narration

2. Que pensez-vous de l'autoportrait de Leiris? Quels en sont, selon vous, les aspects les plus frappants?

Au-delà du texte: *L'autoportrait*

Le «projet de se peindre» remonte à la tradition humaniste qui vit le jour pendant la Renaissance. «Au lecteur» donnera le ton dépréciatif et autodérisoire de ce projet entrepris par Montaigne dans le premier livre des *Essais:* «Je veux qu'on m'y voie en ma façon simple, naturelle et ordinaire, sans étude et artifice: car c'est moi que je peins. Mes défauts s'y liront au vif, mes imperfections et ma forme naïve, autant que la révérence publique me l'a permis. Que si j'eusse été parmi ces nations qu'on dit vivre encore sous la douce liberté des premières lois de nature, je t'assure que je m'y fusse très volontiers peint tout entier. Et tout nu.» Deux siècles plus tard, Rousseau essaiera à son tour, dans le préambule des *Confessions,* de se montrer «dans toute la vérité de la nature». La description qui marque le début de l'autoportrait de Leiris dans *L'Age d'homme* appartient à cette même tradition. Elle présente sans complaisance les traits caractéristiques d'une personnalité tourmentée capable de s'observer avec la plus grande lucidité mais incapable de s'estimer. Cette description est un exemple des tendances autodestructrices de Leiris. Placée au début de l'autoportrait, elle donne le ton au récit qui va suivre et donne déjà l'assurance que le narrateur-auteur sera sincère avec lui-même.

Pour des informations sur Montaigne, cliquez sur le lien «Montaigne — Les Essais» sur le site web de cette *Structure*. Pour Rousseau, vous pouvez soit taper «Jean-Jacques Rousseau Confessions texte intégral» sur www.google.com, soit cliquer sur le lien de la page web de cette *Structure*.

Il s'agit maintenant d'interpréter le texte de Leiris, au-delà des mots, du vocabulaire et de l'analyse stylistique, pour en donner une interprétation personnelle et pour ensuite en comprendre les enjeux.

Exercices

Faites les activités suivantes pour vous aider à interpréter l'autoportrait de Michel Leiris.

1. Dans le cadre à la page 16, vous allez dessiner le portrait de Leiris tel qu'il est décrit. Vous soulignerez simultanément dans le texte ce que vous représentez dans votre dessin.

2. Regardez maintenant votre dessin. Que pouvez-vous dire de votre dessin et du texte de Leiris? A quoi ressemble votre dessin? Qu'est-ce que le texte de Leiris évoque?

3. Avec un(e) ou plusieurs partenaire(s), comparez vos dessins respectifs. Chaque dessin présente une image unique et évoque une interprétation personnelle du texte de Leiris. Quelles sont les différences / similarités entre votre image / votre interprétation du texte de Leiris, et celle(s) de votre (vos) partenaire(s)?

@ACTIVITES MULTIMEDIA

Activité 1 **Lecture de portraits dans le quotidien *Libération***

Pour vous guider dans ces activités d'écriture sur le portrait, consultez la page web de cette *Structure*: www.thomsonedu.com/french/scenarios. Vous y trouverez des informations complémentaires sur Montaigne, Rousseau et Leiris, ainsi que sur l'expressionnisme et Francis Bacon. Prenez des notes détaillées ou imprimez les pages qui offrent le plus d'informations pertinentes à vos besoins. Les résultats de vos recherches feront l'objet de discussions en classe et de façon générale vous seront utiles pour écrire ou enrichir vos journaux et vos compositions.

Pour accéder au portrait de la semaine, allez sur le site web de cette *Structure*.

A. Sélectionnez trois ou quatre portraits. Relevez les événements choisis pour les «grandes dates» dans la vie de ces personnes.

B. Choisissez un portrait qui vous fait «vibrer» et expliquez pourquoi vous avez choisi ce portrait. Y a-t-il des aspects particuliers ou des événements dans la vie de cette personne que vous aimeriez adopter ou adapter pour l'identité de votre personnage?

C. Comparez les styles (littéraire et journalistique) et la structure de chacun de ces portraits. Quelles sont les différences?

Activité 2 **Lecture de portraits sur le site *Le Marque Page***

Vous trouverez le lien sur le site web de cette *Structure*.

A. Sélectionnez trois ou quatre portraits. Relevez les événements choisis pour définir le parcours de ces personnes. Quelle est leur passion?

B. Notez s'il s'agit d'un autoportrait ou d'un portrait.

C. Quel est le rôle de leur pays d'origine et de leur pays d'accueil dans leur vie actuelle?

Activité 3 **Le journal télévisé**

Regardez un journal télévisé de *France 2* ou de *France 3* en lien sur le site web de cette *Structure*.

A. Décrivez le présentateur ou la présentatrice. Etudiez ses traits physiques, le son de sa voix et ses vêtements.

B. Imaginez qui est cette personne en l'absence de la caméra. Quel est son passe-temps favori?

Activité 4 **Portrait de Michel Leiris par le peintre expressionniste anglais Francis Bacon**

Pour en savoir plus sur Francis Bacon ou sur l'expressionnisme, cliquez directement sur le lien de la page web de cette *Structure*. Pour le portrait de Michel Leiris par Francis Bacon, allez sur le site de Francis Bacon en lien sur la page web de cette *Structure*.

A. En respectant le point de vue de l'auteur de ce portrait, faites un portrait écrit de Leiris. Inspirez-vous du vocabulaire étudié et utilisez autant de détails que possible.

B. Examinez et commentez les différences et/ou les similarités de point de vue entre votre description de Leiris faite à partir du portrait expressionniste de Bacon et l'autoportrait de l'auteur.

C. Selon vous, lequel des deux portraits de Leiris (par l'auteur et par Bacon) est le plus réaliste? Lequel vous semble le plus bienveillant? Expliquez.

Activité 5 **Les Guignols de l'info**

Allez maintenant sur *Canal+* en lien sur le site web de cette *Structure*.

A. Observez les caricatures. Quels sont les traits qui ont été exagérés? De qui se moque-t-on et comment? Ecoutez l'accent, la façon de parler et de s'habiller. Comparez avec le journal télévisé de *France 2* ou de *France 3*.

B. Votre personnage aura-t-il des traits qui pourront être saisis par un(e) caricaturiste? Lesquels? Votre personnage sera-t-il sensible aux moqueries? Comment réagira-t-il à celles-ci?

C. Après avoir regardé les «Guignols», comparez le portrait de Michel Leiris par Francis Bacon avec l'un des «guignols». Décrivez les traits mis en saillie. Commentez.

En guise de conclusion: Style et structure du portrait

1. A votre avis, dans quel but Leiris s'est-il dépeint de cette façon dans son autoportrait? Ce but est-il exprimé implicitement ou explicitement dans le texte?

2. Rapprochez votre lecture analytique de votre lecture au-delà du texte. En quoi ces deux lectures sont-elles complémentaires? Quels aspects du portrait de Leiris sont révélés dans la lecture analytique? Et dans la lecture au-delà du texte?

3. A votre avis, quelle lecture est la plus intéressante? Pourquoi?

ECRITURE EXTENSIVE

Maintenant, imaginez que chacun(e) d'entre vous vient de se réveiller avec une nouvelle identité. Vous avez peut-être changé d'âge, de sexe, de nationalité, etc. Vous voulez bien sûr présenter le personnage que vous êtes devenu à vos camarades de classe. A l'instar de Rousseau dans *Les Confessions,* vous insistez à votre tour pour vous montrer «dans toutes les vérités de la nature». L'autoportrait de votre personnage pourra donc être fait sur le ton de l'autodépréciation et de la dérision.

Journal 1.1

Ebauche d'autoportrait

Complétez la fiche d'identité de votre personnage en vous aidant du formulaire ci-dessous. Puis, rendez-vous à la messagerie de votre ordinateur, reformulez cette fiche d'identité en un court paragraphe et envoyez-le aux personnes dans votre carnet d'adresses électroniques.

FICHE D'IDENTITE

Nom: ______________________

Prénom(s): ______________________

Date de naissance: ______________________

Lieu de naissance: ______________________

Nationalité: ______________________

Origine(s) ethnique(s) / Héritage culturel: ______________________

Taille: __________ **mètre(s)** ______________________

Poids: __________ **kilogrammes** ______________________

Signe(s) particulier(s): ______________________

Profession: ______________________

Situation familiale: ______________________

Loisirs: ______________________

Education: ______________________

Description socio-culturelle des étages

En classe, après avoir tous présenté votre personnage, faites maintenant ensemble le diagramme de votre immeuble. Notez les noms des locataires et leur occupation dans l'espace ci-dessous. Indiquez s'il y a des commerces au rez-de-chaussée et/ou qui y vit. Qui habite aux premier, deuxième, troisième étages, et sous les toits dans les chambres de bonne?

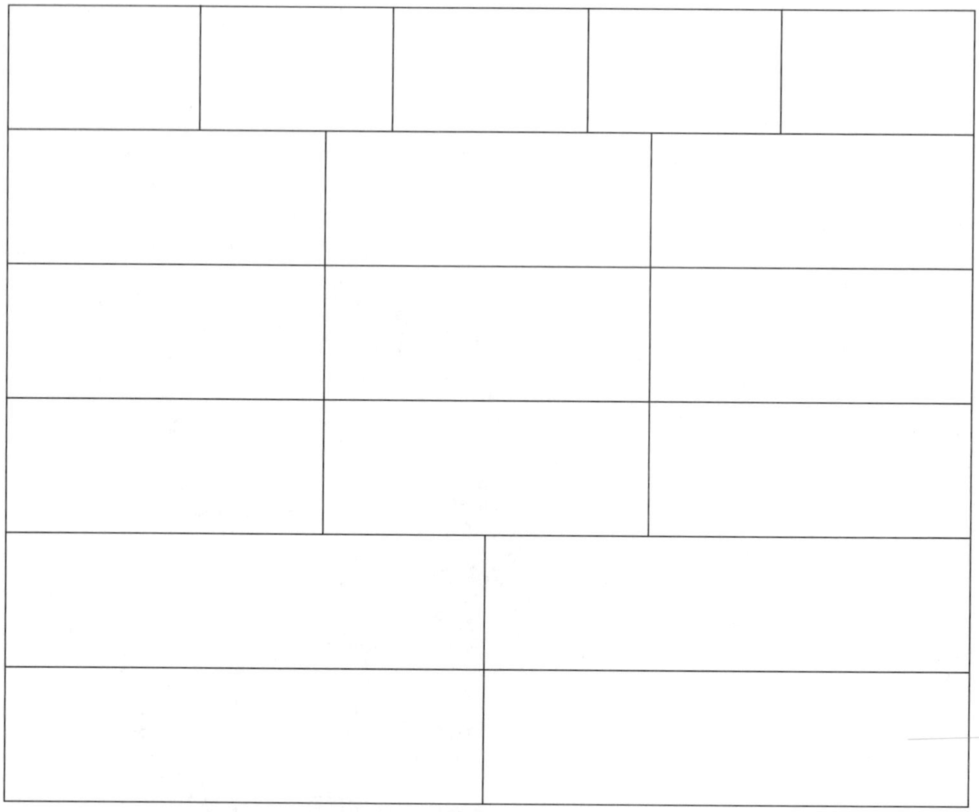

«Lucky Luke, Les Dalton & Jolly Jumper» par Morris (2001)

Journal 1.2 **Ebauche d'autoportrait**

Rendez-vous à votre messagerie électronique ou bien, sortez vos stylos! Composez l'autoportrait du personnage dont vous venez de créer la fiche d'identité, dans le contexte de la simulation choisie dans la *Structure préliminaire: Vers la simulation*. Ecrivez, à la première personne, son autoportrait physique et psychologique. Ici, le plus important est d'inclure beaucoup de détails de façon à rendre cet autoportrait aussi visuel que possible. Envoyez votre journal aux personnes dans votre carnet d'adresses électroniques (ou bien uniquement à votre professeur, selon ses instructions), à moins que l'on ne vous demande d'écrire dans un cahier ou sur des feuilles à rendre en classe.

STYLISTIQUE: LE PORTRAIT SOUS TOUS SES ANGLES

Tout portrait tend à présenter un personnage selon un *point de vue* choisi par l'auteur. Ce choix peut porter sur un aspect physique et/ou psychologique du personnage que l'auteur veut mettre en valeur, et sur des techniques mises en œuvre par l'auteur pour accentuer les traits spécifiques du personnage.

Le portrait physique

Il s'attache essentiellement à l'aspect extérieur du personnage. L'auteur y décrit de façon détaillée les traits physiques du personnage. Il rivalise en objectivité avec une photographie.

Le gros plan

Position et description du visage

Le/Ce personnage est vu	de face / de profil / de trois quarts

La tête, les oreilles et le cou

Il/Elle a la (une) tête / Sa tête est *N.B.: Il/Elle a une grosse / petite tête.*	plate / ronde / carrée / ovale
Il/Elle a les (des) oreilles *N.B.: Il/Elle a de grandes / petites oreilles.*	(dé)collées / percées / en pointe / velues / délicates
Il/Elle a le (un) cou *N.B.: Il/Elle a un long cou; Il/Elle a le cou long.*	fin / trapu / enfoncé / droit / gracieux / ridé / lisse / dégagé

La chevelure

Il/Elle a les (des) cheveux / Ses cheveux sont	ras / en brosse / courts / mi-longs / longs / raides / ondulés / bouclés / frisés / crépus / tressés / hirsutes / drus / épais / clairsemés / blancs / gris / grisonnants / blonds / roux / bruns / châtains / noirs / brillants / ternes / fourchus
Il/Elle est	(dé)coiffé(e) / (dé)peigné(e) / chauve / chevelu(e) / brun(e) / blond(e)

Le visage

Il/Elle a le (un) visage / Son visage est	rond / ovale / carré / allongé / étroit / large
Il/Elle a le (un) teint *N.B.: Il/Elle a bonne / mauvaise mine.*	bronzé / clair / brouillé / rougeaud / pâle / jaune / ambré / noir / noir bleuté / couleur café / maladif / rose / pâteux

Il/Elle a le (un) front / Son front est	haut / bas / large / étroit / ridé / lisse / bossué / bombé / luisant / plissé / dégarni
Il/Elle a les (des) yeux / Ses yeux sont	noirs / bleus / verts / marron / gris / brillants / vifs / rieurs / malins / en amande / ronds / bridés / enfoncés / globuleux / enflammés / chassieux
Il/Elle a le (un) regard	triste / vif / ardent / perçant / espiègle / intelligent / bête / fou / intense / inquiétant / inquisiteur
Il/Elle a le (un) nez / Son nez est *N.B.: Il/Elle a un grand / petit nez.*	droit / pointu / rond / étroit / large / épaté / retroussé / fin / aquilin / courbé
Il/Elle a les (des) pommettes	hautes / saillantes / plates / rondes / roses / ridées / lisses
Il/Elle a les (des) lèvres *N.B.: Il/Elle a une petite / grande bouche.*	épaisses / minces / fines / sensuelles / roses / rouges / tordues / pulpeuses
Il/Elle a les (des) dents	blanches / jaunies / gâtées / cariées / en or
Il/Elle a le (un) sourire	étincelant / éclatant / pincé / facile / chaleureux
Il/Elle a le (un) menton	lourd / fuyant / volontaire / pointu / décidé
Il/Elle a l'air	gentil(le) / calme / difficile / heureux(-euse) / distrait(e) / malade / énergique / léthargique / malicieux(-euse) / honnête
Il/Elle est *(impression d'ensemble)*	beau (belle) / mignon(ne) / charmant(e) / canon / attirant(e) / pas mal / banal(e) / laid(e) / affreux(-euse) / horrible / hideux(-euse) / moche

La silhouette

La taille

Le/Ce personnage est	grand / petit / immense / minuscule
C'est un(e)	géant(e) / nain(e)
Il/Elle est de taille	moyenne / imposante
Il/Elle est	rachitique / maigre / frêle / menu(e) / mince / bien proportionné(e) / corpulent(e) / gras(se) / gros(se) / énorme / obèse / musclé(e) / baraqué(e) / costaud(e) / flasque / mou (molle)
Il/Elle a le (un) dos	rond / droit / courbé / incliné / robuste
Il/Elle est	voûté(e) / bossu(e) / raide / souple / affalé(e)
Il/Elle a les (des) épaules / les (des) hanches	larges / étroites / enrobées / carrées
Il/Elle a la (une) poitrine	large / étroite / plate / bombée

Les membres

Il/Elle a les (des) bras *N.B.: Il/Elle a de longs / jolis / gros bras.* *Il/Elle a de longues / jolies / grosses jambes.*	court(e)s / long(ue)s / maigres / fin(e)s / gros
Il/Elle a des articulations	fines / délicates / grossières / épaisses
Il /Elle a les (des) mains / Ses mains sont	soignées / blanches / rugueuses / calleuses / crevassées
Il/Elle a les (des) doigts / orteils	fins / boudinés / courts / longs / tordus
Ses ongles sont	courts / longs / recourbés / pointus / peints / rouges / rongés
Il/Elle a les (des) pieds *N.B.: Il/Elle a de grands / petits pieds.*	plats / fins / larges

Rappel grammatical: L'adjectif et l'adverbe

Une section de révision et des exercices d'application sur l'adjectif et l'adverbe se trouvent à la page 156 dans l'*Appendice I.*

Vous pouvez consulter les biographies de Baudelaire et de Delacroix en lien sur le site web de cette *Structure*.

Le portrait physique

Le texte de Baudelaire (1821–1867) nous transporte dans l'univers de l'«orientalisme», très à la mode à son époque. (Voir le tableau de Delacroix, *Femmes d'Alger dans leurs appartements*, 1834. Pour voir ce tableau sur www.google.com, sélectionnez «Images», puis tapez «Delacroix Femmes d'Alger».

Exercices

Faites les exercices suivants selon les indications de votre professeur.

1. Commencez par lire à voix haute «La Belle Dorothée» par Charles Baudelaire (1821–1867) dans *Petits poèmes en prose*. Puis, soulignez les adjectifs et les adverbes.
2. Notez le rôle de ces adjectifs et adverbes et leur usage dans ce portrait.

Le soleil accable la ville de sa lumière droite et terrible; le sable est éblouissant et la mer miroite. Le monde stupéfié s'affaisse lâchement et fait la sieste, une sieste qui est une espèce de mort savoureuse où le donneur, à demi éveillé, goûte les voluptés de son anéantissement.

Cependant Dorothée, forte et fière comme le soleil, s'avance dans la rue déserte, seule vivante à cette heure sous l'immense azur, et faisant sur la lumière une tache éclatante et noire.

Elle s'avance, balançant mollement son torse si mince sur ses hanches si larges. Sa robe de soie collante, d'un ton clair et rose, tranche vivement sur les ténèbres de sa peau et moule exactement sa taille longue, son dos creux et sa gorge pointue.

Son ombrelle rouge, tamisant la lumière, projette sur son visage sombre le fard sanglant de ses reflets.

Le poids de son énorme chevelure presque bleue tire en arrière sa tête délicate et lui donne un air triomphant et paresseux. De lourdes pendeloques gazouillent secrètement à ses mignonnes oreilles.

De temps en temps la brise de mer soulève par le coin sa jupe flottante et montre sa jambe luisante et superbe; et son pied, pareil aux pieds des déesses de marbre que l'Europe enferme dans ses musées, imprime fidèlement sa forme sur le sable fin. Car Dorothée est si prodigieusement coquette, que le plaisir d'être admirée l'emporte chez elle sur l'orgueil de l'affranchie, et, bien qu'elle soit libre, elle marche sans souliers.

Elle s'avance ainsi, harmonieusement heureuse de vivre et souriant d'un blanc sourire, comme si elle apercevait au loin dans l'espace un miroir reflétant sa démarche et sa beauté.

A l'heure où les chiens eux-mêmes gémissent de douleur sous le soleil qui les mord, quel puissant motif fait donc aller ainsi la paresseuse Dorothée, belle et froide comme le bronze?

Pourquoi a-t-elle quitté sa petite case si coquettement arrangée, dont les fleurs et les nattes font à si peu de frais un parfait boudoir; où elle prend tant de plaisir à se peigner, à fumer, à se faire éventer ou à se regarder dans le miroir de ses grands éventails de plumes, pendant que la mer, qui bat la plage à cent pas de là, fait à ses rêveries indécises un puissant et monotone accompagnement, et que la marmite de fer, où cuit un ragoût de crabes au riz et au safran, lui envoie, du fond de la cour, ses parfums excitants?

Peut-être a-t-elle un rendez-vous avec quelque jeune officier qui, sur des plages lointaines, a entendu parler par ses camarades de la célèbre Dorothée. Infailliblement elle le priera, la simple créature, de lui décrire le bal de l'Opéra, et lui demandera si on peut y aller pieds nus, comme aux danses du dimanche, où les vieilles Cafrines elles-mêmes deviennent ivres et furieuses de joie, et puis encore si les belles dames de Paris sont toutes plus belles qu'elle.

Dorothée est admirée et choyée de tous, et elle serait parfaitement heureuse si elle n'était obligée d'entasser piastre sur piastre pour racheter sa petite sœur qui a bien onze ans, et qui est déjà mûre, et si belle! Elle réussira sans doute, la bonne Dorothée; le maître de l'enfant est si avare, trop avare pour comprendre une autre beauté que celle des écus.

Charles Baudelaire, *Petits poèmes en prose*, édition posthume 1869

3. Regardez maintenant la photographie des deux femmes ci-dessous. Vous allez faire leur portrait en utilisant autant des expressions présentées que possible. Utilisez beaucoup d'adjectifs et d'adverbes et faites attention à l'accord et à la place de ces adjectifs et de ces adverbes.

Décrivez-les physiquement.

a. La femme de droite

____

____

b. La femme de gauche

____

____

@ACTIVITES MULTIMEDIA

Activité 6 **L'orientalisme**

Pour vous guider dans ces activités, consultez la page web de cette *Structure*: www.thomsonedu.com/french/scenarios

Le tableau de Delacroix en lien sur la page web de cette *Structure* ainsi que le poème de Baudelaire à la page 23 évoquent l'exotisme au dix-neuvième siècle.

A. Comprend-on l'exotisme de la même façon aujourd'hui? L'orientalisme pourrait-il encore exister aujourd'hui? Expliquez votre réponse.

____

____

____

B. Si vous avez choisi l'identité d'un homme ou d'une femme d'un pays d'Afrique ou d'Asie ayant immigré en France, est-ce qu'il existe une communauté de ce groupe dans Paris? Si oui, dans quel quartier? Votre personnage fait-il partie de cette communauté ou s'est il/elle intégré(e) au reste de la population?

____

____

Le portrait moral

Il propose une description beaucoup plus intime du personnage décrit. Il s'inspire du portrait physique pour révéler ou laisser deviner des détails du caractère ou des sentiments du personnage.

L'apparence générale	
Le/Ce personnage a une allure	élégante / soignée / dégingandée / souillon / stricte / posée / cultivée / sévère / sage / jeune / vieille / banale / (dés)intéressée / indifférente
Il/Elle a l'air (d'être)	aimable / bienveillant(e) / chaleureux(-euse) / sage / sympathique / gentil(le) / sincère / ouvert(e) / honnête / désagréable / méchant(e) / renfrogné(e) / agressif(-ive) / introverti(e) / extraverti(e) / vieux (vieille) / jeune / mûr(e) / naïf (naïve)
Il/Elle semble	amusant(e) / généreux(-euse) / innocent(e) / paisible / sincère / spirituel(le) / talentueux(-euse) / doué(e) / détestable / ennuyeux(-euse) / malveillant(e) / distant(e) / froid(e) / décontracté(e) / stressé(e)
Il/Elle paraît	cultivé(e) / inculte / timide / réticent(e) / égoïste / malhonnête / violent(e) / cruel(le) / (im)poli(e) / bien (mal) éduqué(e) / hypocrite / antipathique
Il/Elle porte des vêtements	simples / élégants / sophistiqués / classiques / à la mode / démodés / accessoirisés / confortables / étriqués / moulants / délavés / déformés / passés / criards / voyants / passe-partout

Le portrait moral

Exercices

Faites les exercices suivants selon les indications de votre professeur.

1. Imaginez le caractère de l'une des deux femmes de la photographie à la page 24 en vous inspirant de la description physique que vous avez déjà faite d'elle.

____

____

2. Imaginez les relations entre ces deux femmes. Que pensent-elles l'une de l'autre? Est-ce que leur apparence et leur attitude jouent un rôle important dans leurs relations? Pourquoi? Expliquez votre réponse.

____

____

3. Apportez en classe quatre photographies de l'un de vos parents ou grands-parents à des époques différentes de sa vie. Avec un(e) partenaire, examinez-les et comparez-les.
   a. Quels sont les aspects (par exemple, les traits du visage, les détails vestimentaires, la coiffure, etc.) qui marquent la maturation de cette personne?

   ____

   ____

   b. Comment se traduit l'évolution psychologique de cette personne dans son aspect physique?

   ____

   ____

ECRITURE INTENSIVE

ETAPE 1: Le remue-méninges

Avant de commencer à rédiger une composition, il est de bonne pratique de commencer avec un «remue-méninges» *(brainstorming)* qui vous permettra de noter tout ce qui vous passe par la tête, dans n'importe quel ordre, sur un sujet donné. Faites un «remue-méninges» en vous inspirant de l'autoportrait du personnage que vous avez créé dans les exercices d'écriture extensive.

____

____

ETAPE 2: Sélection et organisation des idées

Comme vous ne pouvez pas tout dire sur votre personnage, vous devez maintenant sélectionner des aspects de son physique, de sa personnalité et de son image de soi qui vous paraissent essentiels. Puis, vous devez les organiser par ordre d'importance. Choisissez trois à cinq aspects (a–e) de votre personnage que vous avez notés pendant votre «remue-méninges», puis organisez-les.

a. ____________________

____

b. ____________________

____

c. ____________________

____

d. ____________________

____

e. ____________________

____

ETAPE 3: Introduction

La façon dont vous allez présenter les aspects sélectionnés de votre personnage est primordiale pour attirer l'attention de votre lecteur et pour le convaincre de continuer à vous lire. Quel point de vue allez-vous utiliser à cette fin? Comment allez-vous «vous» présenter?

____

____

____

ETAPE 4: Conclusion

Le premier contact avec un personnage inconnu laisse souvent, dans son sillage, une première impression qui persiste parfois jusqu'à la rencontre suivante. Quelle première impression votre personnage laissera-t-il derrière lui au terme de son autoportrait?

____

____

Composition 1

L'autoportrait de votre personnage

Premier jet En utilisant le travail que vous venez de faire ci-dessus, faites l'autoportrait de votre personnage dans la simulation. Commencez à faire un plan, puis sélectionnez et organisez les détails. Ensuite, développez-les. Efforcez-vous de rendre votre composition cohérente en faisant attention aux constructions et en créant des transitions fluides. N'oubliez pas que l'introduction et la conclusion sont très importantes. Enfin, donnez un titre à votre composition qui laissera deviner votre point de vue au lecteur. Accompagnez le premier jet de votre composition de la *grille d'évaluation* que vous pouvez télécharger sur le site web et imprimer avant de le rendre à votre professeur.

www.thomsonedu.com/french/scenarios

Révision Reprenez le premier jet de votre composition. En vous appuyant sur les commentaires de votre professeur dans la composition et sur ses remarques dans la *grille d'évaluation*, révisez et améliorez votre travail une dernière fois. Servez-vous de la liste des symboles que vous pouvez télécharger sur le site web pour comprendre les corrections à faire et ne laissez pas de fautes non corrigées.

STRUCTURE 2

Le milieu

TEXTE MODELE

Avant la lecture: Pour compléter l'introduction qui précède le texte d'Alain-Fournier, lisez la page d'informations sur l'auteur en lien sur la page www.thomsonedu.com/french/scenarios

Achevé au début de 1913, *Le Grand Meaulnes* d'Alain-Fournier (1886–1914) est une rêverie éveillée, un voyage initiatique. Le narrateur du récit, François, 15 ans, est le fils de Monsieur et Madame Seurel, instituteurs de Sainte-Agathe, en Sologne. Il fréquente le Cours supérieur qui prépare au brevet d'instituteur. Peu de temps après la rentrée des classes, Augustin Meaulnes, un nouveau compagnon de 17 ans, vient habiter chez les Seurel. La personnalité mystérieuse d'Augustin, que les élèves surnomment «le grand Meaulnes», trouble bientôt le rythme monotone de l'établissement scolaire et fascine tous les élèves. Parti un jour chercher les grands-parents de François à Vierzon, Meaulnes se perd en chemin et trouve asile chez de rudes paysans. Au matin, blessé et fourbu, il se remet en marche et approche d'un «domaine mystérieux», où l'on prépare une fête. Il aperçoit de jolies fillettes en costumes anciens. Pour ne pas les effrayer, il se réfugie dans une chambre abandonnée et s'endort presque aussitôt. A son réveil, il surprend la conversation d'étranges comédiens qui l'invitent à la fête costumée. Mcaulnes se déguise en marquis. Des enfants le conduisent dans une grande salle où un repas de fête a été organisé pour les fiançailles de Frantz de Galais, le fils du château.

C'était, dans une grande salle au plafond bas, un repas comme ceux que l'on offre, la veille des noces de campagne, aux parents qui sont venus de très loin.

Les deux enfants avaient lâché les mains de l'écolier et s'étaient précipités dans une chambre attenante où l'on entendait des voix puériles et des bruits de cuillers battant les assiettes. Meaulnes, avec audace et sans s'émouvoir, enjamba un banc et se trouva assis auprès de deux vieilles paysannes. Il se mit aussitôt à manger avec un appétit féroce; et c'est au bout d'un instant seulement qu'il leva la tête pour regarder les convives et les écouter.

On parlait peu, d'ailleurs. Ces gens semblaient à peine se connaître. Ils devaient venir, les uns, du fond de la campagne, les autres, de villes lointaines. Il y avait, épars le long des tables, quelques vieillards avec des favoris, et d'autres complètement rasés qui pouvaient être d'anciens marins. Près d'eux dînaient d'autres vieux qui leur ressemblaient: même face tannée, mêmes yeux vifs sous des sourcils en broussaille, mêmes cravates étroites comme des cordons de souliers... Mais il était aisé de voir que ceux-ci n'avaient jamais navigué plus loin que le bout du canton; et s'ils avaient tangué, roulé plus de mille fois sous les averses et dans le vent, c'était pour ce dur voyage sans péril qui consiste à creuser le sillon jusqu'au bout de son champ et à retourner ensuite la charrue... On voyait peu de femmes; quelques vieilles paysannes avec de rondes figures ridées comme des pommes, sous des bonnets tuyautés.

Il n'y avait pas un seul de ces convives avec qui Meaulnes ne se sentît à l'aise et en confiance. Il expliquait ainsi plus tard cette impression: quand on a, disait-il, commis quelque lourde faute impardonnable, on songe parfois, au milieu d'une grande amertume: «Il y a pourtant par le monde des gens qui me pardonneraient.» On imagine de vieilles gens, des grands-parents pleins d'indulgence, qui sont persuadés à l'avance que tout ce que vous faites est bien fait. Certainement parmi ces bonnes gens-là les convives de cette salle avaient été choisis. Quant aux autres, c'étaient des adolescents et des enfants...

Cependant, auprès de Meaulnes, les deux vieilles femmes causaient:

«En mettant tout pour le mieux, disait la plus âgée, d'une voix cocasse et suraiguë qu'elle cherchait vainement à adoucir, les fiancés ne seront pas là, demain, avant trois heures».

«Tais-toi, tu me ferais mettre en colère,» répondait l'autre du ton le plus tranquille.

Celle-ci portait sur le front une capeline tricotée.

«Comptons! reprit la première sans s'émouvoir. Une heure et demie de chemin de fer de Bourges à Vierzon, et sept lieues de voiture, de Vierzon jusqu'ici...»

La discussion continua. Meaulnes n'en perdait pas une parole. Grâce à cette paisible prise de bec, la situation s'éclairait faiblement: Frantz de Galais, le fils du château — qui était étudiant ou marin ou peut-être aspirant de marine, on ne savait pas... — était allé à Bourges pour y chercher une jeune fille et l'épouser. Chose étrange, ce garçon, qui devait être très jeune et très fantasque, réglait tout à sa guise dans le Domaine. Il avait voulu que la maison où sa fiancée entrerait ressemblât à un palais en fête. Et pour célébrer la venue de la jeune fille, il avait invité lui-même ces enfants et ces vieilles gens débonnaires. Tels étaient les points que la discussion des deux femmes précisait. Elles laissaient tout le reste dans le mystère, et reprenaient sans cesse la question du retour des fiancés. L'une tenait pour le matin du lendemain. L'autre pour l'après-midi.

Alain-Fournier, *Le Grand Meaulnes,* 1913

EXPLICATION DE TEXTE

Lecture analytique: Le milieu

Avec un(e) partenaire, composez une fiche descriptive du texte d'Alain-Fournier pour en marquer les particularités. Utilisez les questions suivantes pour vous guider.

Le point de vue

Dans cet extrait du *Grand Meaulnes,* le narrateur, François, reconstitue une fête. En vous aidant des questions suivantes, étudiez le point de vue adopté dans le récit.

1. Quel est le temps verbal employé par Alain-Fournier dans la narration? Quel rapport le temps verbal permet-il d'établir entre le lecteur et l'action?

____

____

2. Les adjectifs qualificatifs permettent en général d'évoquer tous les sens dans une description: le goût, l'odorat, l'ouïe, le toucher et la vue. Dans le récit de François, quels sont les sens évoqués par les adjectifs qualificatifs? Donnez des exemples précis dans le texte et dites quelle impression sensorielle de la fête est dressée par l'usage de ces adjectifs.

____

____

3. «C'était, dans une grande salle au plafond bas, un repas comme ceux que l'on offre, la veille des noces de campagne, aux parents qui sont venus de très loin.»: Relevez les déterminants (**ce**, **un**, **ceux**, **la**, **des**, **de**, **aux**) dans cette phrase. Quelle constatation pouvez-vous faire sur l'effet produit par l'usage des déterminants dans la phrase? Et de leur usage dans l'ensemble du texte?

____

____

4. François était-il présent à la fête dont il fait le récit dans cet extrait? Comment le savez-vous? Sa présence se fait-elle sentir? Comment?

____

____

5. Relevez le signe de ponctuation qui termine la phrase «s'ils avaient tangué, roulé plus de mille fois sous les averses et dans le vent, c'était pour ce dur voyage sans péril qui consiste à creuser le sillon jusqu'au bout de son champ et à retourner ensuite la charrue...» Qu'expriment selon vous ces points de suspension?

____

____

6. Relevez les termes qui appartiennent au champ lexical de la mémoire et de l'imagination.

____

____

Le milieu

Alain-Fournier décrit le milieu dans lequel évoluent son narrateur et ses personnages dans cet extrait du *Grand Meaulnes*. La description de la fête, bien que filtrée par la mémoire et les sentiments, présente des éléments qui permettent d'ancrer l'action dans la réalité.

1. La description des lieux:
   a. Où se déroule la fête?

   ____

   ____

   b. Quels sont les noms des lieux cités?

   ____

   ____

   c. Quelles constatations pouvez-vous faire sur la caractérisation et les déterminants du lieu où se trouve le héros?

   ____

   ____

2. La description des personnages:
   a. Relevez et décrivez l'attitude des convives.

   ____

   ____

   b. Quelle attitude a Meaulnes?

   ____

   ____

   c. Quels traits communs voyez-vous dans le comportement des différents convives? Précisez votre réponse.

   ____

   ____

   d. Quel effet a sur Meaulnes le comportement des convives? Comment se sent le héros parmi eux?

   ____

   ____

   e. Certains aspects qualifiant la fête vont évoquer des sentiments chez Meaulnes qui vont éclairer le lecteur sur les sentiments plus profonds du héros. Par exemple, «les voix puériles» vont évoquer de «l'audace». Dans les deux colonnes ci-dessous, faites l'inventaire des divers aspects de la fête et des sentiments qu'ils évoquent chez Meaulnes.

Fête		**Sentiments**
Ex: «les voix puériles»	→	«l'audace»
______________	→	______________
______________	→	______________
______________	→	______________

Dès la fin de cet exercice, commencez à interviewer chacun(e) de vos camarades à propos d'une anecdote ayant trait à la vie du personnage fictif qu'il/elle a créé dans la *Structure 1*. Prenez des notes si vous le jugez nécessaire. Puis, choisissez l'une de ces anecdotes et réfléchissez au point de vue que votre propre personnage adoptera pour la raconter.

f. Quelle impression garde-t-on de la fête? Cette description est-elle réaliste? Commentez votre réponse.

g. A votre avis, Meaulnes est-il clairement représenté? Vous sentez-vous proche de lui? Pourquoi?

Au-delà du texte: *L'espace*

Vous trouverez sur le site web de cette *Structure* un autre exemple de personnage dans son milieu dans le poème *Le dormeur du val* d'Arthur Rimbaud.

Un récit présente un espace imaginaire, même s'il est ou se veut «réaliste», dont la fonction, la nature, l'organisation et le mode de description sont divers. L'espace permet un itinéraire: Souvent le déplacement des personnages s'associe à la rencontre de «l'aventure». Un voyage (une fuite, une errance, un aller-retour, un périple, une initiation) sert de déclencheur à l'action. L'espace peut offrir un spectacle, servir de décor à l'action. Dans ce cas, il est soumis au regard des personnages. Il est déterminé par la situation du spectateur face au spectacle et par la relation entre le paysage et l'état d'âme de celui qui regarde, qui perçoit. Une correspondance symbolique peut s'établir entre un personnage et un paysage. Toutefois le rôle de l'espace est essentiellement de permettre à l'intrigue d'évoluer (séparation, rencontre...); il peut aussi donner un signifié symbolique au récit.

Grand ami d'Alain-Fournier, Jacques Rivière qualifie quant à lui *Le Grand Meaulnes* de «roman d'aventure». En vous inspirant de la définition de «l'espace» ci-dessus, il s'agit maintenant d'interpréter à votre tour l'espace créé dans le récit d'Alain-Fournier afin d'en comprendre les enjeux.

Exercices

Faites les activités suivantes pour vous aider à interpréter le texte d'Alain-Fournier.

1. Vous allez commencer par organiser les lieux décrits dans l'extrait du *Grand Meaulnes*. Après vous être muni(e) de trois crayons ou feutres de couleurs différentes, vous soulignerez les lieux tels qu'ils sont présentés dans le texte avec une couleur pour chacune des trois catégories du tableau ci-dessous avant de les inscrire dans la colonne correspondante.

Lieux reconstitués par la mémoire de François et de Meaulnes	Lieux reflets des sentiments de François et de Meaulnes	Lieux symboliques de François et de Meaulnes
Ex: «une grande salle»	Ex: «le fond de la campagne»	Ex: «le Domaine»

2. Avec un(e) ou plusieurs partenaire(s), et après avoir comparé vos réponses dans le tableau que vous venez de compléter sur la présentation des lieux dans *Le Grand Meaulnes,* discutez des caractéristiques de l'espace créé dans le récit. Cet espace est-il réaliste, imaginaire, symbolique? Expliquez vos réponses.

____

____

____

3. Comment l'espace créé par Alain-Fournier dans *Le Grand Meaulnes* aide-t-il à cerner l'espace d'une quête initiatique, d'un passage plus ou moins aisé de l'adolescence à l'âge adulte?

____

____

4. Jacques Rivière qualifie *Le Grand Meaulnes* de «roman d'aventure». Peut-on dire que le passage de l'adolescence à l'âge adulte est une sorte d'aventure? Précisez votre réponse à l'aide de quelques exemples personnels.

____

____

@ACTIVITES MULTIMEDIA

Pour vous guider dans ces activités, consultez la page web de cette *Structure:* www.thomsonedu.com/french/scenarios

Activité 1 **Alain-Fournier**

Allez sur la page «Contexte culturel et politique» du site *Le Grand Meaulnes* en lien sur la page web de cette *Structure.* Sélectionnez cinq événements politiques importants à l'échelle mondiale ou nationale (française) qui ont eu lieu pendant la vie adulte (18 ans et au-delà) d'Alain-Fournier et quatre événements artistiques.

Activité 2 **Explorez votre quartier!**

Votre classe a maintenant choisi une adresse pour votre immeuble. Si celui-ci se trouve dans une ville de France, cliquez sur le lien www.voila.fr sur le site web de cette *Structure.* Un plan interactif de Paris apparaît. Si vous avez choisi une autre ville pour votre immeuble, les noms apparaissent à gauche de la page: *Nantes, Lille, Toulouse, Nice, Marseille, Bordeaux* ou *Strasbourg.*

Comment décririez-vous le quartier? Est-il chic ou populaire? commerçant ou résidentiel? animé ou calme? Relevez deux détails sur la façade de l'immeuble et deux détails sur la rue (rue large ou étroite, plantée d'arbres ou non).

Activité 3 **Loisirs et culture dans votre quartier**

Quels monuments sont proches de votre immeuble? Quels parcs? Quels musées?

Le site de la Mairie de Paris (www.Paris.fr), qui se trouve sur le site web de cette *Structure,* est une mine d'informations.

Par exemple, si votre immeuble est place de la Sorbonne, vous êtes près du jardin du Luxembourg (peut-on y jouer au tennis?), du Panthéon, des thermes de Cluny. Trouvez des sites qui parlent de l'histoire de ces endroits et qui vous donnent accès à quelques photos. Pensez déjà à la façon dont votre personnage passera ses journées et à ses activités favorites. Comment utiliserez-vous ces informations dans vos journaux?

Activité 4 **Où faire ses courses?**

A. Tout d'abord, il faut déterminer le code postal ou le département dans lequel vous habitez. Par exemple, la liste alphabétique des départements de France et des D.O.M.-T.O.M. se trouve sur le site www.quid.fr.

B. Allez sur les Pages Jaunes de www.voila.fr. Faites une recherche sur les *magasins d'alimentation* en suivant les instructions en lien sur le site web de cette *Structure*. Que remarquez-vous à propos des noms des propriétaires de ces magasins?

C. Faites la même recherche sur les *supermarchés et hypermarchés* en suivant les instructions en lien sur le site web de cette *Structure*. Le nombre de réponses est-il inférieur ou supérieur à celui des épiceries (magasins d'alimentation générale). Est-ce qu'un nom de chaîne revient souvent?

D. Cherchez aussi de la même façon une *boulangerie* (vous serez étonné[e] du nombre de boulangeries par arrondissement!), une *banque* et un *cinéma*. Trouvez un autre commerce. Quel magasin (commerce) avez-vous choisi et pourquoi?

En guise de conclusion: Manipulation du point de vue

Lisez ce portrait d'un jeune homme dans un autobus par Annie Ernaux dans *Journal du dehors*:

Il est monté à Achères-Ville, vingt-cinq ans. Il s'est installé sur deux places, les jambes de biais, allongées. Il sort de sa poche une pince à ongles et s'en sert, regardant après chaque doigt traité la beauté produite, en étendant la main devant lui. Les voyageurs autour font mine de ne pas voir. Il semble posséder une pince à ongle pour la première fois. Heureux avec insolence. Personne ne peut rien contre son bonheur de — comme signifie l'air des gens autour — mal éduqué.

Annie Ernaux, *Journal du dehors*, 1993

1. Quels sont les divers points de vue utilisés dans le passage ci-dessus pour décrire ce jeune homme? Qui le regarde? Qui est le narrateur? Est-ce la même personne? Où se trouve le narrateur?

2. Comment qualifieriez-vous l'espace dans lequel se trouvent le jeune homme et ceux qui le regardent? En quoi l'essence de cet espace influence-t-elle le regard qui est porté sur le jeune homme?

3. Quel est le comportement du jeune homme? Est-ce un comportement approprié à l'espace où il se trouve? Quel est le comportement de ceux qui l'observent? Que pensez-vous de leur comportement?

4. Quelle appréciation globale est portée sur le jeune homme par ceux qui l'observent? Et par le narrateur? Quelle est votre appréciation personnelle de ce jeune homme? Pourquoi?

____

____

5. *Jeu de rôle* Avec un(e) partenaire, inspirez-vous de la situation décrite dans l'extrait de *Journal du dehors* à la page 35, et imaginez à tour de rôle le comportement de votre personnage (créé dans la *Structure 1*) face au jeune homme dans l'autobus. Improvisez deux petites scènes dans lesquelles vous jouez alternativement le rôle du jeune homme et celui de votre personnage respectif. (Vous pouvez ajouter des détails particuliers et certaines caractéristiques qui ne sont pas dans l'extrait sur le comportement du jeune homme et/ou en inventer sur celui de votre personnage pour rendre votre mise en scène plus intéressante.)

ECRITURE EXTENSIVE

Journal 2 **Regards sur les voisins**

Rendez-vous sur votre messagerie électronique ou bien, sortez vos stylos! Composez en quelques paragraphes le portrait d'un personnage de la simulation (autre que le vôtre) dans son cadre / environnement et ses habitudes / activités. Travaillez le changement de point de vue en profondeur. Vous observerez cette autre personne en formulant des jugements et des réflexions qui proviennent de votre propre expérience et de vos propres goûts. Ce portrait pourra aussi servir à révéler des informations sur le caractère de votre personnage. Par exemple, une personne âgée qui décrit une adolescente au look gothique ou sataniste pourra soit se rappeler sa propre jeunesse et le style qu'elle avait adopté pour se distinguer, soit trouver des adjectifs cinglants pour critiquer l'adolescente en question, ce qui serait une bonne occasion d'utiliser les adjectifs démonstratifs (voir le *Rappel grammatical* à la page 40): «Regardez-moi *ce* collier à clous! Moi, je ne mettrais même pas *cet* accessoire autour du cou de mon chien!» Envoyez ce portrait aux personnes de votre carnet d'adresses électroniques (ou uniquement à votre professeur, selon ses instructions).

STYLISTIQUE: LE RECIT

Le récit est un genre d'écriture qui sert à présenter des faits, vrais ou faux, sous forme de narration. Quand le récit raconte un voyage ou une expérience psychologique par exemple, il revêt un caractère plus personnel. En revanche, quand il décrit des personnes, des lieux ou des idées, il prend un caractère plus objectif.

Caractéristiques du récit

Le temps, les lieux, les personnages et le ton d'un récit contribuent tous à ses caractéristiques.

Temps

La syntaxe et la temporalité	donnent sa cohérence au récit; les divers éléments de la narration s'enchaînent selon une logique syntaxique et temporelle.
Les temps verbaux	situent ce qui est raconté dans le temps; l'auteur utilise les temps verbaux du passé, du présent et du futur.
Le réalisme	crée une impression de vécu quand l'auteur raconte une situation.
La vraisemblance	permet au lecteur de suivre le fil conducteur du récit, d'en comprendre les enchaînements et la progression.

Lieux

Pour parler de l'espace dans lequel se campe et évolue un personnage, établir un lien affectif entre le personnage et son milieu ou pour personnaliser l'espace, certaines expressions peuvent vous aider à enrichir votre description.

Les noms géographiques permettent de localiser l'action dans un récit.

En général un nom géographique est féminin s'il se termine par un **-e.**

la France, la Corse, la Provence

Exceptions: le Mexique, le Cambodge, le Maine (l'état aux Etats-Unis), le Mozambique

Tout autre nom géographique est masculin.

le Canada, le Brésil, le Japon

Lieu ou direction avec un nom géographique

en + nom de pays, d'île ou d'état des Etats-Unis féminin, nom de province française, nom de pays masculin commençant par une voyelle

On l'a envoyé **en** France, **en** Corse, **en** Californie, **en** Provence, **en** Bretagne, **en** Alsace, **en** Iran.

à + article défini + nom de pays masculin

On l'a envoyé **au** Canada, **au** Mexique, **au** Maroc, **aux** Etats-Unis.

à +	nom d'une ville, nom masculin d'une grande île On l'a envoyé **à** Paris, **au** Caire, **à** La Nouvelle-Orléans, **à** Cuba, **à** Madagascar. *Exception:* **à la** Martinique, **à la** Guadeloupe
dans +	nom d'un département de la France On l'a envoyé **dans** la Sarthe. nom masculin de certains des états des Etats-Unis On l'a envoyé **dans** le Massachusetts, **dans** le Maine, **dans** le Mississippi, **dans** le Minnesota, **dans** le Missouri, **dans** le Colorado. *Exception:* On l'a envoyé **au** Texas.
de +	nom de pays qualifié par un adjectif, une proposition relative On l'a envoyé **dans** l'Italie du sud et **dans** toute la Grèce.

L'origine avec un nom géographique

On emploie la préposition **de** + un nom de pays féminin, un nom de ville, un nom d'île. On emploie **du** + un nom de pays masculin ou un nom de province masculin.

Il revient **du** Japon, **de** France, **de** Rome, **d'**Iran, **du** Maine des Pays–Bas.

Caractéristiques du récit

Exercices

Pratiquez le développement des caractéristiques du récit à l'aide des exercices suivants.

1. Avec un(e) partenaire, interviewez-vous à tour de rôle sur vos personnages respectifs (ceux que vous avez créés dans la *Structure 1*) à propos des lieux qui les entourent. Inspirez-vous des questions suggérées dans le tableau ci-dessous.

   Où êtes-vous né(e)? ______________________

   D'où vient votre famille? ______________________

   Dans quelle ville (ou quel village) habitez-vous maintenant? ______________________

   Où cela se trouve-t-il? ______________________

   Quel(s) pays avez-vous déjà visité(s)? ______________________

   Où aimeriez-vous voyager? ______________________

2. Maintenant, changez de partenaire et posez-vous à tour de rôle des questions sur le personnage du/de la partenaire que vous venez de quitter.

   Où [nom du personnage] est-il/elle né(e)? ______________________

   D'où vient sa famille? ______________________

   Dans quelle ville (ou quel village) habite-t-il/elle maintenant? ______________________

   Où cela se trouve-t-il? ______________________

   Quel(s) pays a-t-il/elle déjà visité(s)? ______________________

   Où aimerait-il/elle voyager? ______________________

Le verbe impersonnel

Il permet d'apporter des détails sur l'espace du récit. Le verbe impersonnel ne se conjugue qu'à la troisième personne du masculin singulier. Le participe passé reste toujours invariable. Il est utilisé pour:

L'heure et le temps

Il est quatre heures du matin (de l'après-midi).

Il est dix heures du matin (du soir).

Il neige, il pleut, il vente, il fait beau, il fait nuageux.

Il a neigé, il a plu, il a fait des orages.

Il va pleuvoir, je le sens!

Les verbes qui n'existent qu'à la forme impersonnelle

Il s'agit de partir à l'heure.

Il suffit toujours que je ne prenne pas de parapluie pour qu'il pleuve!

Il faut que je me lève tôt.

Il faut toujours regarder où l'on marche.

D'autres verbes qui ont un sens spécial lorsqu'ils s'emploient à la forme impersonnelle

Il m'arrive de partir en retard.

Il importe / convient de prendre un parapluie.

Il vaut mieux en rire qu'en pleurer.

Il suffit de bien se préparer.

Que reste-t-il de nos amours?

Que se passe-t-il? Qu'arrive-t-il?

Les personnages

Il n'y a pas de récit sans personnages. Ceux-ci sont plus ou moins nombreux, avec des traits plus ou moins détaillés, et ils sont directement ou indirectement liés aux événements du récit. Les personnages peuvent agir de façon autonome ou bien être l'objet d'une narration à la troisième personne.

Le narrateur

On se demande toujours qui parle dans le récit. La présence du narrateur dans le récit ajoute au nombre des personnages; dans ce cas, le narrateur n'existe pas en tant que tel et n'est qu'un personnage parmi les autres; c'est le lecteur qui fabrique ses propres personnages à partir des indices semés par l'auteur.

Mais le narrateur peut aussi être omniscient ou omniprésent, c'est-à-dire qu'il est témoin des gestes et des pensées des personnages; dans ce cas, c'est à travers son point de vue que le lecteur voit les personnages.

Le ton

Le ton d'un récit permet de raconter une histoire de façon directe et réaliste, de faire revivre des événements avec un certain recul et de préparer le lecteur à un certain dénouement.

Caractéristiques du récit

Exercices

Un jour de marché dans la région parisienne Avec un(e) partenaire, choisissez chacun(e) l'une des deux photographies suivantes et observez-la un instant; puis racontez à votre partenaire ce que vous remarquez sur la photo. En utilisant des détails observés dans votre photographie respective pour appuyer votre opinion, décrivez chacun(e) à votre tour, le temps (la saison, l'heure de la journée), le lieu (les étals, les étalages, les vitrines réfrigérées, les pancartes d'affichage des prix, les produits alimentaires, les marchandises), les personnages (les clients /clientes, les vendeurs / vendeuses, leur génération, leur sexe) et l'ambiance (détendue, affairée).

1.

2.

Rappel grammatical: Les démonstratifs

Une section de révision et des exercices d'application sur les démonstratifs se trouvent à la page 161 dans l'*Appendice I*.

Techniques du récit

Afin de vous préparer pour cette section sur les techniques du récit, seul(e) ou avec un(e) partenaire, expliquez et commentez cette maxime de Rivarol (dix-huitième siècle): «Sur dix personnes qui parlent de nous, neuf disent du mal et souvent la seule personne qui en dit du bien le dit mal.»

Structure

Un récit raconte une histoire à un lecteur ou un auditeur, et doit pour cela comporter un début et une fin logiques. Le narrateur doit donner tous les détails nécessaires à la compréhension, présenter les personnages et esquisser le contexte de la situation. Le récit doit respecter une unité thématique et aucun nouvel élément ne devrait être introduit dans la narration à moins d'avoir été l'objet d'une présentation préalable.

Point de vue

Qui parle? Tout récit s'établit à partir du point de vue de quelqu'un. Souvent, c'est un narrateur qui raconte l'histoire en utilisant la troisième personne. Parfois, le narrateur utilise aussi la première personne, ce qui lui permet de prendre du recul et de parler de lui-même comme s'il n'était qu'un personnage parmi d'autres.

C'est à travers le rôle du narrateur dans le récit que l'on découvre l'attitude de l'auteur vis-à-vis de ses personnages et de ses lecteurs: plus le narrateur est omniprésent dans son récit, plus le lecteur a le sentiment de tout savoir sur les personnages; à l'inverse, plus le narrateur est invisible dans son récit, plus le lecteur participe activement à la création des personnages.

Aspect temporel

Les temps littéraires

Leur usage n'est pas obligatoire, mais il ajoute au récit un caractère plus formel et une distance historique avec les événements décrits (voir *Appendice I* à la page 176 pour les temps littéraires).

Les temps non littéraires

Dans la majorité des cas, les temps non littéraires permettent de raconter les événements avec simplicité (voir *Appendice I* à la page 176 pour le passé).

Les présent intemporel

On l'utilise dans un récit pour parler de ce qui ne change jamais, de ce qui a une qualité permanente, intemporelle.

N.B.: Dans les dialogues, tous les temps verbaux sont appropriés.

Le style

Afin de créer une plus grande interaction avec le lecteur ou l'auditeur, surtout lorsque la narration est à la troisième personne, il est utile de rendre le récit plus vivant grâce à certains procédés de style: il faut essayer d'entrer immédiatement dans le sujet; éviter les détails gratuits qui alourdissent le récit et n'ajoutent rien à la compréhension de l'histoire; être aussi précis(e) que possible dans l'usage lexical des verbes; varier le ton en passant du discours direct au discours indirect, du dialogue au discours rapporté; briser la continuité de la narration à l'aide de brèves remarques ou réflexions.

Techniques du récit

Exercices

Reprenez les descriptions des photographies que vous avez faites plus haut dans l'exercice «Un jour de marché dans la région parisienne». Avec un(e) partenaire, racontez à nouveau à tour de rôle ce que vous remarquez en vous concentrant, cette fois-ci, sur la structure (le début, la fin, le contexte), le point de vue (narration à la première ou la troisième personne, les temps) et le style (le choix des détails, le lexique, le ton, les interruptions) que vous utiliserez dans votre récit.

ECRITURE INTENSIVE

Composition 2

Portrait d'un personnage autre que le vôtre

Premier jet En utilisant les divers éléments que vous avez étudiés et pratiqués dans cette *Structure*, écrivez le portrait d'un personnage autre de la simulation que le vôtre dans son milieu. Comme pour l'autoportrait de votre personnage, de la simulation commencez par faire un plan. Puis, sélectionnez et organisez les détails et ensuite, développez-les. Faites attention aux constructions et aux transitions. N'oubliez pas que l'introduction et la conclusion sont très importantes. Enfin, donnez un titre à votre composition qui indiquera clairement votre point de vue au lecteur. Accompagnez le premier jet de votre composition de la *grille d'évaluation* que vous pouvez télécharger sur le site web et imprimer avant de le rendre à votre professeur.

www.thomsonedu.com/french/scenarios

Révision Reprenez le premier jet de votre composition. En vous appuyant sur les commentaires de votre professeur dans la composition et sur les remarques de votre professeur et/ou d'un(e) partenaire dans la *grille d'évaluation*, révisez et améliorez votre portrait avant de le soumettre une deuxième fois.

STRUCTURE 3

Le décor

TEXTE MODELE

Avant la lecture: Pour compléter l'introduction qui précède le texte de Marcel Proust, lisez la page d'informations sur l'auteur en lien sur la page www.thomsonedu.com/french/scenarios

A partir de 1909, Marcel Proust (1871–1922), jeune homme chétif, sensible, sociable et qui avait adoré sa défunte mère, se consacre exclusivement à l'immense projet de faire revivre les jours enfuis dans un ouvrage intitulé *A la recherche du temps perdu*. La première partie, *Du côté de chez Swann* (1913), débute avec le volume intitulé *Combray*, du nom du village d'enfance du narrateur, Marcel. Ce dernier n'est pas Proust, mais il lui ressemble en plusieurs points. Toute cette partie se déroule en une seule nuit, du coucher au réveil du narrateur, pendant laquelle il se remémore des souvenirs d'enfance à l'époque où il vivait à Combray. Dans l'extrait qui suit, Marcel se rappelle ses visites à Paris chez son oncle Swann.

Une ou deux fois par mois, à Paris, on m'envoyait lui faire une visite, comme il finissait de déjeuner, en simple vareuse, servi par son domestique en veste de travail de coutil rayé violet et blanc. Il se plaignait en ronchonnant que je n'étais pas venu depuis longtemps, qu'on l'abandonnait; il m'offrait un massepain ou une mandarine, nous traversions un salon dans lequel on ne s'arrêtait jamais, où on ne faisait jamais de feu, dont les murs étaient ornés de moulures dorées, les plafonds peints d'un bleu qui prétendait imiter le ciel et les meubles capitonnés en satin comme chez mes grands-parents, mais jaune; puis nous passions dans ce qu'il appelait son cabinet de «travail» aux murs duquel étaient accrochées de ces gravures représentant sur fond noir une déesse charnue et rose conduisant un char, montée sur un globe, ou une étoile au front, qu'on aimait sous le Second Empire parce qu'on leur trouvait un air pompéien, puis qu'on détesta, et qu'on recommence à aimer pour une seule et même raison, malgré les autres qu'on donne, et qui est qu'elles ont l'air Second Empire. Et je restais avec mon oncle jusqu'à ce que son valet de chambre vint lui demander de la part du cocher, pour quelle heure celui-ci devait atteler. Mon oncle se plongeait alors dans une méditation qu'aurait craint de troubler d'un seul mouvement son valet de chambre émerveillé, et dont il attendait avec curiosité le résultat, toujours identique. Enfin, après une hésitation suprême, mon oncle prononçait infailliblement ces mots: «Deux heures et quart», que le valet de chambre répétait avec étonnement, mais sans discuter: «Deux heures et quart? bien... je vais le dire...»

A cette époque, j'avais l'amour du théâtre, amour platonique, car mes parents ne m'avaient encore jamais permis d'y aller, et je me représentais d'une façon si peu exacte les plaisirs qu'on y goûtait que je n'étais pas éloigné de croire que chaque spectateur regardait comme dans un stéréoscope un décor qui n'était que pour lui, quoique semblable aux milliers d'autres que regardait, chacun pour soi, le reste des spectateurs.

Tous les matins, je courais jusqu'à la colonne Morris pour voir les spectacles qu'elle annonçait. Rien n'était plus désintéressé et plus heureux que les rêves offerts à mon imagination par chaque pièce annoncée, et qui étaient conditionnés à la fois par les images inséparables des mots qui en composaient le titre et aussi la couleur des affiches encore humides et boursouflées de colle sur lesquelles il se détachait. Si ce n'est une de ces œuvres étranges comme *Le Testament de César Girodot* et *Œdipe-roi* lesquelles s'inscrivaient, non sur l'affiche verte de l'Opéra-Comique, mais sur l'affiche lie de vin de la Comédie-Française, rien ne me paraissait plus différent de l'aigrette étincelante et blanche des *Diamants de la couronne* que le satin lisse et mystérieux du *Domino noir*, et mes parents m'ayant dit que quand j'irais pour la première fois au théâtre j'aurais à choisir entre ces deux pièces, cherchant à approfondir successivement le titre de l'une et le titre de l'autre, puisque c'était tout ce que je connaissais d'elles, pour tâcher de saisir en chacun le plaisir qu'il me promettait et de le comparer à celui que recélait l'autre, j'arrivais à me représenter avec tant de force, d'une part une pièce éblouissante et fière, de l'autre une pièce douce et veloutée, que j'étais aussi incapable de décider laquelle aurait ma préférence, que si, pour le dessert, on m'avait donné à opter entre du riz à l'impératrice et de la crème au chocolat.

Marcel Proust, *Du côté de chez Swann*, 1913

EXPLICATION DE TEXTE

Lecture analytique: A la recherche du décor et des souvenirs

Seul(e) ou avec un(e) ou plusieurs partenaire(s), faites la fiche descriptive du texte de Marcel Proust à l'aide des questions qui suivent.

Description des décors et des points de vue

Dans cet extrait de *Combray,* Marcel évoque ses visites mensuelles à Paris chez son oncle Swann.

1. Trouvez et entourez dans l'extrait les noms concrets qui correspondent aux termes généraux évoquant le décor dans l'appartement de Swann. Quels sont les mots qui vous permettent d'imaginer...
   a. l'appartement lui-même?

   ____

   ____

   b. les sensations gustatives, visuelles et auditives?

   ____

   ____

2. Soulignez les différentes comparaisons que vous trouvez dans l'extrait. Quelles sont celles qui vous paraissent les plus expressives? Pourquoi?

   ____

   ____

3. Dans ce passage, la narration est à la première personne, ce qui permet au narrateur de révéler aux lecteurs les pensées du personnage, Marcel. Entourez avec des couleurs différentes les passages du texte où...
   a. le narrateur, Marcel, exprime ses pensées. Percevez-vous des différences ou des convergences de point de vue entre le Marcel-enfant qui observe et le Marcel-adulte qui écrit? Lesquelles?

   ____

   ____

   b. le narrateur a assimilé les pensées de Swann ou du valet de chambre et les a faites siennes. Que pensent et ressentent Swann et son valet de chambre?

   ____

   ____

   c. le narrateur utilise aussi le pronom «on». Qui est représenté par ce pronom?

   ____

   ____

4. Quel effet créent les diverses façons de révéler les sentiments de Marcel? Comment ces divers points de vue convergent-ils pour construire son identité? Comment imaginez-vous ce personnage central?

____

____

5. Quel temps verbal domine dans cet extrait? Quel est l'effet de l'utilisation de ce temps sur les lecteurs?

____

____

La mémoire sensorielle

Dans cet extrait, le souvenir des émotions que Marcel a éprouvées lors de ses visites chez Swann va constituer une aide automatique et souvent inconsciente qui va faire surgir d'autres souvenirs chez Marcel.

1. Des cinq sens, la vue est celui que Marcel privilégie dans *Combray*. Grâce à ce sens, le narrateur s'est créé des souvenirs qu'il se rappelle dans *Combray,* bien qu'il semble y voir le monde comme pour la première fois. Quels sont les divers éléments visuels utilisés par Marcel pour la création des souvenirs qu'il rapporte dans cet extrait?

____

____

2. Le sens de la vue est-il considéré au sens propre? Quel est le rôle de la mémoire par rapport au sens de la vue? Les yeux sont-ils l'instrument de la mémoire pour Proust? Quel est le rôle des souvenirs?

____

____

3. La mémoire chez Proust est beaucoup moins objective qu'elle y paraît d'abord. Reprenez les diverses comparaisons que vous avez soulignées dans le texte. Comment peut-on qualifier ce genre d'associations?

____

____

4. La mémoire s'appuie sur une sorte de réflexe ou d'automatisme sensoriel qui permet au narrateur de dépasser la mémoire individuelle de Marcel. En quoi ce type de mémoire parvient-il à dépasser la mémoire individuelle du narrateur? Expliquez votre réponse.

____

____

Au-delà du texte: *La carte conceptuelle*

Parmi les nombreux moyens qui existent pour vous aider à mieux mémoriser des informations que vous recevez, la prise de notes selon le principe de la carte conceptuelle peut être très efficace; il vous suffit de noter l'idée principale au centre et les idées secondaires à partir de rayons. Chaque rayon est une idée relative à l'idée principale. Par cette action, on favorise la mémoire à court terme par la réflexion, l'organisation, l'expérimentation et la reformulation.

Voyez ci-dessous un exemple de carte conceptuelle pour le décor d'une pièce.

Qu'est-ce qu'on voit (ou non) dans la pièce?
(meubles, objets, photographies, bibelots, rideaux)
(Verbes: il y a, il n'y a pas (de), il n'y a aucun, on voit, on ne voit ni… ni…, on aperçoit, on distingue, on remarque, se trouver)

Comment est la pièce?
(grande, petite, claire, sombre, confortable, simple, gaie, triste, sale, propre, bien rangée, en désordre, tapissée de, (re)couverte de, décorée (de))

Quelle taille et quelle forme ont les meubles et les objets?
(haut, bas, rond, ovale, rectangulaire, carré, long, large, étroit, massif)

Le décor d'une pièce
(la cuisine, la salle de bain, la chambre, la salle à manger, le salon, le couloir, l'entrée, la bibliothèque)

De quelle couleur sont les meubles et les objets?
(noir, brun, marron, blanc, doré, argenté, transparent, opaque, rouge, couleurs chaudes, froides, vives, pastel)

Où se trouvent les meubles et les objets?
(par terre, sur le sol, au plafond, sur (contre) les murs, aux fenêtres, posés (sur), sur les meubles, collés (sur), sur, sous, dans, au-dessous (de), au-dessus (de), derrière, à gauche (de), à droite (de), au milieu (de), à côté (de), contre, près (de), dans le coin (de), entre, dans (à) l'angle (de))

En quelle matière sont les meubles et les objets?
(en bois, en ébène, en verre, en papier, en carton, en soie, en velours, en satin, en acier, en fer, en argent, en or, en bronze, en plastique, en porcelaine)

Comment sont les meubles et les objets?
(neufs, vieux, anciens, de style, modernes, rustiques, simples, luxueux, prétentieux, élégants, hideux, pratiques, fonctionnels)

Exercices

Faites les activités suivantes pour vous aider à décrire les décors.

1. Seul(e) ou avec un(e) ou plusieurs partenaire(s), et en vous appuyant sur les descriptions de Marcel dans l'extrait de *Combray* que vous venez d'étudier, composez une carte conceptuelle du décor de l'appartement de Swann dans l'espace ci-dessous.

Rappelez-vous d'utiliser ce même principe lorsque vous écrivez une description. Cela vous permettra de penser à des détails que vous risqueriez d'oublier autrement, ainsi que d'enrichir vos compositions en les rendant plus personnelles et plus vivantes.

Qu'est-ce qu'on voit (ou non) dans l'appartement?

Comment est l'appartement?

Quelle forme ont les meubles et les objets?

Décor de l'appartement de Swann

De quelle couleur sont les meubles et les objets?

Où se trouvent les meubles et les objets?

En quelle matière sont les meubles et les objets?

Quelles pièces traverse-t-on ou visite-t-on?

2. Après avoir complété cette carte conceptuelle, avez-vous une meilleure compréhension de l'espace décrit dans ce texte? Expliquez votre réponse.

____

____

@ACTIVITES MULTIMEDIA

Pour vous guider dans ces activités, consultez la page web de cette *Structure:* www.thomsonedu.com/french/scenarios

Les *Activités 1* et *2* qui suivent préparent au choix et à la description du décor et du cadre personnel des personnages de la simulation. Elles permettront aussi de mieux connaître ou de découvrir certains aspects de la culture au quotidien. Les *Activités 3* et *4* reprennent deux aspects du texte de Marcel Proust: l'engouement pour les spectacles et l'exquise passion pour les desserts.

Le célèbre passage de «la petite madeleine» se trouve en lien dans la section *Informations complémentaires et enrichissement du texte: Texte intégral en ligne.* Faites toutes les recherches indiquées ci-dessous à la maison, ou travaillez individuellement ou avec un(e) partenaire au laboratoire d'informatique et choisissez les éléments pertinents pour soutenir une conversation à deux, trois ou quatre en classe. (Voir la section *En guise de conclusion,* page 50.) Conservez ces informations, car elles vous seront utiles pour enrichir la *Composition 3.*

Faites l'*Activité 1* ou *2* (ou les deux) selon les instructions de votre professeur.

Activité 1 Les appartements

Rendez-vous sur le site web pour des activités d'écriture sur le décor et sur le texte de Proust. Vous pouvez composer des cartes conceptuelles comme ci-dessus pour vous aider à prendre des notes. Prenez des notes détaillées ou imprimez les pages qui offrent le plus d'informations pertinentes à vos besoins. Les résultats de vos recherches feront l'objet de discussions en classe et de façon générale vous seront utiles pour écrire ou enrichir vos journaux et vos compositions.

Visitez des appartements dans la ville de votre choix (ou dans la ville choisie par toute la classe avec votre professeur) grâce aux vidéos. Allez sur le site de particulier à particulier www.pap.fr, qui se trouve en lien sur la page web de cette *Structure*. Explorez! Choisissez dans une région de France de votre choix, une propriété de votre choix.

Notez que l'on compte les «pièces» et non le nombre de chambres. (Pourquoi, selon vous?) La cuisine et les salles de bain ne sont pas comptées. Ainsi, un «six-pièces» comprend sans doute trois chambres, un salon, une salle à manger et un bureau.

Enfin, sélectionnez votre type de connexion (modem ou câble/DSL) et visitez!

A. Que remarquez-vous?

____

____

B. Le mobilier est-il moderne ou ancien?

____

____

C. Les pièces semblent-elles spacieuses ou exiguës?

____

____

D. Quels éléments sont mis en valeur (la vue, la décoration, le plan de la maison ou de l'appartement, l'équipement ménager — cuisine équipée, machine à laver, les meubles et autres objets — étagères, photos, bibelots)?

____

____

E. Que pensez-vous du plan de l'appartement ou de la maison?

____

____

F. Que pensez-vous de sa superficie (1 mètre carré = *10 square feet*)?

G. Que pouvez-vous imaginer sur les gens qui vivent dans ce lieu?

H. Reconnaissez-vous tous les objets?

I. Quel est le revêtement de sol? du carrelage? du parquet? du linoléum?

J. Utilisez des détails observés pour former une opinion sur les occupants: Ex.: «Il y a des étagères remplies de livres partout. Ce sont des gens qui aiment lire, qui sont peut-être intellos ou bien ce sont des étudiants.»

Activité 2 **La Francophonie**

Faites le même exercice pour la Francophonie. Visitez les sites sur Saint-Barthélemy ou «Saint-Barths» en lien sur la page web de cette *Structure* et sélectionnez des villas à vendre ou à louer. Observez les photos.

Activité 3 **Le mobilier**

Votre appartement a besoin d'être mieux meublé. Allez sur le site IKEA® France (www.ikea.fr) en lien sur la page web de cette *Structure* et cherchez une étagère (ou une bibliothèque ou un «bibus» — remarquez la différence), un tapis original, un bureau et quelques objets de décoration. Combien avez-vous dépensé? Décrivez ces quelques articles (au moins quatre), la pièce à laquelle vous les destinez et expliquez vos choix. Quelles idées retenez-vous pour votre appartement?

Activité 4 **Les spectacles**

Allez sur le site *Paris Première* (*PP*) en lien sur la page web de cette *Structure*.

A. Sélectionnez une sortie. Vous avez un budget de 160 euros pour vous et une personne de votre choix. Inscrivez le coût de vos achats ci-dessous:

B. *Paris Première* se définit ainsi: «La télé qui donne envie de sortir». Regardez le programme de cette chaîne et dites quelles émissions vous donneraient «envie de sortir». Vous pouvez aussi chercher des spectacles sur www.ticketnet.fr (événement, concert, théâtre, festival).

En guise de conclusion: *La vie des locataires d'un immeuble*

Exercices

1. *Rencontre dans l'entrée d'un immeuble* Regardez la photo ci-dessous, et en vous aidant des exemples déjà faits, créez votre propre carte conceptuelle de l'entrée de cet immeuble:

Comment est l'entrée? Qu'est-ce qu'on y voit (ou n'y voit pas)?

____

____

2. Plusieurs voisins se rencontrent dans l'entrée de cet immeuble. Comment sont-ils? Que font-ils maintenant? A votre avis, est-ce qu'ils entrent ou sortent de l'immeuble? Imaginez ce qu'ils viennent de faire ou ce qu'ils vont faire.

____

____

3. *Jeux de rôles* En groupe de deux ou trois, imaginez la conversation entre votre personnage et deux ou trois voisins de votre immeuble.
   a. De quoi parlez-vous? De la pluie et du beau temps ou du dernier spectacle que vous avez vu? Comment en parlez-vous? Etes-vous en accord ou en désaccord à ce sujet? Préparez un court dialogue et jouez-le devant vos camarades de classe.
   b. Les deux voisines du premier plan sont en train d'échanger des recettes de dessert. Elles s'expliquent comment les réaliser. Pour cette activité orale, apportez la recette de votre dessert favori en classe et jouez le rôle de ces deux femmes en groupe de deux.

ACTIVITIES MULTIMEDIA

Activité 5 **Les desserts**

Pour vous guider dans ces activités, consultez la page web de cette *Structure:* www.thomsonedu.com/french/scenarios

Trouvez le nom de trois desserts mentionnés dans le texte de Marcel Proust à la page 44. En tapant ces noms, plus le mot «recette» sur www.google.fr vous obtiendrez ces trois recettes — et même plusieurs versions de ces trois recettes.

A. Laquelle préférez-vous? Pourquoi? Quels ingrédients vous attirent le plus? Est-ce que ces recettes sont simples? Combien de temps faut-il pour les préparer?

____

____

B. Quel est votre dessert préféré? Expliquez brièvement comment on le fait. Quels sont les ingrédients principaux?

____

____

Activité 6 **Faire le marché... au supermarché!**

Pour faire votre dessert préféré, vous avez besoin d'aller acheter la plupart des ingrédients qui manquent à l'appel dans votre garde-manger.

A. Faites une liste de commissions et rendez-vous sur le site web du supermarché Auchan, en lien sur la page web de cette *Structure*.

1. Quels sont les frais de livraison? Quand serez-vous livré(e) chez vous?

____

____

2. Trouvez-vous tout ce qui est sur votre liste? Combien d'euros dépensez-vous?

____

____

B. Vous trouverez aussi des idées de recettes pour la semaine sur le site de Super Casino en lien sur le site web de cette *Structure*.

C. Ensuite vous pourrez faire vos courses en allant sur le site de Casino en lien sur le site web de cette *Structure*.

Liste	Trouvé?	Prix
		Total:

Activité 7 **«Les Choses», une chanson de Jean-Jacques Goldman**

Vous trouverez les paroles de cette chanson «Les Choses», sur www.paroles.fr, en lien sur la page web de cette *Structure*.

Activités de préparation à la compréhension de la chanson:

A. Ecrivez le présent de l'indicatif du verbe **être**, puis du verbe **suivre** à la première personne du singulier.

____

____

B. Ecrivez le présent de l'indicatif du verbe **prier** à la première personne du singulier et le participe passé du verbe **prendre**.

____

____

C. Quand vous voulez savoir combien un objet coûte, vous demandez son «p.....».

____

____

D. Maintenant, lisez ces trois vers extraits du refrain de la chanson.

Je prie les choses et les choses m'ont pris
Elles me posent, elles me donnent un prix
Je prie les choses, elles comblent° ma vie — *fill (up)*

Quelles sont vos premières impressions de la personne qui parle, de ce «je»?

____

____

E. Lisez le texte de la chanson «Les Choses» en lien sur le site web de cette *Structure*.

Lisez les 18 premiers vers. Vos premières impressions sont-elles confirmées? Comment pouvez-vous qualifier cette personne? Est-ce un homme ou une femme? Comment le savez-vous? Relevez les indices trouvés dans ces premiers vers.

____

____

F. Finissez la lecture des paroles de la chanson. De quoi cette personne a-t-elle besoin? Comment s'habille-t-elle? Quels sont ses critères de choix pour les vêtements, les programmes de télévision, les voitures, les femmes? Connaissez-vous des personnes comme celle-ci?

____

____

G. Pensez maintenant à votre personnage et à vos voisins de l'immeuble. Quelle importance ont les objets matériels pour ces personnes? Que possèdent-elles? Quels sont leurs critères de choix en ce qui concerne ces objets? N'oubliez pas que vous êtes dans une ville française. Pensez à justifier vos réponses et cherchez par celles-ci à renforcer un trait de caractère connu de ces personnages.

____

____

ECRITURE EXTENSIVE

Vocabulaire: Les substituts du mot «chose»

1. Dans la liste ci-dessous, séparez les mots qui désignent des objets et ceux qui désignent des actions ou des concepts (sentiments, jugements moraux). Soulignez les mots qui représentent des objets concrets.

action	danger	idéal	outil
appareil	défaut	incident	passion
argument	épreuve	indice	qualité
arme	événement	instrument	réalisation
art	exploit	moyen	spectacle
aventure	fait	nouvelle	surprise
but	fléau	obsession	vertu
cadeau	habitude	obstacle	vice

Comparez vos listes avec un(e) partenaire et discutez de vos choix lorsqu'ils sont différents. Assurez-vous d'utiliser l'article correct pour chaque mot. Donnez des exemples en mettant le mot en question en contexte dans une phrase pour défendre votre point de vue. Ce mot peut-il avoir un sens figuré? Comment l'avez-vous employé?

2. Parmi les mots suivants, un seul mot peut remplacer le mot «chose». Trouvez le mot juste pour chaque phrase. Vérifiez que vous savez le genre de tous les mots de la liste. Si le mot qui remplace «chose» n'est pas féminin, il faudra faire les changements nécessaires (article, adjectif, etc.). Attention, il y a plusieurs mots en trop qui ne conviennent nulle part.

appareil	défaut	habitude	outil
arme	épreuve	idéal	qualité
cadeau	événement	incident	spectacle
connaissance	fait	indice	vertu
danger	fléau	moyen	

a. Savoir s'organiser est une chose admirable.
b. Le sarcasme est une chose utilisée par les gens timides pour se protéger.
c. Le SIDA est une chose qui dévaste l'Afrique.
d. Ses parents lui offrent toujours des choses extraordinaires.
e. Regarder un enfant souffrir est une chose insupportable.
f. Je n'ai pas les choses qu'il faut pour prendre des cours particuliers.
g. Je n'ai pas les choses qu'il faut pour donner des cours particuliers.
h. Se ronger les ongles est une mauvaise chose.
i. Ma tante n'a aucune chose ménagère dans sa maison.
j. Le voleur avait laissé des choses compromettantes.
k. La paresse est une chose détestable.
l. Mes parents ont vécu les choses tragiques de la Deuxième Guerre mondiale.
m. Le courage est une chose essentielle pour un soldat.
n. Chaque fois qu'il se passait une chose désagréable dans l'immeuble, le voisin du premier étage appelait la concierge.

Le chez-soi

On dit aussi «la maison» ou «l'intérieur» pour désigner la maison en tant qu'endroit où se passe la vie intime, domestique et/ou familiale d'une personne.

1. Composez une carte conceptuelle du chez-soi de votre personnage.
2. Après avoir complété cette carte conceptuelle, écrivez une description du décor de l'intérieur de votre personnage.

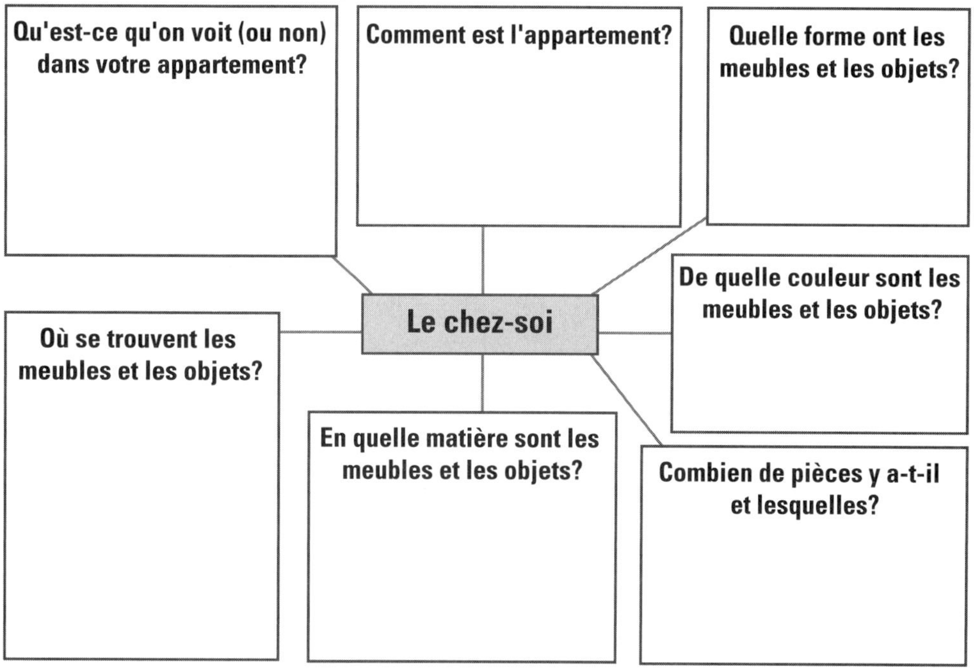

Journal 3

Personnel et extérieur

Rendez-vous sur votre messagerie électronique ou bien, sortez vos stylos! Votre personnage, en choisissant le décor et les objets qui l'entourent, s'est défini lui-même; de plus, il réagit aussi au contexte des autres, ce qui continue à le définir. Composez ce journal, en essayant d'illustrer la différence entre ces deux contextes (personnel et extérieur) pour enrichir la description de votre personnage. Voici un choix de pistes à suivre.

1. Dans un immeuble, on peut sentir les effluves qui viennent des cuisines de chaque appartement à l'heure du dîner en été et on entend les voix qui s'élèvent par les fenêtres ouvertes. Une personne de souche méditerranéenne utilisera l'ail et l'oignon avec fierté et se mettra à table plus tard, ce qui pourra incommoder certains voisins peu tolérants ou «couche-tôt». Travaillez plus particulièrement les descriptions qui s'attachent aux sens de l'odorat et de l'ouïe.

   Ou:

2. En passant devant un appartement dont la porte était ouverte, vous avez entrevu le mobilier de l'un de vos voisins et entraperçu le programme de télévision qu'ils regardaient. Décrivez ce que vous avez pu voir et entendre. Comparez et contrastez leurs goûts en matière de mobilier et de programmes de télévision avec les vôtres.

   Envoyez votre journal aux personnes dans votre carnet d'adresses électroniques (ou uniquement à votre professeur, selon ses instructions).

STYLISTIQUE: CREER DES IMAGES

Dans l'extrait de *Combray* étudié plus haut, vous avez remarqué qu'une description peut avoir une qualité poétique et peut évoquer et créer des images grâce à des comparaisons et des métaphores.

La comparaison

Une comparaison est une figure de style qui établit de manière explicite, par le biais d'un outil de comparaison, une relation de similitude ou de dissemblance entre deux ou plusieurs objets (le comparant et le comparé). Les outils de la comparaison incluent:

des conjonctions:

comme, ainsi que

«des meubles capitonnés en satin *ainsi que* chez mes grandsparents»

«Je n'étais pas éloigné de croire que chaque spectateur regardait *comme* dans un stéréoscope un décor qui n'était que pour lui.»

des verbes:

ressembler, paraître, faire penser à, rappeler, prétendre, se représenter, on dirait

«les plafonds peints d'un bleu qui *prétendait* imiter le ciel»

des adjectifs:

+ à: *pareil(le), semblable, comparable, similaire*

«un décor qui n'était que pour lui, quoique *semblable aux* milliers d'autres que regardait, chacun pour soi, le reste des spectateurs»

+ que: *tel (le)*

un décor *tel que* les milliers d'autres que regardait les spectateurs

moins / aussi / plus + adjectif + que: «Rien n'était *plus désintéressé et plus heureux que* les rêves offerts à mon imagination par chaque pièce annoncée.»

Exception: les formes irrégulières des adjectifs comparatifs (meilleur, pire)

«Rien n'était *meilleur que* les rêves offerts à mon imagination.»

des adverbes:

moins / autant (tant) / plus + de + nom: *similairement, semblablement*

«J'arrivais à me représenter avec *tant de force,* d'une part une pièce éblouissante et fière, de l'autre une pièce douce et veloutée.»

pire / aussi bien / mieux + que: «J'arrivais à me représenter *aussi bien* une pièce éblouissante et fière *qu'*une pièce douce et veloutée.»

des expressions nominales:

de (telle) sorte que, de (telle) façon que, de manière, à ce que, en comparaison avec

«Mes parents ne m'avaient encore jamais permis d'aller au théâtre, *de telle sorte que* je me représentais d'une façon peu exacte les plaisirs qu'on y goûtait.»

La métaphore

Un procédé qui permet de transporter de manière implicite, par le biais d'une analogie ou d'une comparaison sous-entendue, la signification propre d'un mot à une signification figurée qui normalement ne lui conviendrait pas. La métaphore joue avec les mots et crée des correspondances qui peuvent être inhabituelles et parfois surprenantes dans la réalité.

Exercices

La métaphore

Dans *L'Amour de la poésie* (1929), Paul Eluard écrit ce vers célèbre: «La terre est bleue comme une orange». Analysez cette métaphore à l'aide des questions suivantes.

1. En quoi cette métaphore éluardienne peut-elle être déroutante et/ou absurde à la première lecture?

____

____

2. Quelle qualité géophysique la terre et l'orange ont-elles en commun? Selon vous, qu'évoque cette qualité?

____

____

3. Quelles sont les couleurs évoquées explicitement et implicitement dans cette métaphore éluardienne? A votre avis, de quelles qualités ces couleurs sont-elles porteuses?

____

____

4. Eluard compare aussi la terre à un fruit: l'orange. Selon vous, que symbolise ce fruit? En quoi cette comparaison contribue-t-elle à créer une certaine image de la terre?

____

____

5. La métaphore éluardienne est-elle aussi absurde qu'il y paraît à la première lecture? Est-elle légitime et explicable, selon vous? Pourquoi?

____

____

6. Toute en nuances et en connotations, comme c'est souvent le cas de chaque métaphore en poésie, quelle image globale Eluard crée-t-il?

____

____

N.B.: Une métaphore filée *est une métaphore longuement développée par une suite d'associations métonymiques.*

La métonymie

Un procédé par lequel un concept est représenté par un terme désignant un autre concept qui lui est relié par une relation nécessaire (l'effet par la cause, le contenu par le contenant, le tout par la partie). Par exemple:

1. *Les voiles* au loin descendant vers Harfleur (les voiles représentent ici les voiliers)
2. *Boire un verre* (signifie que l'on boit le contenu du verre)
3. «Si ce n'est une de ces œuvres étranges comme *Le Testament de César Girodot* et *Œdipe-roi* lesquelles s'inscrivaient, non sur l'affiche verte de l'Opéra-Comique, mais sur l'affiche lie de vin de la Comédie-Française, rien ne me paraissait plus différent de l'aigrette étincelante et blanche des *Diamants de la couronne* que le satin lisse et mystérieux du *Domino noir...*» (les pièces de théâtre sont représentées par leurs affiches)

Colonne Morris (2001)

Exercices

La métonymie

1. En collaboration avec vos camarades de classe, dressez une liste de films (ou de spectacles) que la majorité d'entre vous a vus.

____

____

2. En groupe de deux ou trois, choisissez l'un des films de la liste que vous venez de dresser sans en faire part aux autres groupes. Puis, dans l'espace ci-dessous, dessinez une affiche pour ce film. N'utilisez pas de mots, seulement des graphiques. Utilisez des associations métonymiques dans votre dessin pour représenter le film choisi.

3. Notez les diverses associations métonymiques que vous avez utilisées dans votre dessin.

____

____

4. Maintenant, à tour de rôle, demandez aux autres groupes de deviner le titre du film que vous avez représenté, et essayez de deviner les titres des films des autres groupes. Lorsque vous poserez des questions, utilisez des pronoms relatifs: Est-ce un film *qui* a reçu un Oscar? Est-ce le film *dont* l'actrice principale avait joué le rôle de Jane dans *Tarzan*?

Rappel grammatical: Les pronoms relatifs

Une section de révision et des exercices d'application sur les pronoms relatifs se trouvent à la page 166 dans l'*Appendice I*.

ECRITURE INTENSIVE

Le décor a une influence directe sur notre perception des personnages qui évoluent dans ce cadre et des événements qui s'y déroulent. Préparez votre composition à l'aide des activités suivantes.

1. Imaginez que votre personnage est invité à une fête chez l'un de ses voisins dans l'immeuble. Utilisez l'espace ci-dessous pour créer une carte conceptuelle de la fête. A quelle occasion cette fête a-t-elle lieu? Qui l'a organisée et chez qui a-t-elle lieu? Qui est invité (ou ne l'est pas)? Dans quelle(s) pièce(s) sont les invités ?

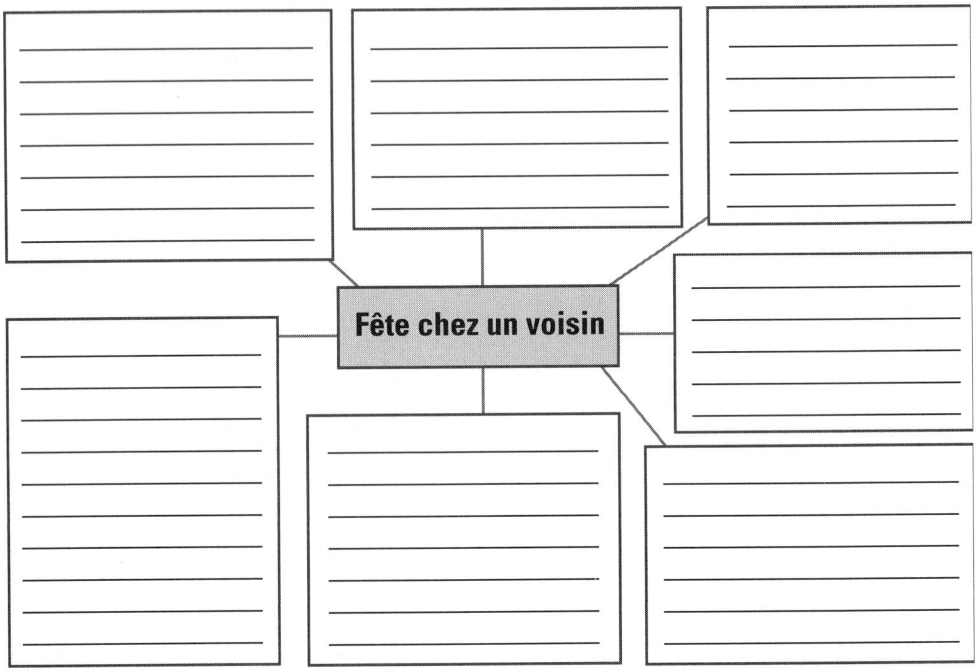

2. Décrivez le décor dans l'appartement de votre voisin. Pour rendre la description plus vivante et plus intéressante, il est recommandé de varier les verbes utilisés. Par exemple:

   - pour remplacer **être**: exister, se trouver, se situer, être + placé / installé / collé.
   - pour remplacer **il y a**: voir, apercevoir, percevoir, distinguer, remarquer, découvrir, deviner, déceler, détecter, rencontrer, dénicher, observer.

____

____

Composition 3

www.thomsonedu.com/french/scenarios

Fête chez un voisin

Premier jet En vous aidant de la carte conceptuelle et de l'exercice de vocabulaire ci-dessus, comparez l'intérieur de votre voisin au vôtre et racontez la fête. N'oubliez pas de faire un plan et de donner un titre à votre composition. Accompagnez le premier jet de votre composition de la *grille d'évaluation* que vous pouvez télécharger sur le site web et imprimer.

Révision Reprenez le premier jet de votre composition. En vous appuyant sur les commentaires de votre professeur dans la composition et des remarques de votre professeur et/ou d'un(e) partenaire dans la grille d'évaluation, révisez votre composition et faites toutes les corrections indiquées avant de la soumettre une deuxième fois.

STRUCTURE 4

Les événements

TEXTE MODELE

Avant la lecture: Pour compléter l'introduction qui précède le texte de Frédéric Mistral, lisez la page d'informations sur l'auteur en lien sur la page www.thomsonedu.com/french/scenarios

Né près de Maillane, Frédéric Mistral (1830–1914) est à la fois «poète, moraliste et citoyen». Après avoir terminé ses études de droit, il s'applique à restaurer et sauver la langue provençale. Avec plusieurs autres auteurs de la région, il fonde et prend la tête du mouvement «Félibrige» pour défendre sa langue natale. Auteur prolifique qui écrit en langue provençale, «langue naturelle et historique du pays, à laquelle les écoles font toutes une guerre à mort», il recevra le très prestigieux prix Nobel de littérature en 1904. En 1906, il publie *Mémoires et récits*. Au début du chapitre intitulé «Comment je passai bachelier» dont l'extrait suivant est tiré, Mistral dépeint le cadre des veillées où les récits se racontent de génération en génération: «[…] elles se tenaient en général dans les étables ou dans les bergeries, parce que là avec le bétail, on se trouvait plus chaudement. L'usage était que chaque veilleur ou habitué de la veillée fournît la chandelle à son tour, et il fallait que la chandelle durât deux soirées, de sorte que, quand les assistants la voyaient à moitié usée, ils se levaient et allaient au lit.»

Fidèle à la tradition des conteurs, le narrateur établit dès le début la crédibilité de l'histoire qu'il raconte en indiquant son lien de famille avec le personnage principal et en insistant sur le fait que cette histoire est «vraie».

[…] Parmi ces contes de veillée, celui que je vais vous dire se répétait fréquemment, parce qu'un de mes oncles, le bon M. Jérôme, y avait joué un rôle et que c'était un conte vrai. Vers 1820 ou 25, peu importe la date, à Maillane mourut un certain Claudillon; et comme il n'avait pas d'enfants, sa maison resta close pendant cinq ou six mois. Pourtant un locataire à la fin vint l'habiter et les fenêtres se rouvrirent.

Mais, quelques jours après, il courut dans Maillane une rumeur étrange: la maison de Claudillon était hantée. Le nouvel habitant et sa femme entendaient ravauder et farfouiller toute la nuit: un bruit particulier, comme si on remuait du papier, du parchemin. Dès qu'on allumait la lampe, on n'entendait plus rien; et dès qu'on l'éteignait, recommençait de plus belle le froissement mystérieux. Ils eurent beau, les locataires, fureter, virer, tourner dans tous les coins de la maison, nettoyer le buffet, regarder sous le lit, sous l'escalier, sous les planches de l'évier, ils ne virent rien qui pût expliquer peu ou prou le remuement nocturne, et ce bruit tous les jours renaissait dans la nuit; à ce point vous dirai-je que ces gens prirent peur et déménagèrent en disant aux voisins: «Y couche qui voudra, dans la maison de Claudillon: les revenants la hantent.» Et ils partirent.

Les voisins assez effrayés voulurent voir aussi ce qui se passait là; et les plus courageux, armés de fourches et de fusils, vinrent tour à tour coucher dans la maison de Claudillon. Mais sitôt la lampe éteinte, le maudit remuement avait lieu de nouveau; les parchemins se maniaient — et on ne pouvait jamais voir d'où provenait le bruit.

Les veilleurs, en se signant, disaient bien les paroles qu'on adresse aux revenants pour les exorciser:

—Si tu es bonne âme, parle-moi!

—Si tu es mauvaise, disparais!

Cela ne leur faisait pas plus qu'une pâtée de son aux chats, et le bruit s'entendait toujours la même chose; et au four, au moulin, aux lavoirs à la veillée, on ne parlait que des revenants.

—Si l'on pouvait, disaient les gens, savoir qui est-ce qui revient, en faisant prier pour elle, la pauvre âme, bien sûr, entrerait en repos.

—Eh! fit la grosse Alarde, qui voulez-vous que ce soit? Ce ne peut être que Claudillon... Le pauvre Claudillon, n'ayant pas laissé d'enfants, n'aura pas eu de service, et l'âme du défunt certainement doit être en peine.

—C'est cela, conclut-on, Claudillon doit être en peine.

Et aussitôt les femmes, entre voisines et liard à liard ramassèrent de quoi faire dire une messe au pauvre Claudillon. Le prêtre dit la messe; il fit pour Claudillon les prières voulues, et quelques Maillanais de bonne volonté retournèrent voir, la nuit, s'il y avait toujours hantise.

Hantise de plus en plus: c'était un remuement de papiers, de parchemins, qui faisait dresser les cheveux! et

Frédéric Mistral, *Mémoires et récits,* ca 1920

chacun ajoutait la sienne: au haut de l'escalier on avait trouvé une botte, une botte toute cirée: d'autres avaient aperçu, par le trou de l'évier, un spectre entouré de flammes qui descendait de la cheminée! Isabeau la boisselière conta que le matin, en faisant la chasse aux puces, elle trouvait sur son corps des bleus — qui sont des pinçons des morts; et Nanon de la Veuve assurait que, la nuit, on l'avait tirée par les pieds.

Les hommes, le dimanche, près du puits de la Place, s'entretenaient tous de la chose et disaient:

—Claudillon, le pauvre Claudillon, était pourtant un brave homme: il n'est pas croyable que ce soit lui.

—Mais alors qui serait-ce?

Le grand Charles, un pince-sans-rire que tout le monde respectait, car il les dominait tous, autant par la stature de son corps de géant, que par l'aplomb de sa parole, dit après avoir toussé:

—N'est-ce pas clair? Du moment qu'on remue des papiers, ce doit être des notaires.

Tout le monde s'écria:

—Le grand Charles a raison, ce doit être des notaires puisqu'ils remuent des papiers: — et tenez, ajouta le vieux Maître Ferrut, je m'en souviens maintenant, cette maison s'était vendue, dans ma jeunesse, au tribunal; elle venait d'un héritage où l'on avait plaidé, vingt ans peut-être, à Tarascon; et tant gratterent les notaires, les avocats, les procureurs, que ma foi, tout se mangea... Parbleu, ces gens doivent brûler comme des chaufferettes; et rien d'étonnant qu'ils reviennent fureter dans les actes et les écrits qu'ils ont passés.

—Ce sont des notaires! ce sont des notaires! L'on n'entendait plus que cela dans les rues de Maillane. Les Maillanais n'en dormaient plus et, lorsqu'ils en parlaient, en avaient la chair de poule.

—Ha! nous le verrons bien, si ce sont des notaires! dit flegmatiquement M. Jérôme le moulinier de soie.

Feu mon oncle Jérôme avait servi dans les Dragons où il fut brigadier, au temps de Bonaparte, et il portait fièrement au haut du nez, la glorieuse balafre d'un beau coup de bancal qu'un hussard allemand, à la bataille d'Austerlitz, ne lui donna pas pour rire. Acculé près d'un mur, il s'était défendu seul contre vingt cavaliers qui le sabraient, jusqu'à ce qu'il tombât, la face coupée en deux par un revers de lame. Ce fait lui avait valu une pension de sept sous par jour, dont il avait tout juste pour le tabac qu'il prisait.

Il était, cet oncle Jérôme, le plus fameux chasseur à la pipée que j'aie connu. Peu lui importaient les affaires, la famille, le négoce: quand venait la saison, tous les matins, il partait en chasse. Sa pincette dans une main, portant sur les épaules la grande cage de verdure sous laquelle il se cachait, lorsqu'il traversait des chaumes, on aurait dit un arbre en marche. Et il ne revenait jamais sans avoir attrapé trois ou quatre douzaines de culs-blancs ronds de graisse, dont il se régalait avec M. Chabert, ancien chirurgien de l'armée d'Espagne, qui avait vu Madrid avec le roi Joseph. On débouchait alors le vin de Frigolet et, nargue du souci, ils buvaient à la santé des Espagnoles et des Hongroises.

Mais bref, M. Jérôme chargea ses pistolets et, tranquille comme quand il allait à la pipée, il vint, à la nuit close, se blottir dans la maison du pauvre Claudillon. Muni d'une lanterne sourde, qu'il recouvrit de son manteau, il s'étendit là sur deux chaises, attendant que les «notaires» remuassent leurs papiers.

Tout à coup, frou-frou! cra-cra! voilà les papiers qui se froissent, et que voit-il? deux rats, deux gros rats qui s'enfuient là-haut sous la soupente.

Car dans cette maison, comme on en voit dans beaucoup d'autres, il y avait, pour recouvrir l'escalier, une soupente.

M. Jérôme monta sur une chaise, et sur le plancher du réduit trouva tout bonnement des feuilles de vigne sèches.

Le pauvre Claudillon, avant que de mourir, avait, paraît-il, rentré ses raisins et les avait étendus sur les ais de la soupente, en un lit de feuilles de vigne. Lorsqu'il fut mort, les rats mangèrent les raisins et, les raisins finis, ces lurons, toutes les nuits, venaient fureter sous les feuilles, pour y ronger les grains qu'il pouvait y avoir encore.

Mon oncle enleva les feuilles et s'en revint coucher. Le lendemain matin, lorsqu'il alla sur la place:

—Eh bien! monsieur Jérôme, lui dirent les paysans, vous avez l'air quelque peu pâle! les notaires sont revenus?

M. Jérôme répondit:

—Vos notaires, c'était un couple de rats qui remuaient des feuilles au-dessus de la soupente, des feuilles de vigne sèches.

Un immense éclat de rire prit les bons Maillanais; et, depuis ce jour-là, les gens de mon village n'ont plus cru aux revenants.

EXPLICATION DE TEXTE

Lecture analytique: *Récit événementiel et voix de la narration*

Avec un(e) partenaire, composez une fiche descriptive du conte de Mistral afin d'en marquer les étapes et d'expliquer comment ce récit est construit. Utilisez les questions suivantes pour vous guider.

Techniques du récit

1. Le conte de Mistral commence avec la formule «Parmi ces contes de veillée, celui que je vais vous dire se répétait fréquemment [...]». Quels temps verbaux cette formule va-t-elle imposer dans le reste du récit? Pourquoi?

____

____

2. Cette histoire contient des dialogues et des «discours rapportés». On les appelle respectivement «discours direct» et «discours indirect». Par exemple:

   —Si tu es bonne âme, parle-moi! (discours direct)

   Nanon de la Veuve assurait que, la nuit, on l'avait tirée par les pieds. (discours indirect)

   Trouvez d'autres exemples de chacun de ces deux styles dans le texte. Soulignez-les avec des couleurs différentes. Comment percevez-vous l'effet obtenu par chacun de ces deux styles dans le récit? Expliquez vos remarques.

____

____

3. De combien d'étapes le récit est-il composé? Comment la progression entre ces différentes étapes du récit est-elle marquée? Pouvez-vous donner un titre à chaque partie? Est-ce une progression logique? Expliquez.

____

____

4. Commentez le début et la fin du conte de Mistral. En quoi assurent-ils l'unité de la narration?

____

____

Le narrateur et les personnages

1. Le narrateur intervient à maintes reprises dans le récit. Entourez avec des couleurs différentes les passages du texte où le narrateur intervient de façon succinte lorsqu'il fait des observations.
2. Choisissez deux ou trois passages que vous venez d'entourer dans le texte où le narrateur intervient. Analysez le rôle du narrateur en fonction de ces passages. Comment le narrateur oriente-t-il le lecteur?

____

____

3. Faites une liste des différents personnages du conte de Mistral. Comment ces personnages sont-ils décrits? Le narrateur donne-t-il au lecteur beaucoup ou peu de détails sur ces personnages?

____

____

4. Quels traits de caractère le narrateur souligne-t-il chez les personnages? Quels sont les traits qui semblent les opposer les uns aux autres? Donnez deux ou trois exemples de ces oppositions dans le texte.

____

____

Les événements

1. L'histoire de ce conte de veillée se déroule sur une période de combien de temps environ? Quels événements sont liés à chacune des étapes du récit? Quels sont les mots qui soulignent la chronologie du récit (par exemple: «vers 1820 ou 25» ou «pendant cinq ou six mois»)?

____

____

2. Dressez la liste des faits que le narrateur nous rapporte sur la vie de Jérôme. Ces faits sont-ils essentiels pour le déroulement du récit? A quoi sert, selon vous, l'énumération de ces faits? Expliquez.

____

____

3. Quel autre type de faits Mistral raconte-t-il? Est-ce que ce sont des faits réels ou imaginaires?

____

____

Les mots charnières

Ce sont des mots qui introduisent les paragraphes et les idées ou qui servent de transition ou de conclusion.

Pour indiquer le début d'une histoire ou d'une action, ce qui suit (énumération) et ce qui conclut:

D'abord	En outre, aussi, de surcroît
Tout d'abord	Enfin, en définitive
En premier	Bref, en somme
En premier lieu	Finalement
Ensuite, puis, par ailleurs	En dernier lieu

Pour indiquer que l'on précise le sujet dont on va parler (surtout s'il s'agit d'une partie d'un tout):

A l'égard de
En ce qui concerne
En ce qui a trait à
Pour ce qui touche à
Pour ce qui est de
A propos de
Quant à
Relativement à

Pour indiquer son opinion personnelle:

A mon avis
En ce qui me concerne
Je dirais donc que
Je pense que (+ indicatif)
Je trouve
Quant à moi

Pour indiquer une opposition, un contraste, une dissonance:

Au contraire
Bien que (+ subjonctif)
Cependant
Mais
Néanmoins
Par contre
Pourtant
Quoique (+ subjonctif)
Toutefois

Pour indiquer une transition ou une liaison entre deux idées:

D'ailleurs
Donc
En effet
En somme
Or

Pour indiquer la cause:

Comme
Etant donné que
Puisque

Pour indiquer la conséquence (dans un raisonnement) et pour conclure:

Alors
Ainsi
C'est pourquoi
De sorte que
Donc
Par conséquent
Pour ces raisons
Puisque

1. En vous aidant de la liste de mots donnés, expliquez comment le déroulement de l'histoire de Mistral est articulé par rapport à la logique des faits. Trouvez dans le texte les mots charnières qui indiquent une cause (par exemple: «et *comme* il n'avait pas d'enfant...»), un contraste (par exemple: «*Pourtant* un locataire à la fin vint l'habiter...»), puis soulignez-les avec des couleurs différentes.

2. *Exercice de vocabulaire* Choisissez parmi les expressions données celles qui conviennent pour bien articuler le texte qui suit et le rendre cohérent. Essayez toujours de trouver deux solutions possibles.

   «J'aimerais vous parler de ma nièce qui a toujours habité à Paris et qui cherche un appartement depuis plus d'un an.

   ________________ *(First)* je vais commencer par vous expliquer sa situation. Elle est mariée et a deux enfants. Elle travaille comme directrice d'entreprise et son mari est dans les finances. ________________________ *(Consequently)* leurs carrières sont très importantes pour eux.

   __________________ *(However)*, élever leurs enfants et passer le plus de temps possible avec eux est _________ *(also)* une priorité.

   ___________________ *(In so far as)* leurs besoins de logement, ils cherchent un quartier agréable et aéré. La proximité d'une école est importante ainsi que celle d'une ligne de métro pratique. _____________ *(Moreover)*, ils ont encore des dettes à rembourser pour leurs études et ne disposent pas d'un budget important. ______________ *(Therefore)* il est pratiquement impossible de trouver ce qu'ils cherchent dans Paris même.

   ____________ *(Then)* au bout d'un an, ils ont compris qu'il leur faudrait vivre en banlieue _______________ *(even though)* ils n'aient pas été préparés à cette idée. Le concept du pavillon de banlieue leur était inconcevable, voire inavouable. _________ *(But)* un jour, ils se sont rendu compte que tous leurs amis avaient déjà pris ce chemin et que leurs adresses étaient une litanie de noms composés évocateurs: Chanteloup-les-Vignes, Bourg-la-Reine, Noisy-le-Sec, Saint-Rémy lès-Chevreuse, Marne-la-Coquette, Bécon-les-Bruyères, Saint-Leu-la-Forêt. Eux __________ *(too)* vont grossir les rangs des banlieusards qui vivent dans la verdure et n'ont plus le courage de sortir le soir pour aller au théâtre.

   ________________ *(As far as I am concerned)*, je suis heureuse pour elle, mais je ne pourrais jamais vivre sans mon épicier et ma boulangerie en bas de mon immeuble, la proximité des cinémas, des transports en commun. J'ai besoin de vivre au cœur de cette ville qui palpite et vibre sans cesse.»

Au-delà du texte: La suspension de l'incrédulité

Le conte est un type de récit d'aventures imaginaires dont le but est parfois de distraire, de persuader ou encore d'illustrer une vérité morale ou une pensée philosophique. Les faits et l'action y sont racontés de manière concise et compacte.

Exercices

Répondez aux questions suivantes.

1. «C'était un conte vrai» annonce le narrateur du conte de veillée que vous venez de lire. Selon vous, un conte peut-il être vrai? Etes-vous d'accord avec cette assertion du narrateur dans le conte de Mistral? Pourquoi?

____

____

2. Dans ce conte de veillée, la façon de raconter les faits parle-t-elle à l'imagination du lecteur et/ou à son intelligence et son esprit critique? Expliquez votre réponse.

____

____

3. Quel est selon vous le but de ce conte de veillée? Est-il destiné à convaincre et/ou à distraire? Que pensez-vous du conte de Mistral et comment vous a-t-il touché(e)?

____

____

Vérité et vraisemblance

Dans cet extrait d'*Ici,* Nathalie Sarraute établit une distinction entre la vérité d'un fait et sa vraisemblance.

[...] mais ces faits justement n'étaient pas des «faits vrais», ces faits n'avaient des faits vrais que l'apparence... —Ah, le voilà donc le véritable chef de l'accusation, vous avez pris ces faits pour des imitations... des copies... vous ne vous y êtes pas laissé prendre... C'était amusant, n'est-ce pas, parfaitement bien imité... on ne croirait jamais... mais vous, bien sûr, vous n'êtes pas un de ces naïfs, de ces innocents... vous ne vous êtes jamais donné le ridicule d'aller les regarder de plus près, ces trompe-l'œil, de les toucher, d'essayer de découvrir sur quoi ils pouvaient bien s'ouvrir... vous saviez que ce n'était rien que des surfaces peintes... Ces pièces de monnaie, qui vous avaient été données, vous n'avez même pas eu besoin de les éprouver sous la dent, vous saviez qu'elles étaient fausses, mais si habilement fabriquées, minutieusement ciselées, dorées, patinées... —Mais qu'est-ce que c'est que tout ça... ces fausses pièces de monnaie, ces imitations... je ne pouvais pas voir des trompe-l'œil dans ce que mon œil n'avait jamais vu, dans ce qui ne ressemblait pas... qui était... —Qui était... c'est ça, n'est-ce pas? c'était invraisemblable. Voilà pourquoi vous ne l'avez pas cru. Mais, faut-il vous le rappeler? Le vrai justement, le vrai, ce qu'il a, c'est qu'il peut ne pas sembler vrai... et ça lui est arrivé si souvent et depuis si longtemps, on se perd dans la nuit des temps... qu'on a édicté une loi pour le défendre chaque fois qu'il est menacé par ceux qui se trouvent dans votre cas: «Le vrai peut ne pas être vraisemblable.»

Nathalie Sarraute, *Ici,* © Gallimard, 1995

Exercices

Répondez aux questions suivantes.

1. Avec un(e) partenaire, soulignez avec des couleurs différentes dans le texte de Sarraute toutes les références aux «faits vrais» et toutes celles aux «faits qui n'avaient des faits vrais que l'apparence». Puis, en vous basant sur vos découvertes, essayez de définir:

   a. la vérité d'un fait

   ____

   ____

   b. la vraisemblance d'un fait

   ____

   ____

2. «Le vrai peut ne pas être vraisemblable», «l'habit ne fait pas le moine», «tout ce qui brille n'est pas or»: toutes ces expressions mettent en question la vérité d'un fait et sa vraisemblance. Avec votre partenaire, discutez du sens de chacune de ces expressions.

____

____

3. *Jeu de rôle* «J'avoue que je n'y crois pas beaucoup, mais qu'est-ce que ça peut faire, même si c'est inventé, vous racontez si bien, j'aime tant vous entendre.» (Sarraute, *Ici*)

   Après avoir réparti les étudiants de la classe en deux groupes, chaque groupe respectif choisira un événement basé:

   sur un «fait vrai» qui semble «invraisemblable» **(Groupe #1)**

   sur un «fait qui n'a du fait vrai que l'apparence» **(Groupe #2)**

   En s'inspirant des stratégies narratives rencontrées dans le conte de Mistral, et après en avoir débattu au sein de son groupe respectif, chaque groupe fera à tour de rôle le récit de cet événement à l'autre groupe.

@ACTIVITES MULTIMEDIA

Activité 1 Les faits divers

Pour vous guider dans ces activités, consultez la page web de cette *Structure:* www.thomsonedu.com/french/scenarios

Le Petit Robert définit les faits divers comme «les événements du jour (ayant trait aux accidents, délits, crimes) sans lien entre eux, faisant l'objet d'une rubrique dans les médias». De nombreux écrivains se sont inspirés de faits divers lus dans les journaux comme catalyseurs ou points de départ de leurs romans. Certains journaux réservent une part importante aux faits divers, d'autres, moins portés sur le sensationnalisme sélectionnent ceux qui reflètent la société de façon significative. En général, il s'agit d'actions spectaculaires ou incongrues qui frapperont l'imagination des lecteurs ou les intrigueront au point de vouloir connaître «toute» l'histoire.

Lisez quelques faits divers ou faits de société dans les quotidiens en lien sur le site web de cette *Structure*.

A. Choisissez un article décrivant un événement où il y a un «acteur» principal. Notez l'ordre dans lequel l'information est transmise aux lecteurs. Transcrivez l'événement en question sous forme de notes comme on en prendrait dans son agenda (lundi 14h: X arrive à Toulouse. Lundi 18h: X rencontre Y, etc.).

____

____

B. Analysez ce fait divers en fonction de son adaptation éventuelle à devenir l'histoire d'un roman. Considérez les aspects suivants.

   1. *Le personnage principal (le/la protagoniste)* Est-il dangereux, complexe, simple, «comme tout le monde», différent et déroutant, froid, cruel, curieux, intrigant, effrayant?

   ____

   ____

   2. *Le cadre ou le contexte* Définissez la catégorie à laquelle ce fait divers appartient (meurtre, vol, viol), les sujets et thèmes qui sont liés à l'événement ou qui y ont mené et/ou les faits historiques pertinents.

   ____

   ____

3. *Le milieu* Définissez-le: modeste, aisé, ouvrier, bourgeois, universitaire, intellectuel, privilégié.

4. Maintenant parlez de l'événement lui-même. Est-ce qu'une histoire peut en cacher une autre?

5. Reprenez l'un des faits divers que vous venez de lire. Ce fait divers est-il vrai ou imaginé? vraisemblable ou invraisemblable? Expliquez votre réponse.

En guise de conclusion: *La réalité dépasse la fiction*

La réalité est parfois encore plus extraordinaire que tout ce que l'on peut imaginer, comme semble le suggérer ce dessin de Marc-Antoine Mathieu sur un mur d'Angoulême, capitale internationale de la bande dessinée et de l'image: «Pire que ça! C'est la réalité!!»

«Réalité, sortie de secours» par Marc-Antoine Mathieu (1999)

1. Commencez par observer et décrire tout ce que vous voyez dans la photographie ci-dessus. A votre avis quelle vision de la réalité ce dessin propose-t-il? Expliquez votre réponse.

Si vous désirez comparer vos dessins Marc-André Mathieu, rendez vous sur le site en lien sur la page web de cette *Structure*.

2. Cette photographie représente le sixième et dernier dessin d'une bande dessinée murale de Marc-Antoine Mathieu intitulée «Réalité, sortie de secours». En groupes de trois, imaginez et dessinez dans les espaces ci-dessous trois des premiers dessins manquants, sans oublier les bulles avec les dialogues.

3. Comparez vos dessins à ceux des autres groupes en ce qui concerne la vérité et la vraisemblance des faits et de l'action que vous avez dessinés. En quoi votre vision de la réalité diffère-t-elle ou se rapproche-t-elle de celle des autres groupes?

ECRITURE EXTENSIVE

Journal 4 **Un souvenir marquant de votre personnage**

Rendez-vous sur votre messagerie électronique ou bien, sortez vos stylos! Exercez-vous à utiliser le passé composé et l'imparfait. Vérifiez bien l'usage de ces temps avant d'envoyer ou de rendre le journal choisi ci-après à votre professeur.

1. Votre personnage se souvient d'un événement qui a marqué son enfance et le raconte. Faites la narration de ce souvenir à la première personne, à travers les yeux d'un(e) enfant, mais agrémentée du style et des commentaires d'un(e) adulte. Indiquez le cadre dans lequel s'est déroulé l'événement, les personnes présentes et/ou impliquées. L'enfant a-t-il/elle exprimé ses sentiments sur le moment ou les a-t-il/elle gardés secrets? Cet événement l'a-t-il changé(e)? En choisissant les détails à inclure dans votre récit, pensez à la réaction du lecteur. L'histoire est-elle vraisemblable? *Ou:*
2. Racontez un événement qui est arrivé à votre personnage tel qu'on pourrait le lire dans la section *Faits divers* ou *Société* d'un quotidien.

Rappel grammatical: Les temps du passé

Une section de révision et des exercices d'application sur le passé composé, l'imparfait et le passé simple se trouvent à la page 171 dans l'*Appendice I.*

STYLISTIQUE: RACONTER DES EVENEMENTS

Il existe en français trois façons de raconter dans un discours ou dans une narration les propos d'une personne qui parle: une citation (le discours direct), un discours rapporté (le discours indirect) ou une forme intermédiaire de ces deux discours (le discours indirect libre).

Le discours direct

Dans un roman, pour indiquer que ce qui suit représente les paroles telles qu'elles ont été prononcées par une personne, on se sert de guillemets. Pour les textes composés essentiellement de dialogues comme les pièces de théâtre, on met un deux-points (:) après le nom de la personne qui parle.

Catherine: Bonjour, je suis presque prête... Je n'ai plus que ma robe à passer. Ah! chapeau... Jamais sur les lits.

Jim: On emporte la bicyclette?... La valise aussi? Qu'est-ce que vous faites?

Catherine: Je vais brûler des mensonges. Donnez-moi du feu.

Jim: Ça va? Pas trop de mal?

Catherine: Non, passez-moi ma robe... Là! au pied du lit.

Jim: Vous avez un balai?

Catherine: Oui, sous votre nez. Vous pouvez m'aider?

Jim: Voilà.

Catherine: Merci. On emporte ça aussi.

Jim: Qu'est-ce que c'est?

Catherine: Du vitriol pour les yeux des hommes menteurs.

Jim: Le flacon va se casser dans la valise. Vous allez brûler tout votre linge. Du reste, on peut acheter du vitriol partout.

Catherine: C'est vrai?... Mais ce ne sera pas la même bouteille!... J'avais juré de me servir de celle-là.

François Truffaut et Jean Gruault, *Jules et Jim,* © Gallimard, 1962

Le discours indirect

Dans le discours indirect, les paroles ne sont pas citées telles quelles, mais introduites au moyen d'une proposition subordonnée à une proposition principale qui introduit le discours indirect. Certains changements dans la citation sont obligatoires: verbes, personne, adverbes, mots interrogatifs.

Jim dit: «Le flacon va se casser dans la valise.» (= discours direct)

Jim dit que le flacon va se casser dans la valise. (= discours indirect)

Changements de verbes

Lorsque le verbe principal est

- au présent, au futur de l'indicatif ou au conditionnel, les verbes ne changent pas de temps.

  Jim dit que le flacon va se casser dans la valise.

- au temps du passé, les changements suivants ont lieu par rapport aux verbes de la citation.

Temps de la citation	Temps du discours indirect
futur	futur du passé (mêmes formes que le conditionnel présent)
futur antérieur	futur antérieur du passé (mêmes formes que le conditionnel passé)
présent	imparfait
passé composé	plus-que-parfait

Jim a dit que le flacon allait se casser.

Catherine a dit que ce ne serait pas la même bouteille et qu'elle avait juré de se servir de celle-là.

N.B.: Les temps suivants ne changent pas: l'imparfait et le plus-que-parfait de l'indicatif.

Lorsque le verbe de la citation est

- à la deuxième personne de l'impératif, une construction infinitive introduite par «de» le remplace, même si le verbe principal est au passé.

  Catherine a dit de lui passer sa robe.

- à la première personne pluriel de l'impératif, il faut chercher une autre tournure de phrase pour pouvoir transformer la citation en discours indirect.

Jim: «Allons-nous en!» → Jim a dit qu'il était temps de s'en aller.

Changements de personne

Puisque la personne qui parle au discours indirect n'est pas celle qui a prononcé les paroles citées indirectement, il faut changer toute indication de personne (pronoms, adjectifs et pronoms possessifs) afin de s'accorder avec la situation du discours indirect.

Catherine: Bonjour, je suis prête. ➔ Catherine a dit bonjour et qu'elle était prête.
Catherine: Vous pouvez m'aider? ➔ Catherine a demandé s'il pouvait l'aider.
Catherine: Passez-moi ma robe. ➔ Catherine a dit de lui passer sa robe.

Comparez: Catherine lui a demandé de lui passer sa robe.
Catherine a exigé qu'il lui passe sa robe.

Changements d'adverbes

Il faut que toute expression de temps dans le discours indirect s'accorde avec les changements de temps verbal. Ceci a donc lieu lorsque le verbe qui introduit le discours indirect est à un temps du passé. Les changements suivants auront lieu:

Adverbe de la citation	**Adverbe du discours indirect**
aujourd'hui	ce jour-là / aujourd'hui (si le discours indirect a lieu le même jour que la citation)
demain / après-demain	le lendemain / le surlendemain
hier / avant-hier	la veille / l'avant-veille
ce soir / ce matin / cet après-midi	ce soir-là / ce matin-là / cet après-midi-là
ce jour / cette nuit	ce jour-là / cette nuit-là
cette semaine (année, mois, hiver, etc.) / la semaine prochaine / la semaine dernière	cette semaine-là / la semaine suivante / la semaine précédente
maintenant / en ce moment	à ce moment-là / ici / là

Jim: «Qu'est-ce que vous faites maintenant?» ➔ Jim lui a demandé ce qu'elle faisait à ce moment-là.

N.B.: D'autres formes peuvent exprimer la même idée: Jim lui a demandé ce qu'elle était en train de faire.

Changements de mots interrogatifs

Lorsque la citation rapportée en forme de discours indirect est à la forme interrogative, les mots interrogatifs suivants changent; les autres ne changent pas.

Mots interrogatifs de la citation	**Mots interrogatifs du discours indirect**
est-ce que	si
qu'est-ce que / que	ce que
qu'est-ce qui (inversion)	ce qui (suppression de l'inversion)
qu'est-ce que c'est que + nom (c'est à dire: *qu'est-ce que* devient *ce que*)	ce que c'est que + nom

Jim: «On emporte la bicyclette?» ➔ Jim a demandé si on emportait la bicyclette.

Le discours indirect

Lorsqu'on rapporte les paroles d'un dialogue sous forme de discours indirect, il est important de transmettre l'intonation de ces paroles ainsi que d'éviter la répétition du verbe «dire». Les exercices suivants vous aideront à enrichir votre vocabulaire pour répondre à ces deux besoins.

Dans la liste de verbes suivante, certains verbes indiquent:

a. la façon dont les paroles sont prononcées ou l'intonation

b. la place de ces paroles dans le discours (ajout, réplique) ou le type de parole prononcée (réponse, révélation, information supplémentaire, affirmation, injure, souvenir).

Exercices

1. Etudiez cette liste en cherchant le sens des verbes que vous ne connaissez pas et mettez la lettre «a» ou «b» à côté de chaque verbe pour indiquer à laquelle des deux catégories ci-dessus ils appartiennent.

admettre	crier	invectiver	reconnaître
adresser	débiter	lancer	regretter
affirmer	déclamer	livrer	repartir (répartir)
ajouter	dévoiler	mentionner	répéter
annoncer	s'écrier	murmurer	répliquer
balbutier	s'exclamer	objecter	répondre
bégayer	exposer	parler (tout) bas	reprocher
bredouiller	glisser	se plaindre	riposter
chuchoter	hoqueter	proclamer	sangloter
concéder	hurler	se rappeler	soutenir
confier	indiquer	rapporter	se souvenir
conter	injurier	réciter	susurrer

2. Comment les personnes qui diront les phrases suivantes s'exprimeront-elles? Comparez vos réponses avec celles d'un(e) partenaire et expliquez vos choix. N'utilisez pas deux fois le même verbe.
   a. Un adolescent à ses parents: «J'en ai marre que vous entriez dans ma chambre! Qu'est-ce que ça peut faire si elle est en désordre?!»
   b. Une conductrice au conducteur d'un camion qui a causé un accident: «Imbécile! Espèce d'incapable! Regardez ma voiture! Elle est fichue maintenant! Je l'avais achetée la semaine dernière!»
   c. Une femme âgée à son petit-fils: «Je n'arrive pas à croire que tu es déjà si grand! Quel âge as-tu maintenant?»
   d. Un amoureux à sa fiancée: «Tes yeux sont des lacs dans lesquels je me noie….»
   e. Une petite fille à sa mère: «Mais tu ne comprends pas; jamais je n'en retrouverai un comme celui-là! C'était le plus doux des nounours!»
   f. Un petit garçon à son institutrice: «D'accord, c'est vrai, mes parents m'ont aidé un peu à faire mon devoir cette fois-ci, mais c'est parce que je n'arrivais pas à finir tout seul.»
   g. Deux amies devant la vitrine d'un magasin: «C'est la bague dont je rêve! Mais ne le dis surtout pas à Marc!»
   h. Un homme au caractère difficile: «De mon temps, les enfants savaient se taire et montraient plus de respect pour leurs aînés…»

3. Récrivez le dialogue de la scène de *Jules et Jim* au style indirect et en utilisant le passé composé. Pensez à varier les verbes d'introduction de la proposition principale: dire, répondre, préciser, ajouter, indiquer, s'exclamer, demander, etc.

   Exemple: Catherine a dit bonjour, qu'elle était presque prête, et [elle a indiqué] qu'elle n'avait plus que sa robe à passer.

   ___

   ___

Le discours indirect libre

Il représente une forme intermédiaire entre le discours direct et le discours indirect. Il donne un caractère plus spontané au discours et allège la narration en utilisant le style conversationnel du discours direct et en évitant le style plus lourd du discours indirect.

Mots interrogatifs

Les **si** et les **que** du discours indirect disparaissent, mais ceux du discours direct peuvent être présents.

Pronoms personnels et temps verbaux

On retrouve les mêmes changements de verbes et de personne que dans le discours indirect.

Citations

Elles sont généralement exclues. Cependant, selon le contexte de la narration, le lecteur peut avoir l'impression de se trouver dans une sorte de citation.

Catherine a dit bonjour, elle était prête et n'avait plus que sa robe à passer.

N.B.: Une combinaison de ces trois types de discours permet de créer des ruptures intéressantes dans un texte et d'en varier le style à volonté.

ECRITURE INTENSIVE

Composition 4

Récit d'un événement

Premier jet Votre personnage raconte un événement (une parole, une situation, etc.) qui l'a marqué et qui a contribué à définir et à construire son identité.

D'abord, pensez au choix des détails que vous allez inclure et aux réactions de votre lecteur. Allez-vous chercher à surprendre, choquer, émouvoir, rendre admiratif avec votre histoire? Votre histoire est-elle vraisemblable? Pensez au chemin que cet événement a fait parcourir à votre personnage. Marquez bien le chemin parcouru en indiquant vos pensées et vos sentiments à chaque étape et ceux de votre entourage s'ils sont pertinents à votre récit et l'enrichissent.

Ensuite, décidez si vous allez faire un récit linéaire, comme le narrateur du conte de veillée de Mistral, ou bien si vous allez introduire des *flashbacks*. Pensez à varier le caractère de votre récit en utilisant les styles direct, indirect et indirect libre.

Enfin, exercez-vous à utiliser le passé composé et l'imparfait, voire le passé simple. Vérifiez bien l'usage de ces temps et relisez-vous une fois uniquement pour les corriger.

Puis, accompagnez le premier jet de votre composition de la *grille d'évaluation* que vous pouvez télécharger sur le site web et imprimer.

www.thomsonedu.com/french/scenarios

Révision Reprenez le premier jet de votre composition. En vous appuyant sur les commentaires de votre professeur dans la composition et des remarques de votre professeur et/ou d'un(e) partenaire dans la *grille d'évaluation*, révisez et améliorez votre récit avant de le soumettre une seconde fois.

STRUCTURE INTERMEDIAIRE

Vers l'écriture collaborative

TEXTE MODELE

Avant la lecture: Pour compléter l'introduction qui précède le texte de Raymond Queneau, lisez la page d'informations sur l'auteur en lien sur la page www.thomsonedu.com/french/scenarios. Pour revoir les informations sur OULIPO, relisez la page d'informations en lien sur la page web de la *Structure préliminaire*.

Poète et romancier, Raymond Queneau (1903–1976) a participé aux divers courants de son époque. Il occupe une place importante dans la littérature de l'entre-deux-guerres qui privilégie la poésie sur tous les autres genres littéraires. Dès 1924, il fréquente les surréalistes — parmi lesquels Philippe Soupault, Michel Leiris, André Breton — et participe aux travaux et publications de ce groupe, avec lequel il rompt définitivement en 1929 avant d'entreprendre une psychanalyse. Après la guerre, à Saint-Germain-des-Prés, il fréquente des personnalités comme les frères Prévert, Jean-Paul Sartre et Boris Vian. En 1947, il publie son premier grand succès public, *Exercices de style*. Le narrateur y raconte ludiquement, de 99 façons différentes — «rêve», «noms propres», «négativités», «maladroit», «vulgaire», «interrogatoire», «visuel», «injurieux», «télégraphique», «mathématique»... — l'histoire banale d'un voyageur dans un autobus, témoin d'une dispute entre un jeune homme qui va s'asseoir à une place libre et un autre passager. Plus tard dans le récit, le jeune homme réapparaît discutant avec un ami devant la gare Saint-Lazare. Queneau montre au lecteur à travers ces variations quasi-infinies de style leur effet sur la perception de l'information transmise.

Analyse logique

Autobus.
Plate-forme.
Plate-forme d'autobus. C'est le lieu.
Midi.
Environ.
Environ midi. C'est le temps.
Voyageurs.
Querelle.
Une querelle de voyageurs. C'est l'action.
Homme jeune.
Chapeau. Long cou maigre.
Un jeune homme avec un chapeau et un galon tressé autour.
C'est le personnage principal.
Quidam.
Un quidam.
Un quidam. C'est le personnage second.
Moi.
Moi.
Moi. C'est le tiers personnage, narrateur.
Mots.
Mots.
Mots. C'est ce qui fut dit.
Place libre.
Place occupée.
Une place libre ensuite occupée. C'est le résultat.
La gare Saint-Lazare.
Une heure plus tard.
Un ami.
Un bouton.
Autre phrase entendue. C'est la conclusion.
Conclusion logique.

Passé indéfini

Je suis monté dans l'autobus de la porte Champerret. Il y avait beaucoup de monde, des jeunes, des vieux, des femmes, des militaires. J'ai payé ma place et puis j'ai regardé autour de moi. Ce n'était pas très intéressant. J'ai quand même fini par remarquer un jeune homme dont j'ai trouvé le cou trop long. J'ai examiné son chapeau et je me suis aperçu qu'au lieu d'un ruban il y avait un galon tressé. Chaque fois qu'un nouveau voyageur montait, ça faisait de la bousculade. Je n'ai rien dit, mais le jeune homme au long cou a tout de même interpellé son voisin. Je n'ai pas entendu ce qu'il lui a dit, mais ils se sont regardés d'un sale œil. Alors, le jeune homme au long cou est allé s'asseoir précipitamment.

En revenant de la porte Champerret, je suis passé devant la gare Saint-Lazare. J'ai vu mon type qui discutait avec un copain. Celui-ci a désigné du doigt un bouton juste au-dessus de l'échancrure et je ne les ai plus vus. J'étais assis et je n'ai pensé à rien.

Haï-Kaï

L'S est-ce
Long cou marche pieds
Cris et retraite
Gare et bouton
Rencontre

Raymond Queneau, *Exercices de style*, © Gallimard, 1947

EXPLICATION DE TEXTE

Lecture analytique: Préparation aux exercices d'expansion

Après avoir lu ces trois petits récits d'*Exercices de style* par Raymond Queneau — «Analyse logique», «Passé indéfini» et «Haï-Kaï» qui racontent tous la même histoire de façons différentes — et pour vous préparer aux exercices d'expansion de la section ci-dessous, établissez avec un(e) partenaire les listes suivantes.

Activités de vocabulaire

1. a. Relevez et notez tous les adjectifs que vous avez rencontrés dans les trois récits.

   ____

   ____

   b. Ajoutez à la liste d'adjectifs au moins dix autres adjectifs de votre choix que vous pourrez utiliser pour «étoffer» votre version du récit de Queneau.

   ____

   ____

2. a. Relevez et notez tous les adverbes que vous avez rencontrés dans les trois récits. Vous pouvez également inclure des formes descriptives comme **en revenant**, **sans penser à rien**.

   ____

   ____

   b. Ajoutez à la liste d'adverbes au moins dix autres adverbes de votre choix ou des expressions telles qu'**avec joie**, **sans regret**, **en criant**, **sans réfléchir**.

   ____

   ____

3. Soulignez dans les trois récits tous les pronoms relatifs que vous avez rencontrés ainsi que les prépositions (**avec**, **à**, **de**, **pour**, **dans**, **après + qui**, **quoi**, **lequel**) ou les démonstratifs (**ce**, **celui**, **celle + qui**, **que**, **dont**) qui les précèdent.

Lexique

Pour l'exercice suivant, vous aurez besoin d'un ou de plusieurs bons dictionnaires (français-français et/ou français-anglais/anglais-français). Si besoin est, allez à la bibliothèque pour en consulter. Les mots suivants vous seront utiles plus bas dans les exercices d'expansion ainsi que pour les activités de la section *En guise de conclusion* sur le polar.

1. De quel verbe vient le nom «arrestation»? Dans quel contexte ce nom est-il utilisé? Regardez la terminaison de ce mot et dites s'il est masculin ou féminin.

   ____

   ____

2. Le verbe **rançonner** est quelque peu vieilli. Aujourd'hui on parle d'exiger une __________________.

   Trouvez le nom qui correspond au verbe **rançonner**. Remarquez les différences d'orthographe en français et en anglais __________________.

3. Un **crime** est soit une faute grave punie par la loi, soit un assassinat ou un meurtre. Comment s'appelle la personne qui commet un crime? __________________

4. Les victimes de crimes sont soit des hommes, soit des femmes. Est-ce que le mot **victime** change de genre? __________________

5. Une **énigme** est un problème à résoudre ou une devinette. Quel est l'adjectif dérivé de ce nom? __________________ Peut-il s'appliquer à une chose et aussi à une personne? Cherchez des exemples de l'emploi de cet adjectif dans le dictionnaire.

____

____

6. Comment appelle-t-on... (Donnez le masculin et le féminin de chaque nom, si possible.)
   a. la personne qui tue? __________________
   b. la personne qui assassine? __________________
   c. la personne qui commet un meurtre? __________________
   d. la personne qui témoigne? __________________
   e. la personne qui vole (ou dérobe)? __________________
   f. la personne qui fait une enquête? (plusieurs réponses possibles)

   ____

   ____

   g. les personnes qui travaillent dans un commissariat? __________________
   h. la personne qui dirige le commissariat? __________________

7. Lorsqu'on est interrogé, on est soumis à un __________________, puis on doit signer un document qui relate ce que l'on a dit. C'est une __________________.

8. La personne qui témoigne fait un __________________.

9. Aux Etats-Unis, une personne est considérée innocente jusqu'à ce qu'elle soit prouvée __________________.

10. Trouvez un synonyme de l'expression **être mis en prison**. __________________.

11. Si l'on sort de prison sans la permission des gardiens, c'est que l'on s'est __________________ ou __________________ (*to escape*).

12. La personne qui fait une enquête cherche des __________________ (*clues*) dans l'appartement du ou des suspects pour pouvoir les envoyer au commissariat afin de les placer en examen. Parfois, lorsque les preuves sont écrasantes, le/la coupable décide de __________________ (*turn himself/herself in*), ou dans les cas les plus dramatiques, de __________________ (*to commit suicide*).

Rappel grammatical: L'interrogation, la négation, l'impératif

Une section de révision et des exercices d'application sur l'interrogation, la négation et l'impératif se trouvent à la page 182 dans l'*Appendice I*.

Exercices d'expansion

Les exercices d'expansion ont pour objectif de vous initier à différentes formes de création, notamment par l'intermédiaire de jeux ou de pratiques créatives inspirés du surréalisme et de l'OULIPO.

1. Avec votre partenaire et en vous aidant du vocabulaire des exercices de préparation, vous allez, à l'instar de Queneau dans *Exercices de style,* développer à votre tour un récit autour de l'histoire banale d'un voyageur dans un autobus, témoin d'une dispute entre un jeune homme qui va s'asseoir à une place libre et un autre passager. Plus tard dans le récit, le jeune homme réapparaît. Il est en train de discuter avec un ami devant la gare Saint-Lazare. Les contraintes que votre récit doit respecter sont les suivantes:
   a. Le thème du style du récit sera «Enigme».
   b. En fonction de ce thème, réfléchissez aux détails à visualiser, par exemple, le lieu, les personnages, le temps, l'action.
   c. Puis sélectionnez des expressions utiles (des adjectifs, des adverbes, des pronoms relatifs) et du vocabulaire que vous utiliserez dans votre récit pour qu'il engendre:

   des impressions ____________________

   ____

   des émotions ____________________

   ____

   un sens ____________________

   ____

   d. Enfin, écrivez votre récit «Enigme» en utilisant un maximum de 85 mots au total.

____

____

____

____

____

2. Reprenez chaque phrase de votre récit «Enigme» et créez plusieurs questions pour chacune en utilisant des pronoms ou des adjectifs interrogatifs selon le cas et en faisant l'inversion du verbe et du sujet quand c'est possible.

   Exemple: «En revenant de la porte Champerret, je suis passé devant la gare Saint-Lazare.» ➔ Où êtes-vous passé en revenant de la porte Champerret? Quand êtes-vous passé devant la gare Saint-Lazare? Devant quelle gare êtes-vous passé en revenant de la porte Champerret?

____

____

____

____

Au-delà du texte: *Exercices de style*

Exercices Répondez aux questions suivantes.

1. Dans cette photo, observez ce conseil donné aux voyageurs des autobus parisiens. Remarquez au passage le style décontracté et la présentation «sympa» pour masquer le ton sec du règlement affiché discrètement en-dessous: Places prioritaires.

   a. Avec un(e) partenaire, en vous inspirant du récit «Analyse logique» de Raymond Queneau, imaginez et complétez le récit «Logique» qui suit. Inventez et ajoutez des éléments qui ne sont pas visibles dans la photo.

   ______________________________. C'est le lieu.

   ______________________________. C'est le temps.

   ______________________________. C'est l'action.

   ______________________________. C'est le personnage principal.

   ______________________________. C'est le personnage second.

   ______________________________. C'est le tiers personnage, le narrateur.

   ______________________________. C'est ce qui fut dit.

   ______________________________. C'est le résultat.

   ______________________________. C'est la conclusion.

b. Maintenant, avec votre partenaire, vous allez encore écrire un récit. Choisissez d'abord un thème pour le style que vous adopterez dans ce récit; puis en réutilisant les éléments que vous venez de créer dans le récit «Logique», et en vous inspirant des *Exercices d'expansion,* écrivez un récit dans un style approprié à ce thème et donnez-lui un titre.

Titre: ______________________________

____

____

2. Apportez en classe un texte court en français — un fait divers trouvé dans un quotidien français en ligne par exemple (voir lien sur le site web de cette *Structure*) — que vous proposerez à votre professeur. Après des délibérations, l'un des textes apportés sera choisi.

   a. En groupe de deux ou trois, récrivez ce texte en l'enrichissant d'expressions, de tours de phrases ou de points de vue personnels qui en changeront le style. Donnez un titre à votre récit qui définira le style ou le thème que vous aurez voulu adopter.

   Titre: ______________________________

   ____

   ____

   b. Lisez votre récit (en omettant le titre) et comparez-le à ceux des autres groupes. Essayez de deviner le titre donné à son récit par chaque groupe et faites, à tour de rôle, des déductions sur les différents styles adoptés dans chacun des récits.

3. Jeux d'écriture

   a. *Jeu du cadavre exquis* Ce jeu fut inventé par les surréalistes. La première phrase composée durant ce jeu et aujourd'hui devenue célèbre était «Le cadavre exquis boira du vin nouveau.» Les premiers mots sont restés. Pour jouer, il faut une feuille de papier et un crayon. La première personne écrit un mot sur la feuille et la plie avant de la passer à la personne suivante, et ainsi de suite. Pour varier, les joueurs peuvent écrire une phrase entière (au lieu d'un mot), plier le papier et le passer. A la fin, lisez cette œuvre collective et inattendue à la classe.

   b. *Jeu des définitions* Tirez au hasard dans un panier (ou une boîte) un morceau de papier sur lequel le professeur aura écrit un mot. Ne le montrez à personne. Composez chacun une brève définition de votre mot que vous lirez à la classe. Les autres étudiants devront deviner le mot en posant des questions auxquelles l'auteur de la définition ne pourra répondre que par oui ou par non.

   c. *Haïku: Exercice de contrainte poétique* Le haïku est une forme classique de poème japonais de 17 syllabes en tout, réparties en trois vers de 5, 7 et 5 pieds. En groupe de deux, essayez de composer un haïku à partir d'une idée de votre choix. Ces poèmes pourront être lus en classe.

ACTIVITES MULTIMEDIA

Pour vous guider dans ces activités, consultez la page web de cette *Structure:* www.thomsonedu.com/french/scenarios

Activité 1 **«L'oreille coupée»**

Pour compléter cette activité, allez sur le site web de «L'oreille coupée» — une bande dessinée interactive — en lien sur la page web de cette *Structure*, et cliquez sur les images en hyperliens pour visionner l'ensemble du scénario d'André-Philippe Côté.

A. Retournez au début et notez les éléments qui définissent:

le commencement / l'introduction ______________________________

le(s) lieu(x) ______________________________

le temps / les dates ______________________________

les événements / l'action ______________________________

les personnages ______________________________

le résultat / le dénouement ______________________________

la fin / la conclusion ______________________________

B. Quel est le titre de ce récit? Ce titre est-il suggestif? De quel type de récit s'agit-il, à votre avis? Expliquez votre réponse.

____

____

Activité 2 **L'arme du crime**

Vous allez écrire un roman policier (ou polar). Quelle que soit l'arme du crime ou quel que soit l'objet volé ou au cœur de l'intrigue de votre polar, il est indispensable de savoir en parler en détail. Suivez les étapes ci-dessous dans votre recherche.

A. *En dehors de la classe*

1. Cherchez la photo de cet objet en allant sur le site www.google.fr et cliquez sur «Images». Imprimez-la et étudiez-la. Ensuite, nommez toutes les parties de cet objet en utilisant, si besoin est, un dictionnaire ou une encyclopédie.
2. Trouvez l'illustration d'un pistolet ou d'autres armes en allant sur le site web de cette *Structure*.
3. Consultez l'historique et le mode de fonctionnement de différents types d'armes (couteaux, armes à feu, armes non létales, etc.). Regardez s'il y a une image pour illustrer l'objet en question. Sinon, allez sur www.google.fr.
4. Essayez de retrouver les différentes parties de votre arme sur la photo ou l'illustration.
5. Maintenant considérez les caractéristiques extérieures de l'objet: sa couleur, sa taille, sa forme, son aspect (luisant, mat, effrayant, rassurant), etc. Enfin, pensez à son utilisation et à son transport. Cet objet peut-il tenir dans une poche, dans un sac à main, dans une valise, dans un sac à provision, dans une voiture, dans un camion? Est-il lourd, fragile, dangereux, illégal, ancien, moderne? A-t-il une odeur? Quelles émotions peut-il provoquer? Qui s'en sert d'habitude?

Pendant cet exercice et à travers les détails dévoilés pendant les discussions, chaque groupe commencera automatiquement à développer des idées sur son intrigue de polar.

B. *En classe*

N'oubliez pas d'apportez la photo de votre objet en classe! Mettez-vous en petits groupes. Chaque membre du groupe fera deviner aux autres son objet. Les autres devront poser des questions pour trouver la réponse. Lorsque quelqu'un aura deviné, montrez la photo à tout le groupe. La personne qui a deviné le premier objet fait ensuite deviner le sien.

En guise de conclusion: *Le polar*

Le polar est un roman policier qui présente des personnages mêlés à une énigme (un crime, un meurtre, un vol) et dont la trame est constituée par une enquête policière ou une enquête de détective privé. Certaines étapes sont propres à la structure d'un polar.

ETAPE 1: *Le chapitre d'exposition*

Comme dans le site web de «L'oreille coupée» ou bien dans le roman *Possessions* par Julia Kristeva (dont un extrait est présenté ci-dessous), l'introduction d'un polar commence souvent par la présentation ou la découverte d'un crime.

Gloria gisait dans une flaque de sang, décapitée. La robe du soir en satin ivoire de Gloria, les bras ronds, les longues mains manucurées de Gloria, la montre Cartier, le diamant à l'annulaire gauche, les jambes bronzées, les escarpins assortis à la robe: aucun doute, c'était bien Gloria, rien n'y manquait, sauf la tête. «Mon organe sexuel», plaisantait-elle par allusion au plaisir cérébral que lui procuraient ses activités de traductrice et au déplaisir non moins violent que lui causaient ses migraines. «Mon outil de travail», corrigeait-elle parfois. Et voilà qu'elle en était séparée, de son organe ou de son outil, ce qui la rendait anonyme. Presque. Car, tête ou pas, tout le monde pouvait reconnaître Gloria Harrison.

Julia Kristeva, *Possessions,*

Exercices

Faites les activités suivantes, relatives au chapitre d'exposition.

1. Après avoir lu attentivement cet extrait de *Possessions* par Julia Kristeva, en groupe de deux ou trois, faites de mémoire la liste des objets trouvés sur le corps de la victime. Soyez le plus spécifique possible. Identifiez aussi ce qui, étrangement, n'est pas sur la scène du crime.

2. Faites des déductions quant à la signification de la présence ou de l'absence de ces objets sur la victime. Par exemple, il pourrait s'agir d'un crime passionnel ou d'intérêt, d'une vengeance, d'un accident, d'un suicide.

3. Comparez les listes ainsi obtenues et arrivez à un consensus.

ETAPE 2: *L'étude des personnages*

Son étude permet de mieux connaître le profil de la victime et des principaux suspects.

Exercices

Faites les activités suivantes, relatives à l'étude des personnages.

1. En groupe de deux ou trois, reprenez l'extrait de *Possessions* par Julia Kristeva et brossez le profil de la victime. En vous aidant des indices dans le texte, précisez le nom, le sexe, le statut social, etc. de la victime et tirez vos propres conclusions sur ce personnage.

2. Maintenant, lisez attentivement l'extrait suivant de *Poule de luxe* par Isabelle Milkoff.

Je n'avais rien laissé m'appartenant dans la chambre. Je pouvais quitter l'hôtel sans hésiter. Il était à l'écart, isolé, très loin du centre. Il fallait soit appeler un taxi soit me faire accompagner. C'est-à-dire me faire remarquer. Je voulais disparaître comme j'étais venue. Sans laisser de traces. Me débarrasser de ma mue et prendre le large, me fondre dans le décor, ni vu ni connu. Je ne sais pas combien de temps je suis restée ainsi dans le bar. Quand je suis sortie de ma léthargie, il commençait à faire nuit. Il fallait réagir.

Isabelle Milkoff, *Poule de luxe*, © Rue Saint Ambroise fictions 14, 2004

3. Quel est le comportement du personnage dans cet extrait? A votre avis, que suggère ce comportement et comment l'interprétez-vous? Expliquez votre réponse.

ETAPE 3: L'enquête

Menée par un policier ou un détective privé qui va soumettre les témoins et les suspects d'un crime à un interrogatoire, l'enquête permet de connaître l'alibi de chaque personnage et donne la possibilité de les confronter.

> Comment s'étaient-ils rencontrés? Par hasard, comme tout le monde. Comment s'appelaient-ils? Que vous importe? D'où venaient-ils? Du lieu le plus prochain. Où allaient-ils? Est-ce que l'on sait où l'on va? Que disaient-ils? Le maître ne disait rien; et Jacques disait que son capitaine disait que tout ce qui nous arrive de bien et de mal ici-bas était écrit là-haut.
>
> Denis Diderot, *Jacques le fataliste et son maître,* 1796 (posthume)

Exercices

Faites les activités suivantes, relatives à l'enquête.

1. En groupe de deux ou trois, à partir de l'extrait de *Poule de luxe* par Isabelle Milkoff, et en vous inspirant des questions dans l'extrait de *Jacques le fataliste* par Diderot, imaginez un interrogatoire que vous feriez subir au personnage de *Poule de luxe.*

   Exemple: Où se trouvait l'hôtel où vous êtes descendue? ➔ «Il était à l'écart, isolé, très loin du centre.»

   Vous pouvez aussi faire un interrogatoire plus poussé et plus détaillé en inventant des questions dont les réponses ne sont pas données explicitement dans l'extrait.

   Exemple: Pourquoi vouliez-vous disparaître? A qui ou à quoi vouliez-vous échapper?

   ____

   ____

2. *Jeu de rôle* Avec un(e) partenaire, complétez l'interrogatoire suivant. Le témoin répondra négativement à toutes les questions en utilisant les expressions entre parenthèses. Puis, attribuez-vous le rôle du commissaire et celui du témoin et jouez cette petite scène.

   Un léger malentendu...

   Commissaire: Vous étiez un(e) ami(e) d'enfance de la victime... Combien de fois avez-vous vu le suspect avec elle?

   Témoin: ______________________________ (ne... jamais)

   Commissaire: N'êtes-vous pas le patron/la patronne du suspect?

   Témoin: ______________________________ (ne... pas)

   Commissaire: Si vous n'avez pas vu le suspect, qui avez-vous vu avec la victime le jour du meurtre?

   Témoin: ______________________________ (ne... personne)

   Commissaire: Bon, eh bien, dites-moi ce que vous avez vu exactement.

   Témoin: ______________________________ (ne... rien)

   Commissaire: Alors, quelle aide pouvez-vous m'apporter pour résoudre ce meurtre?

   Témoin: ______________________________ (ne... aucune)

   Je suis juste venu(e) pour déclarer le vol de ma valise à la gare Saint-Lazare...

ETAPE 4: Les rebondissements

Ils enrichissent le récit de développements nouveaux, inattendus, souvent surprenants, et changent parfois la direction de l'enquête.

Exercices

Faites l'activité suivante, relative aux rebondissements.

Lisez les deux extraits — *L'affaire Saint-Fiacre* par Georges Simenon et *L'herbe rouge* par Boris Vian — et en groupe de deux ou trois, expliquez en quoi consistent les rebondissements dans ces récits. En quoi rendent-ils les scènes décrites plus intéressantes et/ou surprenantes? Expliquez vos réponses.

____

____

____

____

C'était la police de Moulins qui avait raison! Il ne pouvait pas y avoir de crime! [...]

[...] Encore quatre minutes! Les oraisons. Le dernier Evangile! Et ce serait la sortie! Et il n'y aurait pas eu de crime!

Car l'avertissement disait bien: la première messe... La preuve que c'était fini, c'est que le bedeau se levait, pénétrait dans la sacristie... La comtesse de Saint-Fiacre avait à nouveau la tête entre les mains. Elle ne bougeait pas. La plupart des autres vieilles étaient aussi rigides. Ite missa est... La messe est dite...

Alors seulement Maigret sentit combien il avait été angoissé. Il s'en était à peine rendu compte. Il poussa un involontaire soupir. Il attendit avec impatience la fin du dernier Evangile, en pensant qu'il allait respirer l'air frais du dehors, voir les gens s'agiter, les entendre parler de choses et d'autres... Les vieilles s'éveillaient toutes à la fois. Les pieds remuaient sur les froids carreaux bleus du temple. Une paysanne se dirigea vers la sortie, puis une autre. Le sacristain parut avec un éteignoir et un filet de fumée bleue remplaça la flamme des bougies.

Le jour était né. Une lumière grise pénétrait dans la nef en même temps que des courants d'air. Il restait trois personnes... Deux... Une chaise remuait... Il ne restait plus que la comtesse et les nerfs de Maigret se crispèrent d'impatience... Le sacristain, qui avait terminé sa tâche, regarda Mme de Saint-Fiacre. Une hésitation passa sur son visage. Au même moment le commissaire s'avança. Ils furent deux tout près d'elle, à s'étonner de son immobilité, à chercher à voir le visage que cachaient les mains jointes.

Maigret, impressionné, toucha l'épaule. Et le corps vacilla, comme si son équilibre n'eût tenu qu'à un rien, roula par terre, resta inerte.

La comtesse de Saint-Fiacre était morte.

Georges Simenon, *L'affaire Saint-Fiacre,* © Le Livre de Poche, 1932

Quand la fléchette l'atteignit en plein dos, le retraité s'arrêta tout net et se redressa presque. On s'attendait à le voir faire face comme un vieux sanglier, mais il ne dit rien et au bout d'un instant, il se courba plus bas, hocha la tête et partit sans se retourner. Les plumes de la flèche faisaient une tache bleue au milieu de sa bosse.

Boris Vian, *L'herbe rouge,* © Le livre de poche, 1962

ETAPE 5: Le dénouement

Une arrestation ou une mise en garde à vue, par exemple, permet de faire le point sur tous les indices trouvés et de donner le nom du/de la/des coupable(s) présumé(e)(s) en précisant le mobile et les circonstances du crime.

Exercices

Faites les activités suivantes, relatives au dénouement.

1. Décrivez avec autant de détails que possible la scène dans la photo ci-dessus. Où et quand se passe-t-elle? Dans quelles conditions? Y a-t-il un suspect? Quel est le comportement de la police? Et celui des témoins? Interprétez le sens de la scène. A quelles impressions et émotions donne-t-elle lieu?

____

____

2. *Ordres et conseils* (Pour cet exercice, vous utiliserez l'impératif.)

   a. Imaginez que la scène dans la photo donne lieu à une arrestation. Quels ordres la police donnera-t-elle au suspect pendant l'arrestation?

   ____

   ____

   b. Imaginez les instructions que l'avocat du suspect lui donnera plus tard pendant sa mise en examen.

   ____

   ____

ECRITURE COLLABORATIVE

Le plan du polar

1. *En dehors de la classe*

   Réunissez-vous par groupe de travail et écrivez, en utilisant les étapes du polar ci-dessus, un plan de polar qui met en scène le contexte de l'immeuble et ses personnages. Envoyez ou rendez un exemplaire par groupe à votre professeur.

2. *En classe*

   a. Une fois les plans corrigés, chaque groupe expliquera et défendra le sien à tour de rôle, puis répondra aux questions de la classe avant de procéder à un vote en deux tours. Au premier tour, les étudiants peuvent voter pour plusieurs plans. Au second tour, les étudiants votent pour un seul des deux plans ayant reçu le plus de votes au premier tour.

b. Le groupe dont le plan aura obtenu le plus de votes choisira le chapitre du polar qu'il préfère écrire. Ensuite, les autres groupes se répartiront le reste des chapitres.

Pour mieux travailler collectivement

Reconnaître les points forts et les points faibles du groupe. Pour écrire ensemble, vous devrez proposer des idées créatives, faire de la recherche, organiser et raconter, réviser et corriger. Pour chacune de ces tâches, il faut différentes aptitudes. Dès la formation de votre groupe, expliquez vos points forts et vos faiblesses aux autres et répartissez les rôles dans le groupe selon les aptitudes et les désirs de chacun.

www.thomsonedu.com/french/scenarios

Pour chacun des travaux collaboratifs (le plan du polar, le chapitre du polar, la scène du polar), remplissez le formulaire de la *fiche de travail collectif* téléchargeable sur le site web afin de documenter la participation de chaque membre du groupe. Vous pouvez changer les rôles des membres de votre groupe selon les résultats obtenus pour mieux utiliser les dons de chacun et pour satisfaire les désirs de tous.

Les tableaux ci-dessous rappellent les aptitudes nécessaires pour chaque tâche à accomplir dans vos travaux d'écriture collaborative et donnent des exemples.

Plan de Travail: Choisir, organiser et répartir le travail.

Composition N°: *Structure intermédiaire*

Noms des Présents: Danny, Leslie, Joe, Ana et Dominique

Date et lieu: le 18 octobre à la bibliothèque

Exemple: Ana demande à Leslie de chercher des mots dans le dictionnaire.

Création: Proposer des idées générales et des phrases complètes.

Aptitude: Créativité, verbalisation.

Exemple: Danny: Monsieur X trouve un petit chien qui lui fend le cœur...

Recherche: Fournir toute information nécessaire à partir de dictionnaires, dictionnaires de synonymes, compositions de classe, pages web, encyclopédies, articles de journaux et autres média.

Aptitude: Savoir faire des recherches sur le web, dans les dictionnaires et à la bibliothèque.

Exemple: Leslie visite le site web de la SPA (Société Protectrice des Animaux), et cherche dans une encyclopédie des noms de races de chiens de petite taille qui peuvent vivre dans un appartement.

Ecriture: Taper sous dictée ou rédiger à partir des idées proposées. Il peut y avoir une ou plusieurs personnes au clavier.

Aptitude: Talent pour raconter des histoires, bonne compréhension, bonne maîtrise de la langue, précision, savoir prendre des décisions tout en écoutant bien les autres.

Exemple: Ana au clavier

Révision: Vérifier la structure globale du texte, sa logique ainsi que sa clarté et son intérêt.

Aptitude: Dons d'analyse et de synthèse.

Exemple: Dominique vérifie le temps des verbes et la logique de l'ensemble.

Correction: Corriger l'orthographe et la grammaire.

Aptitude: Précision et attention aux détails.

Exemple: Joe relit et corrige les fautes d'orthographe, de syntaxe, de ponctuation, etc. Il consulte le reste du groupe pour avoir l'accord et la vigilance de tous.

STRUCTURE 5

La mémoire

TEXTE MODELE

Avant la lecture: Pour compléter l'introduction qui précède le texte de Guy de Maupassant, lisez la page d'informations sur l'auteur en lien sur la page www.thomsonedu.com/french/scenarios

Né en Normandie près de Dieppe, Guy de Maupassant (1850–1893), conteur et romancier, vivra ses jeunes années au bord de la mer, seul avec sa mère qui était séparée de son mari. Après la guerre de 1870, dans laquelle il s'était engagé comme garde mobile et avait assisté à la débâcle de l'armée française, il apprendra le métier d'écrivain auprès de Flaubert, ami d'enfance de sa mère. Il s'élèvera rapidement au premier plan de l'actualité littéraire et publiera, entre 1880 et 1891, environ 300 nouvelles et contes, de même que six romans, dans lesquels il présentera les hantises et les abîmes de la vie intérieure, ainsi que sa vision pessimiste et désespérée du monde et son manque absolu de confiance dans la vie. En effet, après un suicide manqué, Maupassant sera interné dans une maison de santé où il mourra fou à l'âge de 43 ans.

L'esthétique de Maupassant, à la charnière du réalisme et du naturalisme, est marquée par la peinture de milieux et de mœurs de types différents. Mais selon l'écrivain, écrire de façon objective est impossible, et les enquêtes et la documentation sont inutiles. Chaque écrivain a une vision différente de la réalité, et choisit ce qui le touche et ce qui l'intéresse pour créer sa fiction personnelle. Dans cet extrait de *Mouche,* Maupassant s'intéresse à l'état d'âme particulier du narrateur-protagoniste, Joseph Prunier, sans entrer pour autant dans les détails de sa psychologie. L'arrivée de *Mouche*, qui semble avoir vraiment eu lieu car elle est contée dans le style oral, et la réaction du narrateur à cette arrivée sont les événements déterminants du récit. Ils donnent à l'histoire son caractère fermé et ils permettent de cerner la personnalité du narrateur. Par les choix stylistiques qu'il fait, Maupassant s'en tient à l'essence du fait raconté mais il parvient à exprimer les sentiments du narrateur-protagoniste par ses pensées et par ses gestes.

Il nous dit:

En ai-je vu, de drôles de choses et de drôles de filles aux jours passés où je canotais. Que de fois j'ai eu envie d'écrire un petit livre, titré *Sur la Seine,* pour raconter cette vie de force et d'insouciance, de gaieté et de pauvreté, de fête robuste et tapageuse que j'ai menée de vingt à trente ans.

J'étais un employé sans le sou; maintenant, je suis un homme arrivé qui peut jeter des grosses sommes pour un caprice d'une seconde. J'avais au cœur mille désirs modestes et irréalisables qui me doraient l'existence de toutes les attentes imaginaires. Aujourd'hui, je ne sais pas vraiment quelle fantaisie me pourrait faire lever du fauteuil où je somnole. Comme c'était simple, et bon, et difficile de vivre ainsi, entre le bureau à Paris et la rivière à Argenteuil. Ma grande, ma seule, mon absorbante passion, pendant dix ans, ce fut la Seine. Ah! la belle, calme, variée et puante rivière pleine de mirage et d'immondices. Je l'ai tant aimée; je crois, parce qu'elle m'a donné, me semble-t-il, le sens de la vie. Ah! les promenades le long des berges fleuries, mes amies les grenouilles qui rêvaient, le ventre au frais, sur une feuille de nénuphar, et les lis d'eau coquets et frêles, au milieu des grandes herbes fines qui m'ouvraient soudain, derrière un saule, un feuillet d'album japonais quand le martin-pêcheur fuyait devant moi comme une flamme bleue! Ai-je aimé tout cela, d'un amour instinctif des yeux qui se répandait dans tout mon corps en une joie naturelle et profonde.

Comme d'autres ont des souvenirs de nuits tendres, j'ai des souvenirs de levers de soleil dans les brumes matinales, flottantes, errantes vapeurs, blanches comme des mortes avant l'aurore, puis, au premier rayon glissant sur les prairies, illuminées de rose à ravir le cœur; et j'ai des souvenirs de lune argentant l'eau frémissante et courante, d'une lueur qui faisait fleurir tous les rêves.

Et tout cela, symbole de l'éternelle illusion, naissait pour moi sur de l'eau croupie qui charriait vers la mer toutes les ordures de Paris.

Puis quelle vie gaie avec les camarades. Nous étions cinq, une bande, aujourd'hui des hommes graves; et comme nous étions tous pauvres, nous avions fondé, dans une affreuse gargote d'Argenteuil, une colonie inexprimable qui ne possédait qu'une chambre-dortoir où j'ai passé les plus folles soirées, certes, de mon existence. Nous n'avions souci de rien que de nous amuser et de ramer, car l'aviron pour nous, sauf pour un, était un culte. Je me rappelle de si singulières aventures, de si invraisemblables farces, inventées

Guy de Maupassant, *L'inutile beauté,* 1875

par ces cinq chenapans, que personne aujourd'hui ne les pourrait croire. On ne vit plus ainsi, même sur la Seine, car la fantaisie enragée qui nous tenait en haleine est morte dans les âmes actuelles.

A nous cinq, nous possédions un seul bateau, acheté à grand-peine et sur lequel nous avons ri comme nous ne rirons plus jamais. C'était une large yole un peu lourde, mais solide, spacieuse et confortable. Je ne vous ferai point le portrait de mes camarades.

Il y en avait un petit, très malin, surnommé Petit Bleu; un grand, à l'air sauvage, avec des yeux gris et des cheveux noirs, surnommé Tomahawk; un autre, spirituel et paresseux, surnommé La Tôque, le seul qui ne touchât jamais une rame sous prétexte qu'il ferait chavirer le bateau; un mince, élégant, très soigné, surnommé «N'a-qu'un-Œil» en souvenir d'un roman alors récent de Claudel, et parce qu'il portait un monocle; enfin moi qu'on avait baptisé Joseph Prunier. Nous vivions en parfaite intelligence avec le seul regret de n'avoir pas une barreuse. Une femme, c'est indispensable dans un canot. Indispensable parce que ça tient l'esprit et le cœur en éveil, parce que ça anime, ça amuse, ça distrait, ça pimente et ça fait décor avec une ombrelle rouge glissant sur les berges vertes. Mais il ne nous fallait pas une barreuse ordinaire, à nous cinq qui ne ressemblions guère à tout le monde. Il nous fallait quelque chose d'imprévu, de drôle, de prêt à tout, de presque introuvable, enfin. Nous en avions essayé beaucoup sans succès, des filles de barre, pas des barreuses, canotières imbéciles qui préféraient toujours le petit vin qui grise, à l'eau qui coule et qui porte les yoles. On les gardait un dimanche, puis on les congédiait avec dégoût.

Or, voilà qu'un samedi soir «N'a-qu'un-Œil» nous amena une petite créature fluette, vive, sautillante, blagueuse et pleine de drôlerie, de cette drôlerie qui tient lieu d'esprit aux titis mâles et femelles éclos sur le pavé de Paris. Elle était gentille, pas jolie, une ébauche de femme où il y avait de tout, une de ces silhouettes que les dessinateurs crayonnent en trois traits sur une nappe de café après dîner entre un verre d'eau-de-vie et une cigarette. La nature en fait quelquefois comme ça.

Le premier soir, elle nous étonna, nous amusa, et nous laissa sans opinion tant elle était inattendue. Tombée dans ce nid d'hommes prêts à toutes les folies, elle fut bien vite maîtresse de la situation, et dès le lendemain elle nous avait conquis.

Elle était d'ailleurs tout à fait toquée, née avec un verre d'absinthe dans le ventre, que sa mère avait dû boire au moment d'accoucher, et elle ne s'était jamais dégrisée depuis, car sa nourrice, disait-elle, se refaisait le sang à coups de tafia; et elle-même n'appelait jamais autrement que «ma sainte famille» toutes les bouteilles alignées derrière le comptoir des marchands de vin.

Je ne sais lequel de nous la baptisa «Mouche» ni pourquoi ce nom lui fut donné, mais il lui allait bien, et lui resta. Et notre yole, qui s'appelait Feuille-à-l'Envers fit flotter chaque semaine sur la Seine, entre Asnières et Maisons-Laffitte, cinq gars, joyeux et robustes, gouvernés, sous un parasol de papier peint, par une vive et écervelée personne qui nous traitait comme des esclaves chargés de la promener sur l'eau, et que nous aimions beaucoup.

EXPLICATION DE TEXTE

Lecture analytique: Fiction personnelle

La surimposition des narrateurs

Dans cet extrait de *Mouche,* l'histoire est très brièvement introduite par «il nous dit», trois mots lancés par l'auteur-narrateur, qui s'associe au lecteur par le biais de ce «nous» étonnant. Le lecteur devient un lecteur éternel (les contemporains de Maupassant, nous aujourd'hui, les lecteurs des siècles à venir) mais un lecteur à qui le conteur, ici le narrateur principal, s'adresse en même temps qu'il semble s'adresser à l'auteur-narrateur (Maupassant). Ces trois mots créent d'emblée une intimité entre ce narrateur principal et nous, les lecteurs. On peut faire un rapprochement entre cette brève intrusion de l'auteur et les préfaces, avis ou incipit qui à travers des siècles de littérature ont permis aux auteurs eux-mêmes de s'adresser au lecteur avant le récit lui-même.

Ce narrateur principal, qui s'exprime à la première personne — «je» de narration — s'adresse aussi explicitement à plusieurs reprises dans le texte à nous, les lecteurs: «Je ne *vous* ferai point le portrait de mes camarades».

Ce narrateur principal est aussi le protagoniste de l'histoire. Le «je» de ce narrateur-protagoniste alterne entre deux types de *moi,* «aujourd'hui» et «entre vingt et trente ans»: «J'étais un employé sans le sou; maintenant, je suis un homme arrivé qui peut jeter des grosses sommes pour un caprice d'une seconde.»

Utilisez deux couleurs différentes pour souligner dans le texte toutes les références du narrateur-protagoniste à chacun de ces deux *moi.*

Le narrateur-protagoniste exprime des changements de points de vue entre le *moi* d'«aujourd'hui» et celui d'«entre vingt et trente ans» à travers des remarques comme «Je me rappelle de si singulières aventures, de si invraisemblables farces, inventées par ces cinq chenapans, que personne aujourd'hui ne les pourrait croire. On ne vit plus ainsi, même sur la Seine, car la fantaisie enragée qui nous tenait en haleine est morte dans les âmes actuelles.»

Faites la fiche descriptive du texte de Maupassant en vous aidant des questions suivantes.

1. En vous aidant d'autres remarques semblables trouvées dans le texte, définissez ces changements de points de vue:
   a. au niveau formel (temps et modes des verbes, adjectifs)

   ____

   ____

   b. au niveau abstrait (pensées, sentiments du protagoniste)

   ____

   ____

2. «J'avais au cœur mille désirs modestes et irréalisables qui me doraient l'existence de toutes les attentes imaginaires. Aujourd'hui, je ne sais pas vraiment quelle fantaisie me pourrait faire lever du fauteuil où je somnole.»

   Cherchez d'autres exemples dans le texte qui caractérisent les actions du *moi* d'«aujourd'hui» et d'autres qui caractérisent celles du *moi* d'«entre vingt et trente ans». Quelles sont les différences essentielles entre les actions de ces deux *moi*?

   ____

   ____

Les personnages

1. La Seine est un personnage à part entière. Co-protagoniste personnifiée, elle a des sentiments comme les hommes. Chaque fois que la rivière est mentionnée, le narrateur-protagoniste s'anime, devient éloquent, en parle comme d'une femme dont il aurait été amoureux, déclare sa flamme: «Ma grande, ma seule, mon absorbante passion, pendant dix ans, ce fut la Seine. Ah! la belle, calme, variée et puante rivière pleine de mirage et d'immondices. Je l'ai tant aimée; je crois, parce qu'elle m'a donné, me semble-t-il, le sens de la vie.»
   a. Quelles sont les caractéristiques de la Seine qui encouragent sa personnification? Notez les expressions employées par le narrateur.

   ____

   ____

b. La Seine est-elle idéalisée par le narrateur-protagoniste? Que symbolise-t-elle pour lui? Que lui permet-elle d'exprimer? Expliquez vos réponses.

2. Les personnages, comme les objets du récit, participent tous à l'image remémorée de la Seine et sont affublés de sobriquets ou de surnoms familiers: «Je ne sais lequel de nous la baptisa "Mouche" ni pourquoi ce nom lui fut donné, mais il lui allait bien, et lui resta. Et notre yole, qui s'appelait Feuille-à-l'Envers fit flotter chaque semaine sur la Seine, entre Asnières et Maisons-Laffitte, cinq gars, joyeux et robustes, gouvernés, sous un parasol de papier peint, par une vive et écervelée personne qui nous traitait comme des esclaves chargés de la promener sur l'eau, et que nous aimions beaucoup.»

   a. Quelles impressions ces sobriquets transmettent-ils?

   b. Le protagoniste-narrateur fait-il une description objective des personnages et des objets qui l'entourent?

   c. Comment les présentent-ils?

   d. Qu'apporte leur présence au récit?

L'espace et le temps

Ce long récit du narrateur-protagoniste, toujours raconté à la première personne, est ponctué par quelques indications temporelles qui scandent la succession des événements arrivés sur une période de dix ans. Par exemple: «Or, voilà qu'un samedi soir "N'a-qu'un-Œil" nous amena une petite créature fluette, vive, sautillante, blagueuse et pleine de drôlerie, de cette drôlerie qui tient lieu d'esprit aux titis mâles et femelles éclos sur le pavé de Paris.» Cette indication temporelle guide le lecteur à travers la chronologie de l'épisode qui devient de plus en plus précise et qui permet aussi d'approfondir l'espace intérieur du narrateur-protagoniste.

1. Relevez dans le texte d'autres exemples d'indications temporelles qui articulent ou précisent la chronologie, et qui amplifient l'espace intérieur du narrateur-protagoniste. Puis expliquez l'espace intérieur que cette technique élucide pour le lecteur.

Au-delà du texte: Le récit enchâssé

Le récit enchâssé est une technique narrative qui consiste à insérer un récit dans un autre récit. Auteur et lecteur connaissent les conventions qui régissent ce type de récit et l'un comme l'autre s'attend à un respect mutuel de ces conventions.

Le conteur et ses lecteurs

Dans le conte *Mouche,* Maupassant essaie d'emblée de créer une relation d'intimité avec les lecteurs en utilisant une technique propre au récit enchâssé qui fait passer la parole de l'auteur-narrateur au narrateur-protagoniste. Les lecteurs pourront mieux croire en l'histoire qui va leur être contée si leur présence est légitimée par l'auteur. La façon dont il va s'adresser à ses lecteurs, par le biais du narrateur-protagoniste, ciblera un lecteur spécifique avec lequel Maupassant veut établir un contrat (Voir *Le contrat narratif* à la prochaine page) qui les obligera réciproquement, l'un à inventer un récit qui est le miroir de la réalité, l'autre à croire à ce que ce miroir lui montre.

Exercices

Décrivez les qualités du narrateur-protagoniste et sa relation aux lecteurs dans *Mouche* en répondant aux questions suivantes.

1. De quel sexe est le narrateur-protagoniste de cette histoire? Contextuellement (en considérant l'époque où Maupassant a écrit le conte, les lecteurs potentiels, etc.), comment expliquez-vous ce choix de Maupassant?

____

____

2. Quelles sont les caractéristiques de ce narrateur-protagoniste (par exemple, son âge, sa profession, son expérience de la vie)? Qu'est-ce que ces caractéristiques apportent à son histoire? Quels rapports l'aident-elles à établir avec les lecteurs?

____

____

3. A votre avis, quels lecteurs Maupassant a-t-il ciblés dans *Mouche*? Partage-t-il des références littéraires, culturelles, historiques, politiques, ou sociales avec eux? Lesquelles? Expliquez votre réponse.

____

____

4. Selon vous, est-il nécessaire que Maupassant puisse établir très tôt dans le texte un lien avec ses lecteurs? En quoi ce lien enrichira-t-il la lecture du récit pour le lecteur? Expliquez votre réponse.

____

____

Le contrat narratif

Une fois que les lecteurs sont définis et que le narrateur a réussi à créer un sentiment d'inclusion, voire même d'intimité, le terrain est propice à l'épanchement nostalgique et le contrat entre Maupassant et ses lecteurs peut alors entrer en vigueur. Pour encourager les lecteurs à continuer la lecture du conte, Maupassant va maintenant se concentrer sur la mise en place des obligations réciproques du lecteur et de l'auteur.

Exercices

Faites les activités suivantes relatives au contrat narratif.

1. Les obligations du lecteur et la suspension de l'incrédulité

   a. Pourquoi est-il nécessaire que les lecteurs acceptent de suspendre leur incrédulité pour continuer leur lecture? Quel élément essentiel la confiance du lecteur apportera-t-elle au récit?

   ___

   ___

   b. Comment Maupassant s'y est-il pris pour inciter et obtenir la suspension de l'incrédulité chez les lecteurs? Quel est le rôle du narrateur-protagoniste dans ce processus?

   ___

   ___

   c. Si les lecteurs acceptent de suspendre leur incrédulité, quelle garantie le récit du narrateur-protagoniste devra-t-il leur offrir en contrepartie? En d'autres termes, quelle devrait, selon vous, être la prochaine étape du contrat entre Maupassant et les lecteurs? Expliquez votre réponse.

   ___

   ___

2. Les obligations de l'auteur et la vraisemblance du récit enchâssé

   Le récit enchâssé, ou récit fictif du narrateur-protagoniste, doit se faire miroir de la réalité afin que les lecteurs puissent transcender la suspension de l'incrédulité et éventuellement dépasser la réalité fictive du récit.

   Dans *Mouche,* quelle réalité le récit fictif imite-t-il? En quoi cette réalité rend-elle le récit fictif plus vraisemblable? Comment le récit fictif qui débute avec ce «il nous dit» devient-il la base de la vraisemblance de ce conte? Expliquez vos réponses.

   ___

   ___

3. La transgression du récit fictif: Les lecteurs-enquêteurs

   La vraisemblance du conte n'est pas une fin en soi. Les lecteurs sont éventuellement appelés à réagir à la réalité fictive qui leur est présentée. A travers divers indices narratifs, Maupassant va guider le lecteur vers la fin du conte.

   a. Dans *Mouche,* quel est le thème principal du récit enchâssé? Quelle vision du monde Maupassant veut-il partager avec ses lecteurs?

   ___

   ___

b. Quels sont les autres thèmes subordonnés au thème principal? En quoi ces thèmes forcent-ils les lecteurs dans des directions différentes et parfois opposées pendant leur lecture? Quels effets la présence de ces thèmes a-t-elle dans l'interprétation du thème principal?

c. Bien que ces thèmes apportent un certain dynamisme au récit, en quoi peuvent-ils aussi dérouter les lecteurs? Donnez des exemples du texte.

4. *Jeu de piste*

L'extrait de *Mouche* que vous avez lu se termine avec l'arrivée de la jeune femme parmi les cinq camarades; mais le conte ne se termine pas là. En groupe de deux ou trois, suivez les indices semés par le narrateur-protagoniste dans l'extrait et imaginez la fin du conte.

a. Selon vous, comment l'arrivée de Mouche peut-elle transformer la dynamique de ce groupe d'amis? Positivement? Négativement? Que va-t-il se passer à votre avis? Expliquez comment vous en êtes arrivés à cette conclusion.

b. Maintenant comparez et commentez à tour de rôle votre interprétation de la fin de ce conte avec les autres groupes. (Si vous le désirez, vous pouvez aussi comparer votre interprétation en la juxtaposant au texte complet de *Mouche,* intitulé «Maupassant par les textes» en lien sur le site web de cette *Structure*.)

www.thomsonedu.com/french/scenarios

En guise de conclusion: «Les rêves sont la littérature du sommeil.» —Jean Cocteau

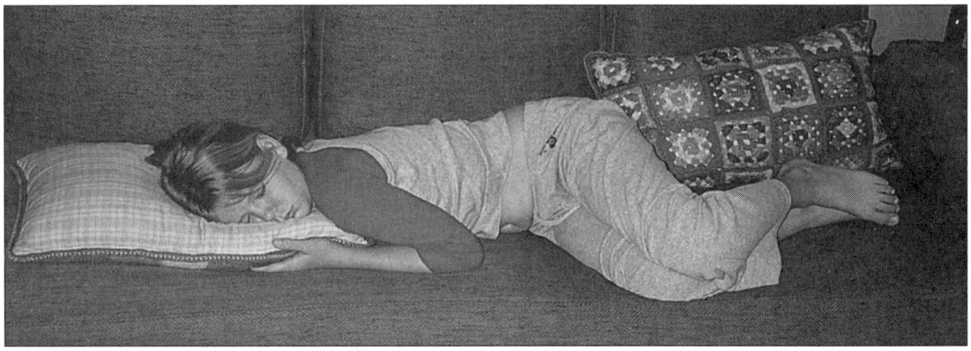

Exercices

1. *En dehors de la classe* En vous aidant d'un dictionnaire de français ou d'un dictionnaire des synonymes, décrivez dans le tableau les nuances entre ces divers synonymes du mot «rêve», et indiquez, quand c'est possible, les verbes et les adjectifs qui leur correspondent.

Nom	Nuance	Verbe	Adjectif
Ex: des rêves	des images souvent vagues, incohérentes et confuses se présentant involontairement à l'esprit pendant le sommeil	rêver	rêveur / rêveuse
un songe	______________ ______________ ______________	________	______________
un cauchemar	______________ ______________ ______________	________	______________
une pensée	______________ ______________ ______________	________	______________
une hallucination	______________ ______________ ______________	________	______________
une apparition	______________ ______________ ______________	________	______________

un délire	____________________	______	____________________
	____________________		
	____________________		
une rêverie	____________________	______	____________________
	____________________		
	____________________		
une rêvasserie	____________________	______	____________________
	____________________		
	____________________		

2. Lisez attentivement cet extrait de l'autobiographie de George Sand, *Histoire de ma vie.*

Je ne sais plus ce qui se passa pendant plusieurs jours, j'eus la rougeole avec une fièvre violente. Je devais l'avoir probablement, mais l'animation et le chagrin l'avaient hâtée ou rendue plus intense. Je fus assez dangereusement malade, et une nuit j'eus une vision qui me tourmenta beaucoup. On avait laissé une lampe brûler dans la chambre où j'étais; mes deux bonnes dormaient, et j'avais les yeux ouverts et la tête en feu. Il me semble pourtant que mes idées étaient très nettes et qu'en regardant fixement cette lampe je me rendais fort bien compte de ce que c'était. Il s'était formé un grand champignon sur la mèche, et la fumée noire qui s'en exhalait dessinait son ombre tremblotante sur le plafond. Tout à coup ce lumignon prit une forme distincte, celle d'un petit homme qui dansait au milieu de la flamme. Il s'en détacha peu à peu et se mit à tourner autour avec rapidité, et à mesure qu'il tournait il grandissait toujours, il arrivait à la taille d'un homme véritable, jusqu'à ce qu'enfin ce fut un géant dont les pas rapides frappaient la terre avec bruit, tandis que sa folle chevelure balayait circulairement le plafond avec la légèreté d'une chauve-souris.

Je fis des cris épouvantables, et l'on vint à moi pour me rassurer; mais cette apparition revint trois ou quatre fois de suite et dura presque jusqu'au jour. C'est la seule fois que je me rappelle avoir eu le délire. Si je l'ai eu depuis, je ne m'en suis pas rendu compte, ou je ne m'en souviens pas.

Georges Sand, *Histoire de ma vie,* 1854

3. Avec un(e) partenaire, soulignez dans l'extrait de Sand toutes les références au «rêve» de la narratrice. Puis, après avoir comparé les synonymes que vous avez recherchés avec ceux de votre partenaire, essayez de définir ensemble de quel type de «rêve» il s'agit. Expliquez votre réponse.

____

____

@ACTIVITES MULTIMEDIA

Activité 1 **De quoi rêvez-vous?**

Pour vous guider dans ces activités, consultez la page web de cette *Structure:* www.thomsonedu.com/french/scenarios

Visitez les sites sur les rêves en lien sur la page web de cette *Structure* en prenant quelques notes. Dans le *Dictionnaire des rêves,* choisissez plusieurs objets (au moins dix) qui sont déjà apparus dans vos rêves ou qui vous semblent importants (*maison, eau, église, oiseau, escalier,* etc.).

Que symbolisent ces objets dans un rêve? Etes-vous surpris(e) de cette interprétation? Quelle aurait été votre interprétation? Voyez-vous une tendance émerger dans les définitions de ce dictionnaire?

A. *En classe* Travaillez à deux et posez des questions sur le sommeil de votre partenaire. Demandez-lui:

— s'il/si elle dort bien.

— ce qu'il/elle fait quand il/elle a du mal à s'endormir.

— s'il/si elle rêve et de quoi.

— s'il/si elle se souvient de ses rêves.

— combien d'heures il/elle dort par nuit.

— s'il/si elle fait des cauchemars.

B. Racontez à tour de rôle un rêve ou un cauchemar que vous avez fait ou que vous inventerez. Interprétez le rêve de l'autre. Si besoin est, utilisez votre imagination pour donner une signification symbolique au rêve de votre partenaire.

Activité 2 **La Seine**

Allez sur le site <u>www.google.fr.</u> Sélectionnez l'option «Images» et tapez le mot «Seine». Regardez les photos de la Seine qui vous sont proposées. Imprégnez-vous de ces clichés, de l'ambiance qu'ils évoquent et des différentes façons de photographier ce fleuve.

Continuez votre recherche en tapant le mot «Argenteuil». Argenteuil est un village au bord de la Seine qui était très fréquenté par les peintres à la fin du dix-neuvième siècle. Vous verrez que les images recueillies sont maintenant des tableaux de peintres impressionnistes. Regardez-les et choisissez trois tableaux qui se ressemblent mais qui ont été peints par des artistes différents (Monet, Manet, Sisley, Van Gogh, Renoir seront parmi vos choix).

A. Avec un peu d'expérience, on arrive à reconnaître d'emblée l'artiste qui a peint chaque tableau. Quels sont les détails qui vous permettent de différencier les trois tableaux que vous avez choisis?

____

____

B. D'après vous, quelle est la part donnée à l'objectivité? Enumérez les détails qui font que l'on reconnaît le même sujet chez chaque artiste.

____

____

C. Quelle est la part donnée à l'inspiration personnelle, la personnalité, le style de chaque artiste? Prenez note des détails qui selon vous font que l'on reconnaît le style attribué à chaque artiste (ou même à une période de la carrière de chaque artiste).

____

____

On a constaté que cette liberté accrue d'interprétation chez les artistes peintres de la fin du dix-neuvième siècle correspond à une libération semblable chez les écrivains. A la même époque, un intérêt tout particulier renaissait pour l'étude de l'inconscient et pour l'interprétation des rêves (par exemple, Sigmund Freud, Carl Gustav Jung et, avant eux, Pierre Janet et Jean Martin Charcot). Aujourd'hui, on valorise d'autant plus les caractéristiques stylistiques individuelles que la subjectivité d'interprétation en matière d'art est passée dans les mœurs. Lorsque vous choisissez votre style d'écriture, votre façon d'interpréter ou de présenter les faits dans vos compositions, n'oubliez pas de profiter de cette liberté d'interprétation et de faire ressortir votre vision personnelle, votre subjectivité. Mais n'oubliez pas non plus que cette vision doit être cohérente et ne perdez pas de vue le thème annoncé.

ECRITURE EXTENSIVE

Journal 5 **Une découverte inattendue**

Votre personnage découvre un document ou un objet ancien caché dans son appartement. Ce document ou cet objet est lié à un événement historique ou significatif pour la personne qui l'a caché. Décrivez les circonstances de cette découverte, l'objet découvert et les conséquences de cette découverte pour votre personnage. Allez-vous chercher le propriétaire de cet objet? Allez-vous chercher à connaître l'événement historique ou significatif qui est lié à cet objet?

STYLISTIQUE: COMPRENDRE ET UTILISER LA MEMOIRE

Comme dans le récit enchâssé «impressionniste» de Maupassant — où les touches lumineuses par lesquelles il nous fait connaître ses amis et partage le souvenir de ses «nuits tendres» rappellent le style impressionniste — ou dans le récit du «rêve» de Sand que vous venez d'étudier ou encore dans le récit d'un souvenir d'enfance de Radiguet que vous allez lire plus bas, tout texte motivé par la mémoire d'un souvenir intime peut *a priori* sembler déroutant et prendre de multiples directions. En effet, tout comme son auteur, le récit motivé par la mémoire d'un souvenir est souvent imprécis, flou, hésitant entre des souvenirs disparates et fragmenté par une chronologie composite.

Chronologie de la mémoire

Avant même de commencer son récit, l'auteur doit en effet mettre de l'ordre dans sa mémoire, qu'il s'agisse d'une impression, d'un rêve ou d'un souvenir d'enfance. A cette mise en ordre de la mémoire succède l'écriture du souvenir. Si le texte qui en résulte peut sembler dense et replié sur lui-même, c'est que l'écriture simule le processus de la mémoire.

Fragmentation de la mémoire Dans le texte, le narrateur du souvenir simule une mise en ordre de sa mémoire. En tendant le fil de l'écriture au lecteur, ce narrateur le guide dans le labyrinthe de sa mémoire. Le narrateur simplifie son propos, le fragmente, sans toutefois rendre explicite le travail de mise en ordre accompli avant le passage à l'écriture. Aussitôt, la structure temporelle, la chronologie du souvenir remémoré y gagne. Le narrateur donne même l'impression d'avoir eu le besoin d'écrire ce qu'il se rappelait, sans avoir cherché à y mettre auparavant de l'ordre.

Simulation de la mémoire Si le narrateur fait bien son travail, l'écriture simule le processus même de la mémoire en donnant à lire un assemblage d'éléments disparates entre lesquels elle établit un lien, sans toutefois que ce lien soit à première vue visible pour le lecteur. Mais, il ne faut pas oublier que le texte a été mis en ordre avant d'être fragmenté par l'écriture. Le récit apparaît donc comme une impression, un rêve, un souvenir d'enfance, bien qu'il n'en soit que la simulation. En d'autres termes, ce n'est pas la mise en ordre du récit qui reconstruit la mémoire du narrateur, mais c'est en réalité l'écriture.

La mémoire enchâssante Résultant de l'écriture, le récit de l'impression, du rêve, du souvenir d'enfance du narrateur, même s'il peut avoir un sens propre, témoigne donc simultanément de la quête hésitante et confuse qui mène à la remémoration du souvenir. Ainsi, c'est par l'écriture du récit du souvenir que la mémoire enchâsse le souvenir.

Lisez le texte de Radiguet à la prochaine page une première fois en cherchant à comprendre le plus de détails possibles. Relisez-le si besoin pour répondre aux questions qui suivent.

Nous nous moquions, mes frères et moi, d'un de nos voisins, bonhomme grotesque, nain à barbiche blanche et à capuchon, conseiller municipal, nommé Maréchaud. Tout le monde l'appelait le père Maréchaud. Bien que porte à porte, nous nous défendions de le saluer, ce dont il enrageait si fort, qu'un jour, n'y tenant plus, il nous aborda sur la route et nous dit: «Eh bien! on ne salue plus un conseiller municipal?» Nous nous sauvâmes. A partir de cette impertinence, les hostilités furent déclarées. Mais que pouvait contre nous un conseiller municipal? En revenant de l'école, et en y allant, mes frères tiraient sa sonnette, avec d'autant plus d'audace que le chien, qui pouvait avoir mon âge, n'était pas à craindre.

La veille du 14 juillet 1914, en allant à la rencontre de mes frères, quelle ne fut pas ma surprise de voir un attroupement devant la grille des Maréchaud. Quelques tilleuls élagués cachaient mal leur villa au fond du jardin. Depuis deux heures de l'après-midi, leur jeune bonne étant devenue folle se réfugiait sur le toit et refusait de descendre. Déjà les Maréchaud, épouvantés par le scandale, avaient clos leurs volets, si bien que le tragique de cette folle sur un toit s'augmentait de ce que la maison parût abandonnée. Des gens criaient, s'indignaient que ses maîtres ne fissent rien pour sauver cette malheureuse. Elle titubait sur les tuiles, sans, d'ailleurs, avoir l'air d'une ivrogne. J'eusse voulu pouvoir rester là toujours, mais notre bonne, envoyée par ma mère, vint nous rappeler au travail. Sans cela, je serais privé de fête. Je partis la mort dans l'âme, et priant Dieu que la bonne fût encore sur le toit, lorsque j'irais chercher mon père à la gare.

Elle était à son poste, mais les rares passants revenaient de Paris, se dépêchaient pour rentrer dîner, et ne pas manquer le bal. Ils ne lui accordaient qu'une minute distraite.

Du reste, jusqu'ici, pour la bonne, il ne s'agissait encore que de répétition plus ou moins publique. Elle devait débuter le soir, selon l'usage, les girandoles lumineuses lui formant une véritable rampe. Il y avait à la fois celles de l'avenue et celles du jardin, car les Maréchaud, malgré leur absence feinte, n'avaient osé se dispenser d'illuminer, comme notables. Au fantastique de cette maison du crime, sur le toit de laquelle se promenait, comme sur un pont de navire pavoisé, une femme aux cheveux flottants, contribuait beaucoup la voix de cette femme: inhumaine, gutturale, d'une douceur qui donnait la chair de poule.

Les pompiers d'une petite commune étant des «volontaires», ils s'occupent tout le jour d'autre chose que de pompes. C'est le laitier, le pâtissier, le serrurier, qui, leur travail fini, viendront éteindre l'incendie, s'il ne s'est pas éteint de lui-même. Dès la mobilisation, nos pompiers formèrent en outre une sorte de milice mystérieuse faisant des patrouilles, des manœuvres et des rondes de nuit. Ces braves arrivèrent enfin et fendirent la foule.

Une femme s'avança. C'était l'épouse d'un conseiller municipal, adversaire de Maréchaud, et qui, depuis quelques minutes, s'apitoyait bruyamment sur la folle. Elle fit des recommandations au capitaine: «Essayez de la prendre par la douceur; elle en est tellement privée, la pauvre petite, dans cette maison où on la bat. Surtout, si c'est la crainte d'être renvoyée, de se trouver sans place, qui la fait agir, dites-lui que je la prendrai chez moi. Je lui doublerai ses gages.»

Cette charité bruyante produisit un effet médiocre sur la foule. La dame l'ennuyait. On ne pensait qu'à la capture. Les pompiers, au nombre de six, escaladèrent la grille, cernèrent la maison, grimpant de tous les côtés. Mais à peine l'un d'eux apparut-il sur le toit, que la foule, comme les enfants à Guignol, se mit à vociférer, à prévenir la victime.

— Taisez-vous donc! criait la dame, ce qui excitait les «En voilà un! En voilà un!» du public. A ces cris, la folle, s'armant de tuiles, en envoya une sur le casque du pompier parvenu au faîte. Les cinq autres redescendirent aussitôt.

[...] On imagine l'angoisse du couple Maréchaud, chez soi, enfermé au milieu de ce bruit et de ces lueurs.

Le conseiller municipal, époux de la dame charitable, grimpé sur le petit mur de la grille, improvisait un discours sur la couardise des propriétaires. On l'applaudit.

Croyant que c'était elle qu'on applaudissait, la folle saluait, un paquet de tuiles sous chaque bras, car elle en jetait une chaque fois que miroitait un casque. De sa voix inhumaine, elle remerciait qu'on l'eût enfin comprise. Je pensai à quelque fille, capitaine corsaire, restant seule sur son bateau qui sombre.

[...] Mon père savait que ce spectacle me bouleversait. Je sentais qu'il le bouleversait aussi. Je lui demandai de me prendre sur ses épaules pour mieux voir. En réalité, j'allais m'évanouir, mes jambes ne me portaient plus.

Maintenant on ne comptait qu'une vingtaine de personnes. Nous entendîmes les clairons. C'était la retraite aux flambeaux.

Cent torches éclairaient soudain la folle, comme, après la lumière douce des rampes, le magnésium éclate pour photographier une nouvelle étoile. Alors, agitant ses mains en signe d'adieu, et croyant à la fin du monde, ou simplement qu'on allait la prendre, elle se jeta du toit, brisa la marquise dans sa chute, avec un fracas épouvantable, pour venir s'aplatir sur les marches de pierre. Jusqu'ici j'avais essayé de supporter tout, bien que mes oreilles tintassent et que le cœur me manquât. Mais quand j'entendis des gens crier: «Elle vit encore», je tombai, sans connaissance, des épaules de mon père.

Raymond Radiguet, *Le Diable au corps*, 1923

Rappel grammatical: Le participe présent

Une section de révision et des exercices d'application sur le participe présent se trouvent à la page 189 dans l'*Appendice I*.

Exercices

1. Le récit enchâssé

   a. Le premier paragraphe de cet extrait présente un personnage «important», un conseiller municipal, et des jeunes garçons — des frères — dont l'un est le narrateur. Dès la première lecture, le récit du souvenir de ce narrateur-protagoniste beaucoup plus âgé est enchâssé dans celui du jeune garçon qu'il était au moment décrit dans l'histoire. Relevez des mots ou des tours de phrases qu'un enfant n'utiliserait pas.

   ____

   ____

   b. Quel type d'homme est Monsieur Maréchaud? Comment se considère-t-il? Est-il aimé et respecté des enfants?

   ____

   ____

2. Chronologie

   a. Soulignez dans le texte toutes les expressions faisant référence à la structure temporelle du souvenir du narrateur (par exemple, «un jour», «à partir de»). Qu'est-ce que ces expressions apportent au récit de l'évocation ou de la remémoration du souvenir du narrateur-protagoniste? Par exemple, le deuxième paragraphe parle d'un événement particulier qui se passe un jour férié. Qu'est-ce que cette date commémore et comment la célèbre-t-on en France?

   ____

   ____

   b. Quels sont les détails qui indiquent que la ville est en fête?

   ____

   ____

   c. Résumez en quelques phrases:

   ce que fait la bonne des Maréchaud: ______________________

   ____

   ____

   ce que font les Maréchaud: ______________________

   ____

   ____

   ce que font les pompiers et la foule: ______________________

   ____

   ____

3. Interaction entre les éléments du récit
   a. Notez que pour former un conseil, il faut plusieurs conseillers. Monsieur Maréchaud n'est donc pas le seul conseiller municipal. Comment le narrateur distingue-t-il Monsieur Maréchaud de l'autre conseiller présent sur les lieux «du crime»?

   ---

   b. En lisant cet extrait du *Diable au corps,* on a le sentiment de participer à la vie du village. Qui assiste et participe à cet événement? Quelles sont les relations entre ces personnes?

   ---

4. La remémoration du souvenir
   a. Le jeune garçon est fasciné par le spectacle de la bonne sur le toit. Il laisse courir son imagination. Comment le fond de fête et les lumières influencent-ils la vision de cette scène pour le garçon? A quoi compare-t-il la maison? A qui compare-t-il la femme? Décrivez toutes ces visions.

   ---

   b. Ces comparaisons sont-elles naturelles ou sont-elles le résultat d'une imagination fertile aidée par un état fébrile proche de l'évanouissement? En quoi la mémoire du narrateur-protagoniste enchâsse-t-elle le souvenir du jeune garçon?

   ---

5. Que vous soyez en classe, à la bibliothèque ou plus tard dans un magasin ou un autre lieu public, faites l'expérience suivante:

   Fermez les yeux et écoutez les bruits qui vous entourent. Laissez-vous bercer par ces bruits jusqu'à ce qu'ils soient détachés de la réalité. Imaginez que vous êtes transporté(e) dans un autre lieu de rêve. Imaginez ce lieu. Ensuite, ouvrez les yeux à moitié afin de ne distinguer que des couleurs, des lumières, des mouvements, des impressions.

   Décrivez maintenant de façon imagée l'endroit où vous êtes à travers ces impressions qui tiennent un peu du rêve. Si vous êtes en classe, vous pouvez le faire oralement à tour de rôle avec votre partenaire. Si vous êtes ailleurs, prenez des notes sur ce «rêve éveillé» et apportez-les en classe.

ECRITURE INTENSIVE

Ecriture collaborative

Cette composition sera écrite en collaboration avec les étudiants du groupe que vous avez formé dans la *Structure intermédiaire: Vers l'écriture collaborative*, lorsque vous avez écrit et choisi le plan du polar.

ETAPE 1: Définir le projet

En classe, avec votre groupe, vous allez commencer par *définir le projet* pour avoir une image aussi précise que possible du chapitre du polar que vous écrirez en collaboration.

a. Qu'allez-vous décrire dans votre chapitre du polar (grandes idées, thèmes, plan...)?

___

___

b. Où et quand votre chapitre commencera et finira-t-il dans le contexte du polar? Allez-vous inclure un récit enchâssé dans votre chapitre? Par exemple, votre narrateur/narratrice-protagoniste met un ou plusieurs personnages au courant d'un événement passé dont il/elle a été témoin et qui pourrait avoir des conséquences pour l'enquête; ou encore, le narrateur/la narratrice-protagoniste raconte les habitudes d'un personnage du polar; cela peut se passer lors d'un interrogatoire de police, avec des voisins, devant la concierge, etc.

___

___

c. A qui votre chapitre du polar sera-t-il destiné? N'oubliez pas que l'ensemble des chapitres doit former un tout cohérent (point de vue, narrateur, lecteur...). Quel rapport chercherez-vous à établir avec le lecteur?

___

___

d. Reprenez le plan détaillé du polar qui a été choisi pour vous assurer que vos idées sont dans la même logique. Discutez des questions suivantes avec les autres groupes.

- Quel type de narrateur/narratrice et de point de vue choisir?
- Quels éléments inclure dans le récit (portrait, description, interrogatoire...)?
- Quel style utiliser (humoristique, dialogues...)?

___

___

___

e. A quoi servira votre chapitre dans le contexte du polar? Où se situe-t-il dans l'intrigue? Quels éléments-clés va-t-il apporter? Quels personnages seront importants pour introduire ces éléments? Devrez-vous préparer le lecteur en donnant des informations plus détaillées sur ces personnages?

___

___

f. Pouvez-vous imaginer des rebondissements ou préparer le terrain pour qu'il y en ait? Communiquez ces idées au groupe concerné.

___

___

g. Quels sont les enjeux? Que se passera-t-il si vous échouez? Si vous réussissez?

___

___

ETAPE 2: Organiser le travail

Maintenant, vous allez *organiser le travail* de groupe à faire en dehors de la classe. Pour ce travail collaboratif sur le chapitre du polar, vous remplirez, après l'avoir imprimée, la *fiche de travail collectif* téléchargeable sur le site web afin de documenter la participation de chaque membre du groupe. Déterminez au préalable:

a. quand votre groupe se réunira (planification du travail, durée...).

b. où votre groupe se réunira (bibliothèque...).

c. les rôles de chaque membre du groupe. (Ces rôles peuvent aussi être décidés lors de la première réunion, mais il est important d'avoir réfléchi avant aux rôles qui vous conviendront le mieux et de savoir expliquer aux autres pourquoi.)

La note du travail collaboratif est la même note pour chaque membre de votre groupe. Vous êtes tous responsables du succès de votre groupe. Un membre du groupe absent aux réunions de travail compromet les chances de réussite de son groupe.

Composition 5

Un chapitre du polar

Premier jet Avec votre groupe, et en respectant bien les contraintes de votre chapitre selon le plan du polar, écrivez le chapitre du polar que vous avez choisi et donnez-lui un titre. Rendez un exemplaire unique du chapitre complet de votre groupe et accompagnez-le de la *grille d'évaluation* et de la *fiche de travail collectif* que vous pouvez télécharger sur le site web et imprimer.

www.thomsonedu.com/french/scenarios

ETAPE 3: Cohérence et cohésion

En classe, après avoir reçu les suggestions de votre professeur sur le premier jet de votre chapitre, et avant de procéder à sa révision, vérifiez ensemble:

1. *La COHERENCE des détails de votre chapitre avec ceux des chapitres des autres groupes.* Apportez en classe votre exemplaire du premier jet du chapitre de votre groupe accompagné de sa *grille d'évaluation.* Par groupe respectif et à tour de rôle, échangez votre chapitre et sa *grille d'évaluation* avec ceux des autres groupes. Lisez les chapitres des autres groupes et vérifiez que les informations, les personnages, les lieux, les actions, etc. de ces chapitres correspondent bien au plan du polar, et qu'ils ne se contredisent pas d'un chapitre à l'autre. Utilisez le dos de la *grille d'évaluation* des chapitres des autres groupes pour écrire les remarques et commentaires de votre groupe avant de la faire passer au groupe suivant.
2. *La COHESION de votre chapitre avec l'ensemble du polar.* Avec la classe entière, reprenez l'ensemble et en suivant l'ordre chronologique des chapitres dans le polar, assurez-vous que les transitions d'un chapitre à l'autre sont logiques, fluides et non répétitives. Utilisez le dos de la *grille d'évaluation* de votre chapitre pour écrire les remarques et commentaires de votre groupe.

Révision En groupe, reprenez le premier jet de votre chapitre. En vous appuyant sur les commentaires de votre groupe, sur ceux des autres groupes et sur les remarques de votre professeur dans et au dos de la *grille d'évaluation*, révisez et améliorez votre chapitre avant de soumettre votre exemplaire corrigé à votre professeur avec la *grille d'évaluation* et la *fiche de travail collectif* dûment remplie.

STRUCTURE 6

La correspondance

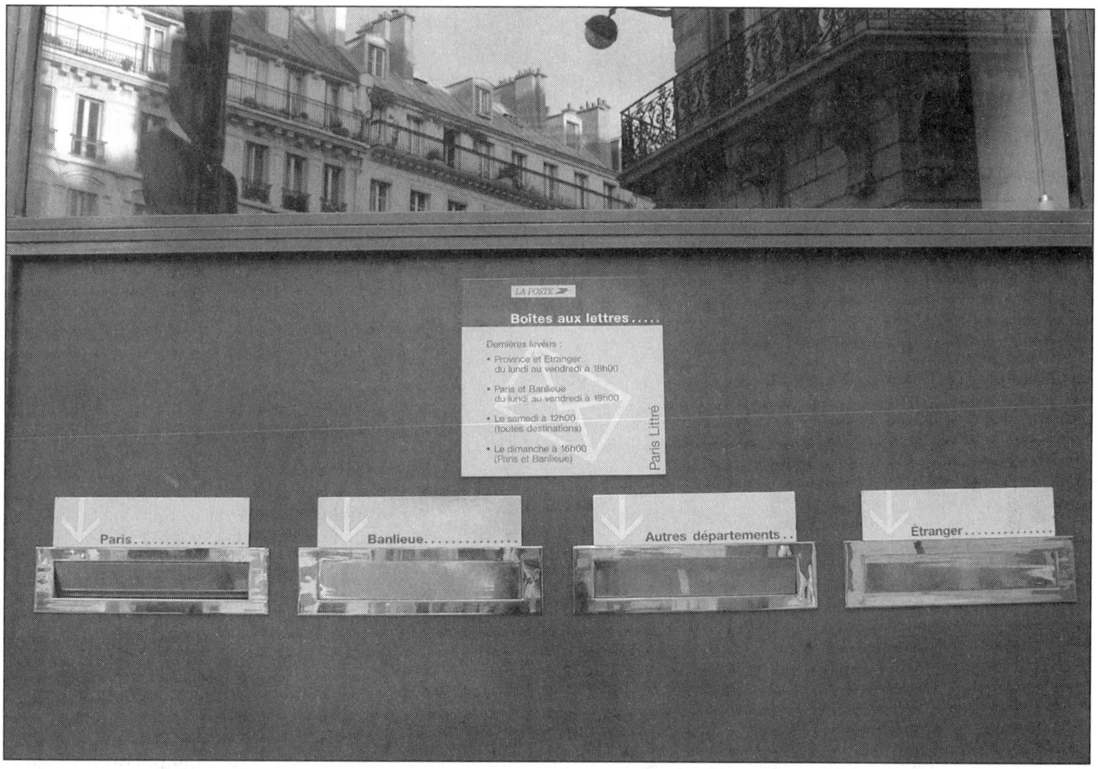

TEXTE MODELE

Avant la lecture: Pour compléter l'introduction qui précède le texte de Madame de Sevigné, lisez la page d'informations sur l'auteur en lien sur la page www.thomsonedu.com/french/scenarios

Femme de lettres française, Marie de Rabutin-Chantal (1626–1696) appartenait par sa famille paternelle à la vieille noblesse de Bourgogne et par sa famille maternelle à un riche milieu de financiers annoblis. Devenue orpheline très jeune, elle fut élevée par son grand-père maternel à Paris, où elle reçut une éducation poussée. A dix-huit ans, elle épouse Henri de Sévigné, jeune noble de souche bretonne, qui lui donne deux enfants, Françoise-Marguerite en 1646 et Charles en 1648. La Marquise de Sévigné devient néanmoins veuve à vingt-cinq ans lorsque son mari, homme volage et impétueux, est tué dans un duel en 1651. Bien que de nombreuses occasions de se remarier se présentent à elle, Madame de Sévigné préfère se consacrer entièrement à sa vie mondaine et à l'éducation de ses deux enfants. En 1669, sa fille Françoise-Marguerite épouse le comte de Grignan, qui est nommé lieutenant-général en Provence par Louis XIV. Françoise-Marguerite préfère suivre son mari dans sa nouvelle fonction que rester à Versailles et à la cour du Roi-Soleil. L'éloignement douloureux qui sépare Madame de Sévigné de sa fille adorée instiguera la correspondance épistolière prolifique et légendaire des deux femmes.

Toutes publiées à titre posthume, les lettres de Madame de Sévigné à sa fille traitent de l'amour maternel, de la méditation sur la mort, ou comme dans l'extrait de la *Lettre à Madame de Grignan du 29 juillet, 1676* proposé ci-dessous, de la vie mondaine à la cour du Roi-Soleil. Cependant, ces lettres personnelles possèdent une esthétique et une réflexion qui feront d'elles des textes littéraires à part entière.

Je fus samedi à Versailles avec les Villars: voici comme cela va. Vous connaissez la toilette de la Reine, la messe, le dîner; mais il n'est plus besoin de se faire étouffer, pendant que Leurs Majestés sont à table, car, à trois heures, le Roi, la Reine, Monsieur, Mademoiselle, tout ce qu'il y a de princes et princesses, Mme de Montespan, toute sa suite, tous les courtisans, toutes les dames, enfin ce qui s'appelle la cour de France, se trouve dans ce bel appartement du Roi que vous connaissez. Tout est meublé divinement, tout est magnifique. On ne sait ce que c'est d'y avoir chaud; on passe d'un lieu à l'autre sans faire la presse en nul lieu. [...]

Je saluai le Roi, comme vous me l'avez appris; il me rendit mon salut, comme si j'avais été jeune et belle. La Reine me parla longtemps de ma maladie. Elle me parla aussi de vous. Monsieur le duc me fit mille de ces caresses à quoi il ne pense pas. Le maréchal de Lorges m'attaqua sous le nom de chevalier de Grignan, enfin *tutti quanti:* vous savez ce que c'est que de recevoir un mot de tout ce qu'on trouve en chemin. Mme de Montespan me parla de Bourbon, et me pria de lui conter Vichy, et comme je m'en étais trouvée; elle dit que Bourbon, au lieu de lui guérir un genou, lui a fait mal aux deux. Je lui trouvai le dos bien plat, comme disait la maréchale de la Meilleraie; mais sérieusement, c'est une chose surprenante que sa beauté; et sa taille qui n'est pas de la moitié si grosse qu'elle était, sans que son teint, ni ses yeux, ni ses lèvres en soient moins bien. Elle était toute habillée de point de France; coiffée de mille boucles; les deux des tempes lui tombaient fort bas sur les deux joues; des rubans noirs sur la tête, des perles de la maréchale de l'Hôpital, embellie de boucles et de pendeloques de diamant de la dernière beauté, trois ou quatre poinçons, une boîte, point de coiffe, en un mot, une triomphante beauté à faire admirer à tous les ambassadeurs. Elle a su qu'on se plaignait qu'elle empêchait toute la France de voir le Roi; elle l'a redonné, comme vous voyez; et vous ne sauriez croire la joie que tout le monde en a, ni de quelle beauté cela rend la cour. Cette agréable confusion, sans confusion, de tout ce qu'il y a de plus choisi, dure jusqu'à six heures depuis trois. S'il vient des courriers, le Roi se retire pour lire ses lettres, et puis revient. Il y a toujours quelque musique qu'il écoute, et qui fait un très bon effet. Il cause avec celles qui ont accoutumé d'avoir cet honneur. [...]

A six heures, donc, on monte en calèche, le Roi, Mme de Montespan, Monsieur, Mme de Thianges, et la bonne d'Heudicourt sur le strapontin, c'est-à-dire comme en paradis, ou dans la *Gloire de Niquée.* Vous savez comme ces calèches sont faites: on ne se regarde point, on est tourné du même côté. La Reine était dans une autre avec les princesses, et ensuite tout le monde attroupé selon sa fantaisie. On va sur le canal dans des gondoles, on y trouve de la musique, on revient à dix heures, on trouve la comédie, minuit sonne, on fait médianoche: voilà comme se passa le samedi.

Madame de Sévigné, *Lettre à Madame de Grignan du 29 juillet, 1676*

EXPLICATION DE TEXTE

Lecture analytique: La lettre reportage

Dans cette *Lettre à Madame de Grignan du 29 juillet, 1676,* Madame de Sévigné donne à sa fille éloignée de la capitale des nouvelles sur des personnages de la cour du roi Louis XIV et sur d'autres événements dramatiques ou pittoresques se déroulant à Versailles. Incidemment, cette lettre, comme un document historique, nous apprend beaucoup sur les mœurs et les coutumes du siècle de Louis XIV.

@ACTIVITES MULTIMEDIA

Allez sur la page web de cette *Structure* et visitez les sites sur le siècle de Louis XIV en prenant des notes.

Activité 1 **Louis XIV**

Pour vous guider dans ces activités, consultez la page web de cette *Structure:* www.thomsonedu.com/french/scenarios

Allez sur le premier site de Louis XIV et explorez à loisir. Notez les événements principaux marquant le règne de Louis XIV durant la période où Madame de Sévigné a écrit sa lettre.

Explorez les sites pour trouver des informations sur les habitudes quotidiennes du Roi-Soleil et pouvoir répondre à ces questions.

A. Combien de repas par jour le roi prenait-il et à quelle heure? Qu'est-ce que «faire médianoche»?

____

____

B. Le roi avait-il bon appétit? Que mangeait-il?

____

____

C. Comment se passaient les repas du roi? (Où se déroulaient-ils? Qui y assistait? Quel était le protocole? Qu'y faisait-on?)

____

____

Activité 2 **Madame de Montespan**

Dans sa lettre, Madame de Sévigné nous parle de Madame de Montespan. Pour savoir qui est cette femme et quel est son rôle à la cour de Louis XIV, rendez-vous sur une page qui lui est consacrée sur le site web en lien dans cette *Structure*. Explorez à volonté en prenant des notes. Préparez des questions précises sur Madame de Montespan (par exemple: Où et quand Madame de Montespan est-elle née? Combien d'enfants a-t-elle eu?) et apportez-les en classe.

A. En classe, avec un(e) partenaire, posez-vous à tour de rôle les questions sur Madame de Montespan que vous avez préparées et essayez d'y répondre.

B. Après avoir fait vos recherches pour les *Activités multimédias* ci-dessus, vous pouvez sans doute mieux discerner le contexte de la lettre de Madame de Sévigné. Avec un(e) ou plusieurs partenaire(s), répondez aux questions suivantes.

1. Dans la *Lettre à Madame de Grignan du 29 juillet, 1676,* à quels mœurs et coutumes spécifiques de la cour de Louis XIV Madame de Sévigné fait-elle référence?

____

____

2. Madame de Sévigné offre-t-elle une appréciation explicite ou implicite de ces mœurs et coutumes? De quel point de vue l'épistolière se place-t-elle dans sa lettre (omniscient, objectif, subjectif...)? Expliquez vos réponses.

____

____

Les relations mondaines

Si Madame de Sévigné écrivait des lettres à Madame de Grignan pour l'informer de la vie à Versailles, sa façon de lui raconter les événements avait aussi comme but de la divertir et de la séduire. En y adoptant le ton et le ludisme d'une conversation mondaine, les lettres de l'épistolière devenaient des exercices de style littéraires sans toutefois en avoir le sérieux et la préciosité.

1. Dans la *Lettre à Madame de Grignan du 29 juillet, 1676,* de quels procédés Madame de Sévigné emploie-t-elle pour dramatiser son récit et émouvoir sa fille?

____

____

2. Soulignez dans le texte les personnages que Madame de Sévigné a rencontrés durant sa visite à Versailles. Quel effet crée cette énumération de personnages? Quelle image donne-t-elle de la cour du roi?

____

____

3. Au sujet de Madame de Montespan, l'épistolière écrit: «Elle a su qu'on se plaignait qu'elle empêchait toute la France de voir le Roi; elle l'a redonné, comme vous voyez; et vous ne sauriez croire la joie que tout le monde en a, ni de quelle beauté cela rend la cour.» Que suggère, selon vous, ce ton de commérage? Expliquez votre réponse.

____

____

Le journal intime

La longue correspondance entre Madame de Sévigné et sa fille finit par dépasser la chronique mondaine et prend alors un caractère de journal intime, d'autobiographie. C'est dans la solitude liée à son écriture que Madame de Sévigné devient écrivain en faisant coexister dans son œuvre les potins et les commérages de la vie publique et les pensées et les émotions de la vie intime.

1. Quelles facettes de la personnalité et de l'âme de l'épistolière sont révélées dans la *Lettre à Madame de Grignan du 29 juillet, 1676*?

____

____

2. Cette *Lettre à Madame de Grignan du 29 juillet, 1676* est pour le moins ambiguë et elle a plusieurs fonctions. Quelles sont, à votre avis, ses fonctions les plus évidentes? Quelle image vous faites-vous de Madame de Sévigné d'après la lettre? Expliquez.

____

____

Au-delà du texte: *La correspondance ou l'échange épistolaire*

Toute correspondance a d'abord une fonction communicative. Le schéma ci-dessous, inspiré du schéma de la communication d'après le célèbre sémiologiste Roman Jakobson, a pour but d'identifier et de définir le rôle et l'influence de tous les facteurs intervenant dans une interaction entre des personnes, y compris dans un échange épistolaire.

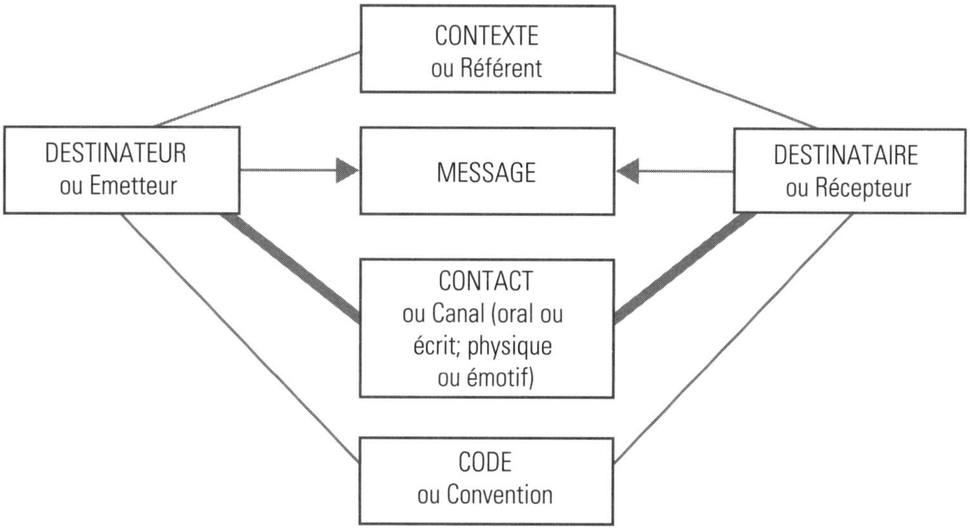

En deçà de sa fonction communicative, la correspondance continue d'occuper une place essentielle dans la culture française. Encore aujourd'hui, elle est régie par des conventions sur les manières de s'exprimer par écrit avec les autres remontant à la période classique, qu'il s'agisse de la présentation et de l'organisation des idées, ou des formules de politesse. La correspondance sert à informer ou à s'informer selon des codes pratiqués par les destinateurs ou les destinataires de tout échange épistolaire.

Les formules de politesse

La façon de commencer et de finir une lettre va donner le ton de la relation existant entre le destinateur et le destinataire. Les formules de politesse dévoileront s'ils se connaissent personnellement ou non, si leur échange est purement administratif ou professionnel ou encore quel est leur rapport hiérarchique.

Exercices

Faites les activités suivantes sur les formules de politesse.

1. *Qui écrit quoi?* Avec un(e) partenaire, étudiez ci-après les formules d'introduction et les formules de conclusion leur correspondant (1–10), puis essayez de les faire correspondre à la liste de personnes (a–j) qui les utilisent le plus probablement.

1. Madame, […] / Recevez, Madame, mes salutations distinguées.	a. un jeune homme à sa fiancée
2. Cher Monsieur, […] / Recevez, cher Monsieur, l'expression de mon meilleur souvenir.	b. une mère à sa fille
3. Cher Paul, […] / Mes amitiés chez vous, …	c. une jeune fille à sa copine
4. Ma petite chérie, […] / Je t'embrasse bien fort.	d. un militaire à son camarade de chambre
5. Salut Valérie, […] / Grosses bises.	e. un notaire au titulaire du numéro gagnant du loto
6. Mon amour, […] / Mille baisers.	f. un homme à une relation de famille
7. Salut mon vieux, […] / A bientôt!	g. une femme offensée à son ancien amant
8. Monsieur, […] / Je ne vous salue point.	h. un cadre à une relation professionnelle (homme ou femme)
9. Madame le Ministre, [...] / Veuillez agréer, Madame le Ministre, l'expression de ma respectueuse considération.	i. le représentant d'un organisme à une personne du gouvernement
10. A qui de droit […] / Dans l'attente de votre réponse, recevez Madame/ Monsieur, mes salutations distinguées.	j. un demandeur d'emploi à une chef d'entreprise

2. Vous allez maintenant lire attentivement quelques lettres échangées en 1952 entre le Docteur Louis-Ferdinand Destouches (alias Louis-Ferdinand Céline de son nom de plume) et son éditeur, Claude Gallimard, à *La Nouvelle Revue Française* (acronyme NRF).

22 Oct

Cher Monsieur

Vous m'avez promis, (à deux reprises) de me faire envoyer le «Bon Beurre». Puisque rien n'arrive je peux vous demander aussi de chez Denoël Paris Insolite de J. P. Clébert.

Vous en ferez un petit envoi de ces livres qui n'arrivent jamais-

Pas plus que la fameuse pièce fiscale comptable.

Ah, politesse, où es tu? avec courtoisie?

A vous bien sincèrement

LF Destouches

Paris le 23 Octobre 1952

Monsieur le Docteur Destouches
25 ter Route des Gardes
Meudon
S&O

Cher Monsieur et Ami,

Si vous n'avez pas encore reçu de visite d'un de nos collaborateurs pour régler la question fiscale, c'est que ce dernier qui avait réservé son après-midi pour vous en parler, lors de votre visite à la N.R.F., a été, depuis ce jour, très occupé, mais il viendra très prochainement vous voir.

Avec mes sentiments les meilleurs.

Claude Gallimard

24 Oct

Cher Monsieur et cher Ami

Je me hâte de répondre à votre lettre. Si vous me voyez tellement pressé de rentrer chez moi... je vais vous confier un secret... c'est que ma femme est malade et que je suis absolument seul avec elle, que je fais les commissions, la lessive, le ménage, etc. et que j'ai peur de la laisser seule. Non qu'elle manque de courage la pauvre, mais je redoute le pire... Vous me direz: Je vous ai donné des millions! Oui, mais les dettes? Car vous savez pendant 10 ans il a fallu vivre... même dans des conditions atroces... J'ajoute que je suis pressé aussi de finir le prochain manuscrit qui doit nous apporter, à vous, à moi, gloire, prospérité, et bonheur.

Mais vous savez tout ça! alors en égoïste je dis: à moi!

et je vous prie d'agréer mes sentiments les meilleurs

Destouches

Louis-Ferdinand Céline, *Lettres à la N.R.F. 1931–1961*, © Gallimard, 1991

a. Soulignez dans le texte les formules d'introduction et de clôture dans l'échange épistolaire entre Céline et son éditeur et tirez-en des conclusions sur la relation entre les deux hommes.

b. Etudiez la progression dans ces formules entre les 22, 23 et 24 octobre. Dans quel sens cette progression va-t-elle (du plus familier au plus formel, ou l'inverse)? Comment interprétez-vous cette progression? Quel ton donne-t-elle à l'échange entre Céline et son éditeur?

Exercices

Le corps de la lettre

Outre les formules d'introduction ou de clôture d'une lettre, le corps d'une lettre se compose d'un ou plusieurs paragraphe(s) où le destinateur informe le destinataire de l'objet de sa communication écrite. Si le premier paragraphe expose souvent une situation, les autres paragraphes peuvent la développer, l'éclairer ou la préciser. Chaque paragraphe permet généralement d'introduire une idée, une question ou parfois même une situation nouvelle.

Répondez aux questions suivantes sur la correspondance de Céline avec son éditeur.

1. Céline à son éditeur:
   a. La lettre du 22 octobre 1952: De combien de paragraphes se compose la lettre de Céline à son éditeur (sans oublier qu'un paragraphe peut être composé d'une seule phrase)? Quel est l'objet de chacun des paragraphes? Comment caractériseriez-vous le style de cette lettre?

   b. La lettre du 24 octobre 1952: Cette lettre se compose en partie d'un paragraphe principal dans lequel Céline introduit plusieurs idées et situations. Quelles sont ces diverses situations? Par quel détail de ponctuation Céline passe-t-il d'une situation à l'autre? Comment caractériseriez-vous le style de cette lettre par rapport à celle du 22 octobre?

c. Le second paragraphe de la lettre du 24 octobre est constitué de deux courtes phrases exclamatives: «Mais vous savez tout ça! alors en égoïste je dis: à moi!». Selon vous, quelle réponse Céline peut-il escompter de son éditeur en écrivant cela? A quel usage semble-t-il réellement destiner ces phrases? Expliquez votre réponse.

____

____

____

____

2. Claude Gallimard à Céline:

   Composée d'un seul paragraphe, quelle convention la lettre de Gallimard du 23 octobre respecte-t-elle et qu'au contraire celle de Céline du 24 octobre transgressait? Comparez le style de la lettre de Gallimard à celui des lettres de Céline. Quelles différences ou similarités remarquez-vous? Qu'en déduisez-vous sur la personnalité des deux hommes et sur leurs rapports?

____

____

____

____

En guise de conclusion: *La correspondance au gré des mœurs*

Au-delà de ses fonctions communicative et informative, la correspondance peut aussi avoir une fonction thérapeuthique en ce qu'elle permet non seulement de développer des capacités d'expression et de créativité (par exemple, l'art épistolier de Madame de Sévigné) et une meilleure écoute et connaissance de soi et des autres, mais aussi d'améliorer la confiance en soi, d'être plus à l'aise avec soi-même et avec les autres.

La lettre comme outil de répartie

L'art de la répartie consiste à offrir une réponse ou une réplique juste dans un échange entre des personnes où un équilibre émotif, sensoriel, etc. a été perturbé, afin de rétablir un équilibre harmonieux. Dans l'extrait de la *Lettre à Clorinde* qui suit, Honoré de Balzac utilise sa verve épistolière pour affronter ses déboires avec Clorinde. S'il est peu probable que cette lettre ait quelque effet que ce soit sur les dispositions de Clorinde, elle pourrait bien permettre à Balzac de retrouver la face.

Rappel grammatical: Le subjonctif

Une section de révision et des exercices d'application sur le subjonctif se trouvent à la page 192 dans l'*Appendice I*.

Eh bien, Clorinde, il faut se résoudre au pis qui m'en saurait arriver, et attendre que vos rides me vengent de tous les maux que vous me faites. Ne pensez pas que cette grande puissance doive durer jusqu'à la fin du monde: le temps, qui ruine les Empires et qui met des bornes à toutes choses, vous traitera comme le reste des beaux ouvrages. Je vous supplie de me pardonner si j'entreprends de vous porter une si mauvaise nouvelle. Mais je ne suis pas aujourd'hui en humeur de flatter personne; quand vous en devriez être fâchée, il faut que je vous dise que vous vieillirez, et que vous ne serez plus ce que vous êtes. Je ne doute point que vous ne soupiriez toutes les fois que vous pensez à ce changement, et que votre imagination même n'en reçoive de la douleur. Cela arrivera toutefois, et déjà, Clorinde, il ne se passe heure du jour qui ne vous emporte quelque chose. Mais il viendra une saison où vous aurez plus de peur de votre miroir que les coupables n'en ont de leurs juges. Votre front s'étendra jusqu'au haut de votre tête, les joues vous tomberont sous le menton et vos yeux de ce temps-là seront de la couleur de votre bouche d'à cette heure. Je voudrais bien pour l'amour de vous ne parler point si véritablement que je fais; néanmoins, puisque j'ai quitté la complaisance, il n'y a plus moyen que je me retienne. Clorinde, le soleil est encore beau quand il se couche; l'arrière saison est agréable, mais nous n'avons de bonnes années que les premières, et quelque soin que vous ayez de vous-même, vous ne sauriez conserver votre beauté et acquérir de l'expérience. Voulez-vous que je vous en dise d'avantage et que je vous fasse part de ce que je viens d'apprendre d'un étranger, que j'ai entretenu tout aujourd'hui? Il faut que vous sachiez qu'il n'y a partie du monde si éloigné où sa curiosité ne l'ait porté, ni merveille en toute la nature qu'il n'ait considéré avec soin. Il a vu des montagnes qui brûlent toujours sans se consumer. Il a abordé en des îles qui ne s'arrêtent jamais en même lieu. On lui a montré des hommes marins. Mais il m'a juré que parmi tant de miracles il n'a jamais pu voir une belle vieille. Cela veut dire qu'il faut user de votre jeunesse, et faire des bouquets devant que les roses soient flétries. Vous savez bien qu'être belle c'est régner sans avoir de gardes ni de forteresses. Vous voyez que vous êtes le souhait de tout le monde et que personne ne demande plus rien à Dieu que Clorinde. Mais ne pensez pas conserver cette grande autorité, ni cette estime générale par d'autres moyens que vous ne l'avez acquise, et assurez-vous que quand vous n'aurez plus de l'éloquence, personne ne la viendra chercher dans les ruines de votre visage. Il faut bien de la vertu en une femme pour réparer le défaut de la beauté: tout l'esprit et toute la science du monde ne lui servent de rien en cet état-là, et à moins que de changer de sexe, elle ne saurait empêcher qu'on ne la haïsse. Souvenez-vous donc, Clorinde, de n'attendre point à vivre quand vous serez morte, et ne perdez pas à délibérer le temps qui doit être employé à bien faire.

Honoré de Balzac, *Lettre à Clorinde,* ca 1830

1. Comment qualifieriez-vous le style de cette lettre? A votre avis, qu'est-ce que Balzac cherchait à accomplir en écrivant cette lettre? A-t-il réussi? Expliquez votre réponse.

____

____

____

____

2. Si vous étiez Clorinde et que vous aviez reçu cette lettre, quelle serait votre réaction? Seriez-vous convaincue par les arguments de Balzac ou les ignoreriez-vous? Comment répondriez-vous (par l'indifférence, le mépris, des insultes, une autre lettre)?

____

____

____

____

Le journal comme «lettre à un cher disparu» ou à soi-même

Qu'elle soit provisoire ou définitive, l'absence d'un être cher crée un vide que ceux qui restent sont parfois tentés de remplir par une correspondance assidue (comme par exemple dans la *Lettre à Madame de Grignan du 29 juillet, 1676,* étudiée à la page 110). C'est encore par le biais d'une correspondance assidue, cette fois avec soi-même, que dans les extraits du journal intime qui suit, Marie Curie, double prix Nobel (physique, 1903 et chimie, 1911), tente de combler le vide laissé par son mari, Pierre, décédé accidentellement en traversant la rue, le 19 avril 1906.

Le 13 mai 1906, la Faculté des Sciences de Paris transfère officiellement la chaire de Pierre Curie à Marie, qui deviendra la première femme à tenir un poste de chargée de cours dans l'enseignement supérieur français. Elle rapporte sa décision d'accepter ce poste dans son journal. Pendant des années, son journal est l'écho de sa souffrance et de sa solitude, malgré les deux petites filles qu'elle élève seule. Elle adresse cette partie de son journal à son mari défunt.

On m'offre de prendre ta succession, mon Pierre: ton cours et la direction de ton laboratoire. J'ai accepté. Je ne sais si c'est bien ou mal. Tu m'as souvent dit que tu aurais voulu que je fasse un cours à la Sorbonne. Et je voudrais au moins faire un effort pour continuer tes travaux. Quelquefois, il me semble que c'est ainsi qu'il me sera le plus facile de vivre, d'autres fois, il me semble que je suis folle d'entreprendre cela.

7 mai 1906:

Mon Pierre, je pense à toi sans fin, ma tête en éclate et ma raison se trouble. Je ne comprends pas que j'aie à vivre désormais sans te voir, sans sourire au doux compagnon de ma vie.

Depuis deux jours, les arbres ont des feuilles et le jardin est beau. Ce matin, j'y ai admiré les enfants. J'ai pensé que tu les aurais trouvées belles et que tu m'aurais appelée pour me montrer les pervenches et les narcisses en fleurs. Hier, au cimetière, je n'arrivais pas à comprendre les mots «Pierre Curie» gravés sur la pierre. La beauté de la campagne me faisait mal et je ramenais mon voile pour voir tout au travers de mon crêpe...

11 mai:

Mon Pierre, je me lève après avoir assez bien dormi, relativement calme. Il y a à peine un quart d'heure de cela et voici que j'ai de nouveau envie de hurler comme une bête sauvage.

14 mai:

Mon petit Pierre, je voudrais te dire que les faux ébéniers sont en fleurs, les glycines, les aubépines, les iris commencent — tu aurais aimé tout cela.

Je veux te dire aussi que l'on m'a nommée à ta chaire, et qu'il s'est trouvé des imbéciles pour m'en féliciter.

Je veux te dire que je n'aime plus le soleil, ni les fleurs: leur vue me fait souffrir, je me sens mieux par les temps sombres comme le mois de ta mort, et si je n'ai pas pris le beau temps en haine, c'est parce que mes enfants en ont besoin.

22 mai:

Je travaille au laboratoire toutes mes journées, c'est tout ce que je peux faire. J'y suis mieux que n'importe où. Je ne conçois plus rien qui puisse me donner une joie personnelle, sauf peut-être le travail scientifique — et encore non, car si je réussissais, je ne pourrais supporter que tu ne le saches pas.

10 juin:

Tout est morne. Les préoccupations de la vie ne me laissent même pas penser en paix à mon Pierre.

Marie Curie, *Journal*, 1906

@ACTIVITES MULTIMEDIA

Pour vous guider dans ces activités, consultez la page web de cette *Structure*: www.thomsonedu.com/french/scenarios

Même lorsque l'on écrit un journal intime sans s'attendre à ce qu'il soit lu dans l'immédiat par quelqu'un d'autre que soi-même, comme le journal de Marie Curie, tout acte d'écriture suppose sa lecture. A l'âge de l'information, le journal intime renouvelle, sinon ses fonctions, du moins ses formes, et il n'est plus rare pour les internautes d'avoir accès au journal intime d'autres internautes.

Activité 3 **Journal intime sur Internet**

A. Allez sur le site web en lien dans cette *Structure* et visitez les sites proposés de journal intime sur Internet (ou blog).

   Après avoir surfé un moment, imprimez une ou deux pages d'un journal trouvé sur Internet et apportez-les en classe.

B. *En classe* Avec deux ou trois partenaires, discutez des questions suivantes.

   1. Quelles sont, selon vous, les différences et/ou les similarités essentielles entre écrire un journal intime dans un carnet (comme Marie Curie) et sur Internet?
   2. En tant que lecteur(-trice) d'un journal intime, voyez-vous une différence entre lire un journal intime écrit par vous-même et en lire un écrit par une autre personne? Expliquez.
   3. Si vous écriviez un journal intime, quel format choisiriez-vous (un cahier ou l'Internet)? Accepteriez-vous que d'autres personnes lisent votre journal? Pourquoi ou pourquoi pas?

ECRITURE EXTENSIVE

Journal 6 **La mystérieuse missive**

Votre personnage reçoit une lettre surprenante ou inquiétante: une invitation à une fête ou à un mariage, l'annonce de la lecture d'un testament, une missive ou une lettre anonyme donnant des nouvelles d'un(e) ami(e) ou d'un membre de sa famille ou encore une lettre qui accuse votre personnage, le dénonce ou le menace. Pensez aux éléments suivants en écrivant ce journal.

1. Qui écrit? Quels indices servent à distinguer une lettre anonyme d'une invitation à un mariage? Décrivez l'aspect extérieur de la lettre et la façon dont elle est livrée.

   ____

   ____

2. Comment la lettre est elle écrite (à la main, à la machine à écrire, à l'ordinateur ou bien encore avec des lettres découpées dans un journal et collées sur une feuille de papier)? Sur quoi est-elle écrite? Quel est le but de cette lettre? Le langage est-il clair? formel? imagé? grossier?

   ____

   ____

3. Quelle est votre réaction à la lecture de cette lettre? Expliquez vos sentiments. Etes-vous seul(e) quand vous la lisez? Décrivez la situation.

   ____

   ____

STYLISTIQUE: THEMES ET POSSIBILITES D'EXPLOITATION DE LA LITTERATURE EPISTOLAIRE ET DU JOURNAL INTIME

La lecture d'une lettre apparaît souvent comme mécanisme narratif dans les films. Le plus souvent, une voix-off lit le texte tandis que des images servent de toile de fond ou de transition d'une scène à une autre. Mais la créativité des metteurs en scène peut rendre cette démarche très variée et les résultats parfois inattendus réjouissent les spectateurs. La gageure de mettre à l'écran un roman entièrement composé de lettres a tellement d'attrait pour les cinéastes, que *Les Liaisons dangereuses,* roman épistolaire du dix-huitième siècle (Choderlos de Laclos, 1782), a plusieurs versions cinématographiques complètement différentes à son actif, dont la célèbre et mémorable version de Stephen Frears (USA, 1988).

Comparer le roman et son adaptation à l'écran nous porte à remarquer les différences qui font du cinéma une forme narrative très distincte du roman: *l'image, le son, le jeu des comédiens, la fusion spatio-temporelle, les costumes, les décors* et *le mouvement de la caméra.*

Richesse narrative du cinéma

L'image C'est bien sûr la base de presque toutes les différences. C'est par elle que l'on peut apprécier les costumes et les décors dans toute leur splendeur. Le jeu des comédiens est mis en valeur grâce à la complicitié de la caméra et à sa façon de se déplacer pour mieux cibler le sujet. Mais sur l'écran, nous voyons aussi une véritable palette de couleurs, de lumière et d'ombre en mouvement.

Le son Un film sans bande sonore manque de profondeur, d'âme. Le bruitage et la musique font vivre les images. Image et sons se conjuguent et se complètent avec complexité.

La voix, l'accent ou la diction particulière de chaque acteur enrichit son jeu. La voix-off sert souvent de liaison entre deux scènes ou permet d'accélérer l'action. C'est souvent une voix-off qui lit le texte d'une lettre.

Le jeu des comédiens C'est l'interprétation personnelle d'un rôle par chaque acteur. Le jeu des célèbres comédiens John Malkovitch et Glenn Close renforce l'identité de Valmont et de la Marquise de Merteuil comme personnages libertins aux mœurs dissolues. Le regard de Valmont fixé effrontément sur la gorge de l'innocente Cécile Volanges en présence de la mère de la jeune fille donne autant d'informations sur ce personnage que plusieurs pages de texte.

La fusion spatio-temporelle Le film existe dans un espace moins élastique que le roman. Sa durée normale, lorsqu'il s'agit d'un roman mis à l'écran, exige de faire des choix, de sélectionner les thèmes principaux avec beaucoup de discernement et d'insister sur certains aspects du caractère des protagonistes et certaines de leurs actions. Cela signifie aussi parfois éliminer des lieux, un ou plusieurs personnages secondaires voire même des scènes entières qui ne soutiendraient pas les thèmes directeurs principaux. Les retours en arrière dans la narration, ou flash-backs, permettent de raconter un épisode passé, sortant du fil chronologique de la narration.

Les costumes et les décors Dans le film de Stephen Frears, l'image, les costumes et les décors donnent des informations sur l'identité des personnages, leur style, leur milieu social, la période à laquelle ils vivent, le pays, la région, la ville ou le village où se situe l'action. Les spectateurs attentifs et instruits ou connaissant bien les points ci-dessus remarqueront les détails et sauront les classer dans le répertoire approprié. Les autres se formeront une banque de données d'images mais avec une carence de titres et de nomenclature.

Par exemple, une personne cultivée saura reconnaître l'époque des costumes et saura d'emblée que le film se situe à l'époque juste avant la Révolution française. Le décodage de ces éléments visuels demande une certaine culture.

Pendant le générique du film, nous assistons en parallèle à la minutieuse séance d'habillage du Vicomte de Valmont et de la Marquise de Merteuil, une véritable dissection à l'envers du costume de ces deux personnages. Cette séquence sans paroles établit leur parure comme l'apanage de leur séduction.

Le mouvement de la caméra Selon le public ciblé, le metteur en scène ou réalisateur insérera des références visuelles explicatives ou non, c'est-à-dire laissera le spectateur découvrir et trouver ses propres explications au rythme voulu. Parmi la panoplie de techniques à la disposition du cinéaste pour dévoiler ces indices, le metteur en scène possède le gros plan (*close-up*), le plan américain (*medium close shot*), le plan moyen (*medium shot*) et le plan panoramique (*pan-shot*). Le «travelling» est le mouvement de la caméra; le «zoom» permet d'approcher le sujet pour faire un gros plan. On peut jouer aussi avec les arrêts sur image (*freeze frames*), les effets spéciaux, le ralenti (*slow motion*) ou l'accéléré (*fast forward*) et le fondu enchaîné (*fade in-fade out*).

La fusion spatio-temporelle

Analysons maintenant un exemple de fusion spatio-temporelle dans le film de Stephen Frears. Dans la scène ci-dessous, deux lettres du roman (colonne de gauche) sont jointes et se fondent en un seul point de vue: celui de Valmont l'intrigant, écrivant à la Marquise de Merteuil, et celui de Valmont le séducteur, écrivant à Madame de Tourvel. Ces deux aspects s'entrelacent dans le personnage que nous voyons à l'écran.

Lettre 47 à la Marquise de Merteuil
Cette complaisance de ma part est le prix de celle qu'elle vient d'avoir, de me servir de pupitre pour écrire à ma belle dévote, à qui j'ai trouvé plaisant d'envoyer une lettre écrite du lit et presque dans les bras d'une fille, interrompue même pour une infidélité complète, et dans laquelle je lui rendis un compte exact de ma situation et de ma conduite. Emilie, qui a lu l'épître, en a ri comme une folle, et j'espère que vous en rirez aussi.

Lettre 48 à la Présidente Tourvel
C'est après une nuit orageuse et pendant laquelle je n'ai pas fermé l'œil; c'est après avoir été sans cesse ou dans l'agitation d'une ardeur dévorante, ou dans l'entier anéantissement de toutes les facultés de mon âme, que je viens chercher auprès de vous, Madame, un calme dont j'ai besoin et dont pourtant je n'espère pas pouvoir jouir encore.

...[dix lignes plus bas]... malgré les tourments que vous me faites éprouver, je crois pouvoir assurer sans crainte, que, dans ce moment même, je suis plus heureux que vous.

A l'écran nous voyons: *Valmont, les cheveux défaits, allongé sur un lit, écrit d'un air ingénu sur une feuille de papier posée sur le dos nu d'une femme. Il se sert d'une plume qu'il trempe expertement dans l'encrier de porcelaine qu'il tient dans sa main gauche. La femme rit et s'exclame.*

Sous-titres français traduits du scénario anglais: «J'ai pu jouir / d'un instant de calme à ma table / après une nuit de tempête / au cours de laquelle / j'ai été / secoué / [fondu sur Madame de Tourvel lisant la lettre seule dans le jardin de sa tante] entre le délire / et l'épuisement / à plusieurs reprises / [retour à la scène sur le lit] / mais en dépit de ces vertiges, / je vous assure qu'en ce moment / je suis cent fois plus heureux que vous.»

Les nombreux «/» indiquent les pauses dans la lecture. Dans la version anglaise, la voix-off commence par «My dear Madame de Tourvel» alors qu'aucune des lettres du roman ne citent ces tournures de politesse.

Pierre-Amboise Choderlos de Laclos, *Les liaisons dangereuses*, 1792

Cette comparaison illustre la fusion spatiale (aller et retour entre le lit où se trouve le Vicomte de Valmont et le jardin où est assise Madame de Tourvel) et temporelle dans le scénario: ce que la première lettre de Valmont révèle à sa complice, la Marquise de Merteuil, nous est révélé par l'image dans le film, alors que le texte de la lettre lue par Valmont dans le film emprunte le même style subtil, les pauses soulignant les mots à double sens. La scène dure une minute et elle reprend les informations contenues dans les lettres 47 et 48 en plusieurs pages. Des passages entiers de ces lettres n'apparaissent pas dans le film. Seuls les éléments soutenant les thèmes sélectionnés par le scénariste sont mis en valeur.

Le point le plus important à retenir de cette comparaison est que le film est un medium complètement différent du roman, et que voir un film tiré d'une œuvre littéraire ne remplace en rien sa lecture. Ce sont deux œuvres aux techniques narratives distinctes qui ont pour point commun la trame d'une histoire et quelques personnages, mais avec laquelle le cinéaste peut prendre tellement de libertés qu'on a parfois du mal à reconnaître l'œuvre originale. Cependant, ces deux genres (le roman et le film), bien qu'ayant des styles narratifs très distincts, sont des objets de divertissement et d'enrichissement pour les lecteurs comme pour les spectateurs.

@ ACTIVITES MULTIMEDIA

Essayez à votre tour d'adapter un court texte pour l'écran.

Activité 4 Première étape de préparation

Pour vous guider dans ces activités, consultez la page web de cette *Structure:* www.thomsonedu.com/french/scenarios

Travail sur le décor et les costumes, informations sur la période.

A. Relisez la lettre de Madame de Sévigné à sa fille à la page 110. Prenez bien note de la date de cette lettre et des personnes mentionnées dans le passage choisi.

   Sur la page web de cette *Structure*, vous trouverez quelques sites qui vous donneront des informations sur cette période historique et sur ses personnages principaux (ou pertinents à cette lettre). Explorez ces sites et recueillez, en prenant des notes, les détails qui pourront être utiles dans votre mise en scène, vos costumes et vos décors.

B. Dans les deux premiers paragraphes du texte de la Marquise de Sévigné, soulignez avec des couleurs différentes

   - les allusions au décor.
   - les allusions aux costumes.
   - les passages qui pourraient donner lieu à un dialogue. Par exemple, «Elle a su qu'on se plaignait qu'elle empêchait toute la France de voir le Roi». Est-ce que vous allez ajouter une phrase de dialogue entre deux personnages pour rendre cette idée?
   - les passages que le metteur en scène pourrait rendre plus intéressants en dirigeant le jeu des comédiens de façon originale.

   Expliquez vos idées et vos suggestions en classe.

Activité 5 Deuxième étape de préparation

Travail sur l'action et le jeu des comédiens, la fusion spatio-temporelle et le jeu de la caméra.

A. Relisez les extraits du journal de Marie Curie à la page 119. Deux réalités temporelles et spatiales existent dans ce journal: (1) les événements et les personnes dont elle parle dans son journal et les endroits où ces événements se produisent et (2) le moment et le lieu où Marie Curie est en train d'écrire. Si vous tournez un film, allez-vous rendre ces deux réalités? Ou bien éliminerezvous celle de la femme qui écrit pour créer des scènes à partir des événements qu'elle décrit? Expliquez votre technique de superposition de ces deux réalités (voix-off, hors champ, etc.) ou de votre mise en scène, puis décrivez vos choix de scènes.

Par exemple, choisiriez-vous de mettre en scène Marie Curie recevant la chaire de feu son mari?

B. Sous forme de notes, écrivez vos idées de mise en scène. Utilisez cinq détails de cet extrait de journal et expliquez oralement à vos camarades en classe comment vous les rendrez à l'écran. Utilisez le vocabulaire du travail de la caméra.

ECRITURE INTENSIVE

Composition 6

La lettre personnelle ou officielle

Premier jet Votre personnage écrit une lettre (personnelle à son/sa petit(e) ami(e), à la police, officielle, formelle). Il prend position, expose ses connaissances et exprime son opinion sur un incident qui implique plusieurs autres personnages de la simulation. Composez votre lettre de façon très structurée. Choisissez l'ordre selon lequel vous allez présenter les nouvelles ou les informations (logique, chronologique, du moins au plus important ou selon des thèmes annoncés au départ).

Pensez à la personne à laquelle vous adressez cette lettre et adoptez un style approprié.

Dans une introduction qui précédera la lettre, vous pouvez expliquer le contexte de votre lettre (La montre du grand-père de X a disparu dans des circonstances louches. Il écrit une lettre à un détective privé pour qu'il l'aide à trouver le voleur. *Ou:* X est invité au mariage de sa nièce à Tours, mais il ne peut pas y aller. Il écrit à son frère pour lui expliquer pourquoi il ne pourra pas venir.). Vous pouvez aussi écrire une conclusion décrivant les actions ou les émotions de votre personnage une fois la lettre terminée.

www.thomsonedu.com/french/scenarios

Accompagnez le premier jet de votre composition de la *grille d'évaluation* que vous pouvez télécharger sur le site web et imprimer.

Révision Reprenez le premier jet de votre lettre. En vous appuyant sur les commentaires de votre professeur dans la lettre et sur les remarques de votre professeur et/ou d'un(e) partenaire dans la *grille d'évaluation,* révisez et améliorez ce premier jet avant de le soumettre une deuxième fois.

STRUCTURE 7

Les dialogues

TEXTE MODELE

Avant la lecture: Pour compléter l'introduction qui précède le texte de Jean Anouilh, lisez la page d'informations sur l'auteur en lien sur la page <u>www.thomsonedu.com/french/scenarios</u>

Jean Anouilh est né à Bordeaux en 1910. En 1921, il ira vivre à Paris où il rencontrera Jacques Prévert et Louis Jouvet. C'est en 1987 qu'il meurt à Lausanne. Sa passion du théâtre s'est manifestée chez lui à un très jeune âge, mais son premier grand succès fut *Le Voyageur sans bagage* (1937), une pièce de théâtre en cinq tableaux. Dans cet extrait du cinquième tableau, le protagoniste, Gaston, a une occasion unique de recommencer sa vie sous une autre identité, ce qui lui paraît très fortuit, car avant la blessure de guerre qui a causé son amnésie pendant près de deux décennies, il était une véritable fripouille. Le Maître d'hôtel a bien connu Gaston (sous son vrai nom, Jacques) pendant sa jeunesse délinquante. Gaston demande son avis au Maître d'hôtel et, très conscient de la gravité de sa décision, lui présente son choix d'endosser une nouvelle vie en se dépouillant de l'ancienne, et par la même occasion d'un meurtre commis dans le passé.

Le Maître d'hôtel est resté avec Gaston et l'aide à s'habiller.

Gaston *lui demande brusquement*
Maître d'hôtel?

Le Maître d'hôtel Monsieur?

Gaston Vous n'avez jamais tué quelqu'un?

Le Maître d'hôtel Monsieur veut sans doute plaisanter. Monsieur pense bien que si j'avais tué quelqu'un je ne serais plus au service de Madame.

Gaston Même pendant la guerre? Un brusque tête-à-tête en sautant dans un abri pendant la seconde vague d'assaut?

Le Maître d'hôtel J'ai fait la guerre comme caporal d'habillement, et je dois dire à Monsieur que dans l'intendance nous avions assez peu d'occasions.

Gaston *immobile, tout pâle et très doucement*
Vous avez de la chance, maître d'hôtel. Tout est affaire d'imagination. Et la victime a souvent beaucoup moins d'imagination que l'assassin.

Un temps.

Parfois, elle n'est même qu'une ombre dans le songe de l'assassin.

Le Maître d'hôtel Dans ce cas, je comprends qu'elle souffre peu, Monsieur.

Gaston Mais l'assassin, lui, en revanche, a le privilège des deux souffrances. Vous aimez vivre, maître d'hôtel?

Le Maître d'hôtel Comme tout un chacun, Monsieur.

Gaston Imaginez que, pour vivre, il vous faille plonger à jamais dans le néant un jeune homme. Un jeune homme de dix-huit ans... Un petit orgueilleux, une petite fripouille, mais tout de même... un pauvre petit. Vous serez libre, maître d'hôtel, l'homme le plus libre du monde, mais pour être libre, il vous faut laisser ce petit cadavre innocent derrière vous. Qu'allez-vous faire?

Le Maître d'hôtel J'avoue à Monsieur que je ne me suis pas posé la question. Mais je dois dire également que, si j'en crois les romans policiers, il ne faut jamais laisser de cadavre derrière soi.

Gaston *éclate soudain de rire*
Mais si personne — hors l'assassin — ne peut voir de cadavre?

Il va à lui et gentiment.

Tenez, maître d'hôtel, C'est fait. Il est là à vos pieds. Le voyez-vous?

Le maître d'hôtel regarde ses pieds, fait un saut de côté, regarde autour de lui et se sauve, épouvanté, aussi vite que sa dignité le permet.

Jean Anouilh, *Le Voyageur sans bagage*, 1937

EXPLICATION DE TEXTE

Lecture analytique: Les dialogues au théâtre

Contrairement au roman ou à la poésie, qui sont des genres littéraires que la lecture du texte imprimé complète, le texte théâtral n'aboutit que lorsqu'il est dit et représenté. Le texte de la représentation se divise en *actes* (grandes subdivisions d'une pièce qui correspondent à des étapes importantes de l'action), en *tableaux* (parties d'une pièce marquées par un changement de décor), et en *scènes* qui s'achèvent ou commencent quand un personnage entre ou sort. Chaque scène se compose de deux éléments distincts conçus en vue de la représentation: *les didascalies* et *le texte prononcé par les acteurs.* (cf. Balmont, *Le Texte de Théâtre,* en lien sur le site web de cette *Structure* et résumé ci-dessous.)

Les didascalies

Elles représentent l'ensemble des indications scéniques ayant trait aux décors, à l'époque, au passage du temps, aux costumes, aux accessoires, aux gestes des acteurs, aux intonations de leur voix, à l'éclairage, au bruitage, à la musique. L'indication des noms des personnages fait aussi partie des didascalies. Certaines sont imprimées en italique, d'autres en caratères gras.

1. Lisez les didascalies de l'extrait du *Voyageur sans bagage.* A quel type d'indications scéniques font-elles référence (c'est-à-dire au jeu des acteurs, au rythme)?

   ____

   ____

2. A votre avis, qu'apportent les indications scéniques de l'extrait à la compréhension du texte d'Anouilh? Donnent-elles un sens particulier au dialogue? Expliquez vos réponses.

   ____

   ____

Le texte prononcé par les acteurs

Il est varié, et se compose généralement de *répliques* (éléments du dialogue que doit prononcer un acteur), de *tirades* (longues répliques), de *monologues* (répliques qu'un personnage généralement seul en scène adresse au public ou à soi-même), d'*apartés* (répliques que le personnage prononce pour soi et que le public est censé être le seul à entendre) ou d'*interruptions de dialogue* (répliques d'un personnage, volontairement ou non inachevées). Le texte prononcé fournit également des indications sur le temps, le lieu, les personnages. Enfin, les divers procédés du texte prononcé, tels que les *quiproquos* (situations basées sur une méprise sur l'identité d'un personnage), les *péripéties* (changements abrupts de situation), les *coups de théâtre* (renversements inattendus de situation), le *comique de geste* (l'ensemble des jeux de scène qui provoquent le rire), le *comique de mots* (répétitions, jeux de mots), le *comique de situations* (enchaînement des événements), ou le *comique de caractère* (fondé sur la psychologie des personnages qui prêtent à rire), y sont également mis en valeur.

1. Dans cet extrait du *Voyageur sans bagage* d'Anouilh concentrez-vous maintenant sur les diverses indications qui vous sont fournies à travers les répliques échangées entre les acteurs sur:
   a. le temps: A quel moment de la pièce cette scène a-t-elle lieu?

   b. le lieu: Où cette scène a-t-elle lieu? Y a-t-il des lieux différents? Le lieu a-t-il une importance dramatique dans cette scène?

   c. les personnages: Qui sont les personnages? Y a-t-il un des personnages principaux dans cette scène? Par quels traits ces deux personnages sont-ils en opposition? Qu'apprend-on sur eux?

   d. la communication: Qui parle à qui? (c'est-à-dire à l'autre personnage, au public) Les interventions des différents personnages sont-elles de longueur égale? Qui parle le plus ou qui domine?

   e. le discours des personnages: Que disent les personnages? Apportent-ils des informations nouvelles? Que veut chacun d'entre eux? Quel est l'enjeu du dialogue?

   f. les procédés du dialogue: Quels sont les divers procédés utilisés pour la représentation du texte dans cet extrait (c'est-à-dire quiproquo, coup de théâtre, comique de gestes)?

2. *Jeu de rôle* Avec un(e) partenaire, choisissez chacun(e) le rôle du «Maître d'hôtel» ou celui de «Gaston», et en vous aidant des indications scéniques et des divers procédés du texte explorés ci-dessus, jouez ce dialogue du *Voyageur sans bagage* de Jean Anouilh.

Au-delà du texte: *L'art de la conversation*

La conversation est, entre autres choses, un jeu télépathique et une énigme. Il nous faut constamment deviner pourquoi les autres disent ce qu'ils disent. On ne sait jamais quand les mots vont se mettre à danser ensemble, les opinions à se caresser, les imaginations à se déshabiller, les sujets à s'ouvrir. Mais si nous le voulons nous pouvons devenir plus habiles à ce jeu.

Théodore Zeldin, *De la conversation,* © Editions Fayard, 1999

La conversation se constitue comme un texte oral composé de quelques répliques échangées entre un minimum de deux personnes — les interlocuteurs, et prononcé en situation d'interaction. Ses fonctions sont variées, comme de permettre aux membres d'une communauté non seulement de communiquer, mais aussi de faire partie, de se différencier ou d'être exclus d'un groupe social. La conversation peut également tenir lieu de soupape émotive.

De par son caractère spontané et dépourvu de but formel, la conversation diffère d'autres formes d'interaction — telles l'interview, le tête-à-tête, le débat, abordées plus bas — car aucuns de ses aspects ne sont prévisibles à l'avance: ses thèmes, sa durée, ses participants varient selon les situations d'interaction. Mais son but ultime reste principalement le partage d'une certaine intimité à travers l'acte de communication.

En revanche, de même que d'autres formes d'interaction, la conversation a ses conventions et ses modalités partagées intuitivement par les interlocuteurs, et qui se résument souvent à de simples règles de savoir-vivre à respecter qui, avec la coopération de chaque interlocuteur, procurent le plaisir recherché. Dans «Logique et conversation» (*Communications* 30, 1979, 57–72), Paul Grice délimite quatre «maximes conversationnelles» à respecter:

la maxime de quantité: Ne parlez ni trop ni pas assez. Donnez la quantité d'information nécessaire, ni plus, ni moins.

la maxime de qualité: Ne dites pas n'importe quoi pour le plaisir de parler. Croyez en ce que vous dites et soyez capable de le prouver.

la maxime de relation: Parlez quand c'est votre tour et essayez d'éviter de couper la parole aux autres interlocuteurs.

la maxime de modalité: Exprimez-vous aussi clairement que possible. Evitez les jeux de mots ou sous-entendus compris de vous seul(e). Visez à engager vos interlocuteurs, non à les aliéner.

@ACTIVITES MULTIMEDIA

Allez sur la page web de cette *Structure* et visitez le site sur la conversation. Lisez la transcription écrite de la conversation entre amis et de la conversation quotidienne.

Activité 1 La conversation

Pour vous guider dans ces activités, consultez la page web de cette *Structure:* www.thomsonedu.com/french/scenarios

A. En classe, avec deux ou trois partenaires, comparez vos observations sur ce type de conversation. Quelles en sont les caractéristiques? Quels en sont les thèmes, la durée? Qui sont les participants?

B. Avec vos partenaires, à votre tour de vous engager dans une conversation sur un thème similaire de votre choix pendant trois à cinq minutes.

C. Puis, déterminez ensemble le type de conversation que vous venez d'avoir. De quoi avez-vous parlé? Qui a parlé le plus ou le moins? Quel était le ton de la conversation?

D. Comparez vos résultats avec ceux des autres groupes.

Activité 2 Un air de famille

Lisez l'extrait suivant de la pièce de théâtre *Un air de famille* d'Agnès Jaoui et Jean-Pierre Bacri. Observez et prenez des notes sur les modalités de la conversation.

Les principaux personnages de cette pièce sont cinq membres d'une famille et un garçon de café. La mère est veuve, et ses trois enfants adultes sont Philippe, celui qui a bien réussi et travaille dans une grande entreprise et sa femme Yolande; Betty, qui est employée dans la même entreprise à un poste subalterne et qui refuse de se conformer aux attentes de son patron et de sa famille; et Henri, le raté de la famille qui a hérité du café de province de son père, un bistrot déprimant et sans caractère. Henri vient d'apprendre que sa femme, Arlette, le quitte. Denis, son garçon de café (qui est aussi l'amant de Betty) et Betty donnent des conseils à Henri pour faire revenir sa femme, réfugiée chez une amie. Dans l'extrait adapté ci-dessous, Henri fait le macho têtu, mais peut-être pas si inflexible.

Henri Je croyais qu'elle allait revenir... Pendant un moment, je me suis dit, elle va s'apercevoir que c'est pas possible, on est trop habitués, maintenant, elle peut pas me laisser tomber, comme ça, au bout de quinze ans... Je suis con, moi, je crois au Père Noël...

Un temps.

Denis Pourquoi vous n'y allez pas, vous?

Henri Là-bas? Chez sa copine? Pfff... Qu'est-ce que tu veux que j'aille foutre là-bas?

Denis Lui parler, je ne sais pas, moi...

Henri Non, non, non, non, non. C'est elle qui est partie, c'est elle qui revient. Tu veux pas que je me mette à genoux, aussi? (*Un temps*)...

Denis Mais pourquoi vous ne voulez pas y aller? On ne vous demande pas de vous mettre à genoux, vous lui dites que vous n'êtes pas bien, qu'elle vous manque, je ne sais pas, moi... Enfin, vous vous expliquez avec elle, face à face, vous voyez?

Henri Je ne veux pas m'excuser!!... Il a fait ça toute sa vie, mon père, s'excuser, il a été bien gentil, hein, et on sait comment ça s'est terminé!

Denis ... C'est-à-dire?...

Henri Elle est partie.

Henri continue à ruminer, puis il sort de sa torpeur et se lève comme un ressort.

Henri Bon, j'y vais!! Je... Je m'en vais un petit moment et je reviens.

La Mère Mais qu'est-ce qui se passe? Où tu vas?

Henri Je vais me promener...

La Mère Tu vas te promener, en pleine nuit?

Henri J'ai envie d'aller faire un tour.

La Mère Eh bien, dis donc, merci! C'est gentil pour nous...

Henri Je vais voir Arlette.

La Mère Ah bon?... Mais pourquoi?

Henri Pour lui parler.

La Mère Quelle drôle d'idée.... Qu'est-ce que tu veux lui dire?

Henri Euh. Je ne sais pas, je vais lui parler, quoi, je vais pas ruminer dans mon coin pendant une semaine...

La Mère Je trouve que c'est une façon de s'abaisser.

Betty Ah bon? Moi je ne trouve pas.

Philippe Ecoute, maman, il fait ce qu'il veut, s'il a envie d'y aller...

Henri part brusquement.

La Mère C'est toi qui lui a donné ce conseil?

Betty Non, ce n'est pas moi...

Denis C'est moi, Madame...

La Mère Eh bien j'aime mieux vous dire qu'il n'y a pas de quoi s'en vanter.

Betty C'est ton opinion, maman...

La Mère Tu sais ce qui va se passer, là? Je peux te le dire tout de suite, si tu veux, c'est clair comme de l'eau de rose: il va se passer exactement le contraire de ce que vous cherchez, elle va l'envoyer promener, tout simplement! Si elle est partie, ce n'est certainement pas pour lui tomber dans les bras trois heures plus tard, primo!! Et secundo, la mendicité, en amour, ça ne marche pas,... ça irrite.

Philippe Eh oui, malheureusement, c'est la vérité... Fuis-moi, je te suis, suis-moi, je te fuis.

A. Lisez ce dialogue à la maison pour être prêt(e) à le jouer (ou à le lire à haute voix) en classe. Il y a cinq personnages dans cette scène; deux femmes, Betty et sa mère; trois hommes, Henri, son frère Philippe et Denis, le serveur. Choisissez un rôle et essayez de bien comprendre les nuances des paroles prononcées par cette personne ainsi que celles qui lui sont adressées.

B. Comme pour l'activité précédente, déterminez le ton général de la conversation, les personnes qui parlent le plus et leurs intentions. Observez les changements s'il y en a.

____

____

C. Quels personnages cherchent à conseiller et aider? Quel(s) personnage(s) est (sont) à la source de confrontations?

____

____

D. *Conversation improvisée* Malgré sa réticence initiale à «s'abaisser» à aller voir Arlette, Henri décide d'aller la voir. Improvisez cette conversation avec un(e) partenaire. Faites d'abord une liste écrite des arguments que vous utiliserez pour le personnage choisi (Henri ou Arlette), puis lancez-vous dans l'improvisation orale. Utilisez à la fois des arguments trouvés dans l'extrait et des arguments personnels originaux.

____

____

En guise de conclusion: Autres formes d'interaction

L'interview

C'est un entretien de caractère médiatique au cours duquel un(e) journaliste (l'intervieweur[-euse]) interroge une personne célèbre ou non (l'interviewé[e]) sur sa vie, ses projets, ses opinions, ses accomplissements dans l'intention de publier un article ou de diffuser un commentaire de l'entrevue. Bien que l'intervieweur(-euse) prétende en général ne rien savoir de l'interviewé(e), il (elle) doit au contraire très bien connaître sa biographie afin de lui poser des questions cohérentes et intéressantes qui permettront à l'interviewé(e) de se mettre en valeur par ses réponses.

Lisez l'extrait suivant des *Entretiens avec le Professeur Y,* qui relate une interview fictive de l'auteur, Louis-Ferdinand Céline par le mystérieux Professeur Y.

«Et vous alors, qu'est-ce que vous êtes?»

La première question qu'il me pose!

Ah! je vais avoir mon interviouwe!

«Je suis qu'un petit inventeur, Monsieur!... un petit inventeur et je m'en flatte!»

— Mazette!

Tout ce qu'il me répond... j'insiste...

«Petit inventeur, parfaitement!... et que d'un petit truc!... juste d'un petit truc!... J'envoie pas de messages au monde!... moi! non, Monsieur! j'encombre pas l'Ether de mes pensées! moi! non, Monsieur! je me saoule pas de mots, ni de porto, ni des flatteries de la jeunesse!... Je cogite pas pour la planète!... je suis qu'un petit inventeur, et que d'un tout petit truc! qui passera pardi! comme le reste! comme le bouton de

Louis-Ferdinand Céline, *Entretiens avec le Professeur Y,* © Gallimard, 1955 col à bascule! je connais mon infime importance! mais tout plutôt que des *idéâs*!... je laisse les *idéâs* aux camelots! toutes les *idéâs*! aux maquereaux, aux confusionnistes!...»

Je l'amuse... il ricane, ma parole! Je vais pas le faire ricaner longtemps!

[...]

— Vous avez inventé quelque chose?... qu'est-ce que c'est?

Il demande.

«L'émotion dans le langage écrit!... le langage écrit était à sec, c'est moi qu'ai redonné l'émotion au langage écrit!... comme je vous le dis!... [...] retrouver l'émotion du "parlé" à travers l'écrit! c'est pas rien!... c'est infime mais c'est quelque chose!...»

— Vous êtes grotesque de prétention!

— Certes! certes!... et alors?... les inventeurs sont monstrueux!... tous! surtout les petits inventeurs! [...]

1. Dans l'extrait, avec un(e) partenaire, placez un «I» devant les questions/commentaires de l'intervieweur et un «i» devant les réponses/commentaires de l'interviewé. Qui relate l'interview au lecteur (l'intervieweur ou l'interviewé)? En vous aidant de la description de l'interview proposée plus haut, commentez votre réponse.

   ___

   ___

2. Déterminez à quel style (direct, indirect, indirect libre) est rapportée l'interview entre Céline et le Professeur Y. A votre avis, comment le choix du style utilisé par le narrateur aide-t-il le lecteur à définir la relation entre l'intervieweur et l'interviewé? Expliquez votre réponse.

   ___

   ___

3. «L'émotion dans le langage écrit!... le langage écrit était à sec, c'est moi qu'ai redonné l'émotion au langage écrit!... [...] retrouver l'émotion du "parlé" à travers l'écrit!» est le titre de gloire revendiqué par l'interviewé. Cette revendication se manifeste-t-elle dans le style de narration de l'interview de l'extrait? Comment?

   ___

   ___

   ___

4. *Jeu de rôle*

   A la maison: Imaginez ce qui pourrait donner à votre personnage un moment de gloire (acte de bravoure, invention, prix à un concours ou une compétition). Selon ce que vous avez imaginé, cherchez sur Internet ou dans la presse des informations ou des images qui illustrent votre idée. Venez en classe avec une brève description de votre idée et ces illustrations.

   En classe: Votre personnage a été remarqué par les médias pour la raison que vous avez imaginée. Avec un(e) partenaire, jouez tour à tour le rôle du (de la) journaliste et celui de votre personnage dans un entretien radiophonique ou télévisé. Le (La) journaliste veut vous faire connaître du public dans le cadre de votre exploit.

Le tête-à-tête

Dans le texte *Enfance* — texte autobiographique de Nathalie Sarraute — l'identification entre l'auteur, le narrateur et le personnage principal procède à partir du nom propre «Nathalie Sarraute». Sarraute se rappelle des souvenirs d'enfance qu'elle entreprend de raconter dans le dialogue qui suit sous la forme d'un «je/tu» marquant le dédoublement ou la fragmentation de l'énonciation autobiographique. Dans le dialogue, la position de «je» et de «tu» est interchangeable et réversible au niveau de l'énonciation. Lorsque Sarraute donne la préférence à ce «je/tu» pour appréhender le sujet autobiographique «Nathalie Sarraute», elle marque en cela l'impossibilité du sujet autobiographique à se dire dans une parole unique.

— Alors, tu vas vraiment faire ça? «Evoquer tes souvenirs d'enfance»... Comme ces mots te gênent, tu ne les aimes pas. Mais reconnais que ce sont les seuls mots qui conviennent. Tu veux «évoquer tes souvenirs»... il n'y a pas à tortiller, c'est bien ça.

— Oui, je n'y peux rien, ça me tente, je ne sais pas pourquoi...

— C'est peut-être... est-ce que ce ne serait pas... on ne s'en rend parfois pas compte... c'est peut-être que tes forces déclinent...

— Non, je ne crois pas... du moins je ne le sens pas...

— Et pourtant ce que tu veux faire... «évoquer tes souvenirs»... est-ce que ce ne serait pas...

— Oh, je t'en prie...

— Si, il faut se le demander: est-ce que ce ne serait pas prendre ta retraite? te ranger? quitter ton élément? [...]

Nathalie Sarraute, *Enfance*, © Gallimard, 1983

Dans l'énonciation autobiographique, la personne qui dit «je» (l'auteur / le narrateur / le personnage principal) s'adresse souvent à un «tu» (le lecteur) qu'il soit visible ou non dans le texte, dans une situation de tête-à-tête. Nous avons vu dans le dialogue ci-dessus que l'énonciation autobiographique est en revanche fragmentée en un «je/tu», où le «tu» n'est plus le lecteur qui devient alors une instance tierce.

1. Si le tête-à-tête entre le «je» et le «tu» n'inclut pas le lecteur, à votre avis, quel est le rôle du lecteur dans ce dialogue?

____

____

2. Quel effet dans le texte crée selon vous ce tête-à-tête de Nathalie Sarraute avec elle-même à travers le «je/tu»?

____

____

Le débat

Il constitue un échange discipliné entre des adversaires (personnes d'avis différents) qui discutent ou débatent en public une question ou un thème généralement déterminés à l'avance. Souvent, un modérateur s'assure que le format choisi pour le débat (sa durée, le nombre d'intervenants, le droit de parole pour chaque intervenant, etc.) est respecté et que l'échange s'effectue dans les meilleures conditions possibles. Bien que le but essentiel d'un débat soit de convaincre le public, il n'est pas nécessaire que les adversaires se mettent d'accord pour obtenir ce but. De fait, il arrive souvent que la discussion entre les adversaires dégénère en pugilat (altercation violente) sans que cela ait d'effet probant sur le public. Socialement, le débat est une pratique courante dans des contextes idéologiques aussi variés que la politique, la justice, l'économie et la philosophie.

@ACTIVITES MULTIMEDIA

Pour vous guider dans ces activités, consultez la page web de cette *Structure:* www.thomsonedu.com/french/scenarios

Activité 3 Débats

Rendez-vous sur le site web du *Nouvel Observateur* en lien sur la page web de cette *Structure.*

A. Quelles sont «les règles des débats» imposées par *Le Nouvel Observateur*?

B. Quel est le rôle des modérateurs dans ces débats? Qu'est-ce que les intervenants sont ou ne sont pas autorisés à faire?

C. Choisissez l'un des débats en cours, regardez les réponses postées. Formez votre opinion sur le sujet choisi. (Si le cœur vous en dit, vous pouvez même poster votre opinion sur le sujet choisi à «Votre avis sur la question», et imprimer la page afin de l'apporter en classe).

D. En classe, expliquez à tour de rôle le sujet du débat qui vous a intéressé. Rapportez les arguments que vous avez lus, commentez-les et exposez votre propre opinion sur le sujet.

Activité 4 Le vocabulaire du téléphone

Allez sur le site de *Radio-Canada* en lien sur la page web de cette *Structure.* Le linguiste Jean-Claude Corbeil présente le vocabulaire du téléphone. Vous entendrez les mots suivants, mis dans cette liste par ordre alphabétique pour vous faciliter le repérage dans la discussion enregistrée en… 1969!

annuaire	composer	rappeler
appareil	correspondant	répondeur
appel	décrocher	sonnerie
appeler	dérangement	standard
appuyer	numéro	standardiste
bottin	occupé	téléphoniste
cadran	poste	tonalité
central	quitter	touche
combiné	raccrocher	

abonné

A. Ecoutez la conversation une première fois et repérez les mots de la liste au fur et à mesure que vous les entendez. Soulignez-les. Essayez de déterminer le genre des noms en mettant l'article indéfini devant (un/une). Pour les verbes, écrivez l'expression la plus courante dans laquelle ils sont utilisés (par exemple: Quitter - «Ne quittez pas.»)

Certains mots ne font pas partie de la conversation. Lesquels?

____

____

B. Dans un deuxième temps, étudiez à nouveau cette liste et assurez-vous que vous connaissez le sens de chacun des mots. Si besoin, écoutez à nouveau la conversation ou cherchez les mots dans le dictionnaire. Pensez au téléphone d'aujourd'hui. Y a-t-il des mots qui manquent dans cette liste? Cet outil a-t-il beaucoup changé depuis 1969?

____

____

C. Dans l'exercice suivant, remplacez les tirets par les mots de la liste à la page 134 qui conviennent.

Hier, j'ai essayé de joindre une amie que j'avais perdue de vue depuis dix ans. Quand j'ai ______________ le numéro que j'avais dans mon carnet d'adresse, j'ai entendu une voix qui disait «Il n'y a pas d'______________ au numéro que vous demandez». J'ai donc appelé les renseignements. On m'a donné un autre ______________ que j'ai essayé. Quand quelqu'un a ______________ après quatre sonneries, j'ai reconnu la voix de mon amie qui disait «Allo, ici Jacqueline. Allo?... qui est à l'______________?». J'étais tellement émue que je n'arrivais pas à parler. Finalement, j'ai bafouillé «Jacqueline, ici Françoise, tu te souv.....» mais elle avait déjà ______________. J'ai vite refait son ______________ en appuyant sur la touche «rappel», mais la ligne était ______________. J'ai décidé de me remettre de mon émotion et d'essayer de la ______________ plus tard.

Activité 5 La commande

Sur www.google.fr, faites une recherche qui comprendra les mots «pizzeria», «menu» et «livraison».

A. Choisissez un site qui offre un menu intéressant.

- Quels ingrédients de pizza vous semblent originaux (différents)?
- Quels fromages font partie de la sélection en dehors de la traditionnelle mozarella?
- Qu'est-ce qu'une «promotion»?
- Peut-on aussi commander un dessert? des boissons? d'autres plats principaux?
- La livraison est-elle gratuite? Est-elle garantie dans la demi-heure?
- Quelles sont les heures d'ouverture?
- Peut-on aussi commander en ligne?

B. *En classe* Avec un(e) partenaire, regardez attentivement la photo ci-dessous et discutez ensemble des questions qui suivent.

- Que pensez-vous du nom de la pizzeria?
- Peut-on manger sur place? Est-ce une pizzeria typique?
- Quels types de services offre «Speed Rabbit Pizza»?
- Par quel moyen de locomotion se font les livraisons?
- Comparez avec les pizzerias que vous connaissez dans votre ville.
- Quels ingrédients aimez-vous mettre sur votre pizza?

Puis tour à tour avec votre partenaire, tenez le rôle de l'employé(e) de Speed Rabbit Pizza et celui de votre personnage dans l'immeuble qui commande une pizza. Imaginez l'occasion pour laquelle votre personnage veut commander une ou plusieurs pizzas et «jouez» la conversation de votre commande au téléphone. Utilisez les expressions apprises dans la section précédente. L'employé(e) peut proposer les promotions et nouveautés et vanter les services de Speed Rabbit Pizza.

ECRITURE EXTENSIVE

Journal 7 **Conversations téléphoniques**

Votre personnage téléphone à un(e) voisin(e) qui est absent(e) et entend donc le message d'accueil de son répondeur. Transcrivez le message d'accueil du répondeur ainsi que le message que vous laissez. Votre voisin(e) vous rappelle plus tard. Rapportez votre conversation.

STYLISTIQUE: LA CONVERSATION DANS L'ECRIT

Avant de commencer à lire le dialogue ci-dessous, extrait de *La petite Fadette* par George Sand, revisitez les modalités des discours direct, indirect et indirect libre dans la *Structure 4* de ce manuel. Puis après avoir lu le dialogue une première fois pour en comprendre le sens général, lisez-le à nouveau pour identifier le(s) type(s) de discours utilisé(s). Voir aussi la section sur l'infinitif à la page 155.

«Ah! Si tu m'avais aimé de la manière dont je t'aime, tu ne me quitterais pas comme ça.

— Tu crois, Landry? dit la petite Fadette en le regardant d'un air triste et bien sérieux. Peut-être bien que tu ne sais ce que tu dis. Moi, je crois que l'amour me commanderait encore plus que l'amitié me fait faire.

— Eh bien, si c'était l'amour qui te commande, je n'aurais pas tant de chagrin. Oh! oui, Fanchon, si c'était l'amour, je crois quasiment que je serais heureux dans mon malheur. J'aurais de la confiance dans ta parole et de l'espérance dans l'avenir; j'aurais le courage que tu as, vrai!… Mais ce n'est pas de l'amour, tu me l'as bien dit des fois, et je l'ai vu à ta grande tranquillité à côté de moi.

— Ainsi tu crois que ce n'est pas de l'amour, dit la petite Fadette; tu en es bien assuré?»

Et, le regardant toujours, ses yeux se remplirent de larmes, qui tombèrent sur ses joues, tandis qu'elle souriait d'une manière bien étrange.

«Ah! mon Dieu! mon bon Dieu! s'écria Landry en la prenant dans ses bras, si je pouvais m'être trompé!

— Moi, je crois bien que tu t'es trompé, en effet, répondit la petite Fadette, toujours souriant et pleurant; je crois bien que, depuis l'âge de treize ans, le pauvre grelet a remarqué Landry et n'en a jamais remarqué d'autre. Je crois bien que, quand elle le suivait par les champs et par les chemins, en lui disant des folies et des taquineries pour le forcer à s'occuper d'elle, elle ne savait point encore ce qu'elle faisait, ni ce qui la poussait vers lui. Je crois bien que, quand elle s'est mise un jour à la recherche de Sylvinet, sachant que Landry était dans la peine, et qu'elle l'a trouvé au bord de la rivière, tout pensif, avec un petit agneau sur ses genoux, elle a fait un peu la sorcière avec Landry, afin que Landry fût forcé à lui en avoir de la reconnaissance. Je crois bien que, quand elle l'a injurié au gué des Roulettes, c'est parce qu'elle avait du dépit et du chagrin de ce qu'il ne lui avait jamais parlé depuis. Je crois bien que, quand elle a voulu danser avec lui, c'est parce qu'elle était folle de lui et qu'elle espérait lui plaire par sa jolie danse. Je crois bien que, quand elle pleurait dans la carrière du Chaumois, c'était pour le repentir et la peine de lui avoir déplu. Je crois bien aussi que, quand il voulait l'embrasser et qu'elle s'y refusait, quand il lui parlait d'amour et qu'elle lui répondait en paroles d'amitié, c'était par la crainte qu'elle avait de perdre cet amour-là en le contenant trop vite. Enfin je crois que, si elle s'en va en se déchirant le cœur, c'est par l'espérance qu'elle a de revenir digne de lui dans l'esprit de tout le monde, et de pouvoir être sa femme, sans désoler et sans humilier sa familll̀e.»

Cette fois Landry crut qu'il deviendrait tout à fait fou. Il riait, il criait et il pleurait; et il embrassait Fanchon sur ses mains, sur sa robe.

George Sand, *La petite Fadette*, 1849

Rappel grammatical: Les pronoms

Une section de révision et des exercices d'application sur les pronoms se trouvent à la page 196 dans l'*Appendice I*. Voir aussi la section sur l'infinitif à la page 155.

Exercices

La conversation dans l'écrit

1. *Forme du dialogue* Quelles expressions du discours oral sont utilisées dans ce dia-logue entre Landry et la petite Fadette? Relevez-les. Comment contribuent-elles au ton du dialogue?

____

____

2. *Contenu du dialogue* Dans *Entretiens avec le Professeur Y,* Céline revendique «L'émotion dans le langage écrit!...» A votre avis, est-ce Sand parvient à faire passer l'émotion dans le dialogue amoureux? Expliquez et justifiez votre réponse par des exemples précis.

____

____

ECRITURE INTENSIVE

Composition 7

Le polar monte sur scène

Premier jet Une scène du polar, écrite sous forme de dialogue (écriture collaborative, suite et fin)

En conservant les mêmes groupes que pour les chapitres du polar, imaginez une scène, implicite ou explicite, liée à l'intrigue du polar: implicite, c'est-à-dire une scène dont on peut avoir connaissance en raison d'une simple allusion à un fait, ou par une narration sommaire. Ne pas choisir une scène déjà écrite sous forme de dialogue dans le polar.

Ce dialogue devra mettre en scène un minimum de quatre personnages. La mise en page devra respecter les normes traditionnelles des dialogues de théâtre (voir *Le Voyageur sans bagage* à la page 126).

Réfléchissez aux personnages que vous allez faire parler. Quel est leur âge, leur statut social, leur niveau d'éducation. Ces facteurs détermineront leur style d'élocution (peut apparaître sous diverses formes dans les didascalies) et leur choix de mots.

Remplissez les fiches de travail collectif en format PDF à télécharger et imprimer et rendez-les à votre professeur avec l'exemplaire unique du dialogue de votre groupe accompagné de la *grille d'évaluation*.

www.thomsonedu.com/french/scenarios

Révision En restant avec le même groupe de travail, reprenez le premier jet de votre dialogue pour le corriger et rendez-en un exemplaire unique à votre professeur.

STRUCTURE 8

L'avenir

TEXTE MODELE

Avant la lecture: Pour compléter l'introduction qui précède le texte de Jules Verne, lisez la page d'informations sur l'auteur en lien sur la page web de cette *Structure:* www.thomsonedu.com/french/scenarios

Célèbre dans le monde entier, Jules Verne (1828–1905) est connu pour des œuvres qui parlent à l'imagination et ont été portées à l'écran pour le plus grand plaisir des petits comme des grands: *Vingt mille lieues sous les mers* (1870) et *Le Tour du monde en quatre-vingts jours* (1873).

Paris au XXe siècle — œuvre futuriste écrite en 1863, publiée de façon posthume, et dont l'action se situe à Paris dans les années 1960 — met en scène Michel Dufrénoy, un jeune poète marginalisé par une société anti-culturelle dépeinte avec pessimisme. Dans le chapitre «Où il est traité de la facilité avec laquelle un artiste peut mourir de faim au XXe siècle», Michel vient d'être mis à la porte d'un poste de copiste dans une banque, que son beau-père, un homme d'affaires influent, lui avait fait obtenir. Dans l'extrait qui suit, s'il se trouve complètement démuni et incapable de subvenir à ses besoins, Michel se sent pourtant paradoxalement libéré et prêt à tenter sa vocation.

La position du jeune homme était singulièrement changée. Combien se fussent désespérés à sa place, qui n'auraient pas envisagé la question à son point de vue; s'il ne pouvait plus compter sur la famille de son oncle, il se sentait libre enfin; on le renvoyait, on le mettait à la porte, et il croyait sortir de prison; on le remerciait, et il se trouvait avoir mille remerciements à faire. Ses préoccupations n'allaient pas jusqu'à savoir ce qu'il deviendrait. Il se sentait capable de tout, au grand air.

Quinsonnas eut certaine peine à le calmer, mais il eut soin de laisser tomber cette effervescence.

«Viens chez moi, lui dit-il; il faut bien se coucher.

—Se coucher quand le jour se lève, répliqua Michel avec de grands gestes.

—Métaphoriquement, il se lève, je le veux bien, répondit Quinsonnas; mais physiquement, voici la nuit; or on ne couche plus à la belle étoile; il n'y a plus de belles étoiles; les astronomes ne s'occupent guère que de celles que l'on ne voit pas. Viens, nous causerons de la situation.

—Pas aujourd'hui, répondit Michel, tu me dirais des choses ennuyeuses; je les connais! Que penserais-tu que je ne sache; voudrais-tu dire à un esclave, ivre de ses premières heures de liberté: "Vous savez, mon ami, vous allez mourir de faim maintenant!"

—Tu as raison, répondit Quinsonnas; aujourd'hui je me tairai; mais demain!

—Demain, c'est dimanche! Est-ce que tu veux me gâter mon jour de fête!

—Ah! ça! on ne pourra donc plus parler.

—Si! mais si! un de ces jours.

—Tiens! une idée, fit le pianiste, puisque c'est demain dimanche, si nous allions voir ton oncle Huguenin! Je ne serais pas fâché de faire la connaissance de ce brave homme!

—C'est dit, s'écria Michel.

—Oui, mais, à tous trois, tu nous permettras bien de chercher une solution à la situation présente.

—Eh bien! cela me va, répondit Michel, et ce sera bien le diable si nous ne trouvons pas!

—Hé! Hé! fit Quinsonnas, qui se contenta de hocher la tête sans répondre.»

Le lendemain, il prit de bon matin un gaz-cab, et vint chercher Michel; celui-ci l'attendait; il descendit, sauta dans le véhicule, et le mécanicien mit sa machine en mouvement; c'était merveille de voir cette voiture se diriger rapidement sans moteur apparent; Quinsonnas préférait beaucoup aux chemins de fer ce mode de locomotion.

EXPLICATION DE TEXTE

Lecture analytique: *Littérature d'anticipation, futurisme*

Seul(e) ou avec un(e) partenaire, et en vous aidant des questions suivantes, faites la fiche descriptive de l'extrait du texte de Jules Verne, *Paris au XXe siècle,* que vous venez de lire.

La promesse de l'avenir

1. Le premier paragraphe de ce texte ressemble à un feu d'artifice: espoirs déçus, satisfactions inattendues, les idées fusent dans un entrelaces de points positifs et négatifs et débouchent sur une impression de liberté. Tracez le parcours des idées de Michel et indiquez les contradictions de ces premières lignes.

____

____

2. Michel vient de perdre toute sécurité pour l'avenir; pourtant il se sent rempli d'énergie. Expliquez ce sentiment. Vous semble-t-il naturel?

____

____

3. Vers le mileu du texte, Michel dit à Quinsonnas qu'il est ennuyeux et le compare indirectement au type de personne qui «dirait à un esclave, ivre de ses premières heures de liberté: "Vous savez, mon ami, vous allez mourir de faim maintenant!"»

   a. Comment peut-on caractériser ce type de personne?

   ____

   ____

   b. En anglais, on dirait par exemple, *killjoy.* Cherchez dans le dictionnaire des épithètes français qui décrivent une personne capable de dire ces mots.

   ____

   ____

   c. Si au contraire, cette personne était optimiste, quelles paroles pourrait-elle dire:

   - à un esclave, ivre de ses premières heures de liberté?
   - au jeune Michel, idéaliste, qui vient de retrouver sa liberté et se sent capable de tout?

   Répondez aux questions ci-dessus par des phrases complètes au style indirect. Attention aux temps.

Exemple: Si cette personne était optimiste, elle dirait à l'esclave qu'il devrait...

____

____

4. Michel utilise un «gaz-cab» comme moyen de locomotion: «il descendit, sauta dans le véhicule, et le mécanicien mit sa machine en mouvement; c'était merveille de voir cette voiture se diriger rapidement sans moteur apparent».

   a. Comment imaginez-vous le «gaz-cab»? Dans l'espace ci-dessous faites-en un dessin.

   b. Quand au dix-neuvième siècle, Jules Verne imagine le «gaz-cab» du vingtième siècle, quelle vision du futur offre-t-il? A votre avis, cette vision futuriste s'est-elle réalisée ou non? Pourquoi?

____

____

c. Imaginez et dessinez dans l'espace ci-dessous la voiture des années 2100. Indiquez sur votre dessin ou en légende, les particularités de ce véhicule et nommez-les. Vous pouvez créer des mots-valises pour désigner ces pièces originales: par exemple, imaginons un nouveau type de roue dont l'air s'échapperait pour assister la propulsion du véhicule, mais qui resterait gonflée en permanence grâce aux gaz d'échappement qui seraient détournés et dirigés en proportion égale dans chaque roue. On pourrait appeler cette roue «permapropelgaz».

d. *Exercice oral* Présentez votre dessin à deux ou trois partenaires. Utilisez le futur ou le futur antérieur pour votre description (par exemple: La voiture des années 2100 marchera sans essence parce que le pétrole aura disparu…). Comparez ensuite votre dessin avec ceux de vos partenaires et commentez les différences et les similarités de points de vue entre vos dessins.

Le récit de voyage

Avec des récits à cheval entre l'aventure et l'anticipation, dans lesquels les héros sont souvent d'intrépides explorateurs faisant face à des environnements extraordinaires et parfois dangereux, les romans de Jules Verne, précurseurs des romans de science-fiction, illustrent cette vogue des récits de voyage qui a marqué la deuxième moitié du dix-neuvième siècle. La plupart des récits de voyage de Verne se sont inspirés des voyages de l'auteur lui-même, de sa connaissance des nouvelles technologies de son époque et de leurs applications imaginaires dans ses romans.

Si *Paris au XXe siècle* est un excellent exemple de ce mélange entre réalisme et imaginaire, c'est avant tout un voyage dans le temps que nous propose l'auteur, où le héros, Michel, est confronté à l'avenir très incertain auquel le soumet sa position «singulièrement changée». Parallèle au destin de Michel, nous pouvons aussi observer dans ce roman d'anticipation une corrélation importante entre l'intense développement de la technologie et l'extrême marginalisation de l'homme dans la société.

Activité orale: Débat Jules Verne s'est parfois trompé dans ses romans d'anticipation, mais souvent ses prédictions, même les plus improbables à son époque, se sont révélées tout-à-fait crédibles et réalisables (par exemple, le voyage sur la lune). Dans *Paris au XXe siècle,* la corrélation qu'il a établie entre l'interface de la technologie et de l'humain est très valide.

Formez plusieurs groupes et préparez des arguments pour et contre l'interface de la technologie et de l'humain dans le village global (par exemple, codes digitaux et caméras à l'extérieur des immeubles pour permettre l'entrée des visiteurs; communication par courrier électronique ou carnet de voyage électronique [blog]; transformation génétique des aliments [OGM]; clonage). Puis engagez-vous dans un débat avec les autres groupes. Utilisez les divers arguments présentés pour envisager l'avenir. Votre point de vue est-il plutôt optimiste ou pessimiste?

Au-delà du texte: *Le voyage dans l'espace et dans le temps*

La science-fiction ne sera jamais qu'une extrapolation du thème du voyage, qu'elle poussera plus loin dans l'espace, jusqu'à d'autres planètes ou galaxies, et qu'elle étendra à l'autre dimension: celle du temps.

Thierry Groensteen, *La bande dessinée en France,* © Ministère des Affaires Etrangères–adpf, 1998

Exercices Répondez aux questions suivantes.

1. Comment Groensteen définit-il la science-fiction dans cette citation? Etes-vous d'accord avec sa définition? Expliquez votre réponse.

____

____

2. Selon vous, quel rôle occupe la science-fiction dans nos sociétés? A votre avis, ce rôle est-il essentiel ou non. Pourquoi? Avez-vous vu ou lu des œuvres de science-fiction? Lesquelles avez-vous préférées? Expliquez votre réponse.

____

____

@ACTIVITES MULTIMEDIA

Pour vous guider dans ces activités, consultez la page web de cette *Structure:* www.thomsonedu.com/french/scenarios

Du voyage dans l'espace, il sera également question dans *VALERIAN, agent spatio-temporel* par Jean-Claude Mezières et Pierre Christin. Rendez-vous sur le site web de cette *Structure* pour consulter cette bande dessinée d'anticipation française et préparer les activités suivantes.

Activité 1 **La bande dessinée de science-fiction**

L'épopée galactique est l'une des composantes de la BD (Bande Dessinée) de science-fiction française actuelle, où l'on rencontre des personnages voyageant au moyen d'astronefs vers des planètes lointaines, des mondes perdus ou des univers parallèles. A votre avis, comment cette vogue de l'épopée galactique dans la BD de science-fiction française transparaît-elle dans cet album?

___

___

Activité 2 **«Valérian et Laureline»**

A l'inverse d'un cinéaste, dont les nombreuses contraintes techniques ou budgétaires limitent la création, un dessinateur de BD de science-fiction bénéficie du luxe ultime de pouvoir créer un monde cohérent où il invente tout: personnages, lieux géographiques, faune et flore, organismes politiques et sociaux, décors, costumes, moyens de locomotion, architecture… jusqu'aux mots!

A. Sur le site de Valérian et Laureline en lien sur la page web de cette *Structure*, prenez des notes sur ce que vous voyez: personnages, costumes, décors, etc.

___

___

B. Quels sont les éléments qui sortent directement de l'imagination de Mézières (le dessinateur) et de Christin (l'auteur) pour créer leur épopée galactique?

___

___

C. Selon vous, comment Mézières et Christin collaborent-ils pour intégrer ces éléments inventés dans l'histoire et lui donner sa cohérence?

___

___

La bande dessinée libérée

La bande dessinée s'émancipe aujourd'hui du carcan de l'album. Foisonnant d'univers inventés, on en voit apparaître toutes sortes de dérivés sur le marché, incluant des jeux de rôle et/ou jeux vidéo. De même, on la voit s'épanouir dans l'espace urbain.

Exercices

Faites les activités suivantes.

1. En classe, en petits groupes de deux ou trois, imaginez un jeu de rôle pour la bande dessinée *VALERIAN, agent spatio-temporel* (ou pour une autre bande dessinée familière sélectionnée par la classe ou par le professeur). Après avoir décidé ensemble des enjeux, des grandes lignes d'action et des règles, chaque groupe présentera son modèle aux autres groupes puis en fera une démonstration sous la forme d'une courte improvisation.

2. Pour imprimer une «image BD » à sa cité, Angoulême en Charente, capitale internationale de la Bande Dessinée et de l'Image, a adopté dès 1988 un programme de murs peints qui font l'objet d'un passionnant parcours touristique. En voici un exemple:

«New York sur Charente»
Nicolas de Crécy (2001)

Dès le commencement, le voyage dessiné sera inséparable des deux autres thématiques que sont le merveilleux et la bêtise; il sera soit une divagation onirique, soit un récit satirique et quelquefois la combinaison des deux.

Thierry Groensteen, *La bande dessinée en France* © Ministère des Affaires Estrangères–adpf, 1998

Commentez cette remarque à la lumière du mur «New York sur Charente» peint par Nicolas de Crécy et en vous aidant des questions suivantes.

a. A l'aide d'un dictionnaire de français, définissez les expressions employées par Groensteen dans la citation à la page 146.

le merveilleux: ____________________

____

la bêtise: ____________________

____

une divagation onirique: ____________________

____

un récit satirique: ____________________

____

b. Ces expressions pourraient-elles s'appliquer à «New York sur Charente», le mur peint par Nicolas de Crécy? Expliquez vos réponses.

____

____

Horoscopes et prévisions

Jeu de rôle Votre personnage va voir une cartomancienne qui lui prédit son avenir, et lui dit comment on se souviendra de lui/d'elle dans cent ans (en bien ou en mal...). Jouez à tour de rôle avec un(e) partenaire le rôle de la cartomancienne et celui de votre personnage.

Ensuite racontez à un voisin ce que la cartomancienne vous a dit et donnez vos réactions.

Exemple: Elle m'a dit que j'allais... Si c'était vrai, je devrais... (je pourrais... il faudrait que...)

ACTIVITES MULTIMEDIA

Activité 3 **Votre horoscope en ligne**

Pour vous guider dans ces activités, consultez la page web de cette *Structure:* www.thomsonedu.com/french/scenarios

Allez consulter votre horoscope sur l'un des deux sites gratuits proposés sur le site web de cette *Structure*.

A. Ces prévisions vous semblent-elles réalisables ou adaptées à vous et à votre situation?

____

____

B. En classe, racontez ce que vous avez appris à un(e) partenaire en utilisant le verbe **devoir** (voir les usages de ce verbe modal dans la section *Stylistique* de cette *Structure* à la page 153) au conditionnel présent dans le sens de ce qui est supposé arriver (par exemple: Aujourd'hui, d'après l'horoscope de l'Internet, je devrais me sentir en forme) et expliquez-lui votre réaction (par exemple: Je pense que cet horoscope est juste car ce matin, en effet, je me suis levé(e) de bonne heure et j'ai couru cinq kilomètres sans trop me fatiguer, puis après une douche, j'ai étudié pendant trois heures sans voir le temps passer).

En guise de conclusion: Urbanisme contemporain

1. Regardez la photo ci-dessous. Que remarquez-vous? Appréciez-vous ce que vous voyez? Pourquoi? Trouvez deux ou trois arguments qui expriment votre opinion personnelle sur cette vignette parisienne.

____

____

____

2. *Débat* Pour ou contre l'intégration du moderne et de l'ancien?

   Après avoir divisé la classe en deux ou plusieurs groupes, et avec votre professeur comme modérateur, engagez-vous dans un débat sur cette question à partir des informations diverses que vous avez rassemblées dans les activités de cette *Structure.*

@ACTIVITES MULTIMEDIA

Activité 4 **Architecture et monuments parisiens**

Pour vous guider dans ces activités, consultez la page web de cette *Structure:* www.thomsonedu.com/french/scenarios

A. Rendez-vous sur www.google.fr en lien sur la page web de cette *Structure.* Sélectionnez «Images», puis regardez des photos des lieux et/ou monuments parisiens suivants en prenant des notes sur vos impressions de ces lieux et de ce qui les entoure. Si vous désirez plus de renseignements, vous trouverez aussi les sites officiels de la plupart de ces monuments en lien sur la page web de cette *Structure.*

La Défense	Le Marais
Le musée du Louvre	L'Opéra Bastille
Le musée Georges Pompidou	L'Opéra Garnier
Le musée d'Orsay	Les Colonnes de Buren
Le parc de la Villette	La tour Eiffel
La Bibliothèque Nationale de France	L'Hôtel de Ville
L'Institut du Monde Arabe	Bercy Village (Cour Saint-Emilion)
Les Halles	L'aéroport Charles-de-Gaulle (Roissy)

____

____

B. Puis choisissez deux ou trois images de ces lieux et/ou monuments observés et imprimez-les. Apportez-les en classe, et avec deux ou trois partenaires, présentez à tour de rôle les lieux/monuments qu'elles représentent en donnant votre opinion personnelle de ces lieux ainsi que des informations plus détaillées. Dans votre présentation, répondez aux questions suivantes.

1. Est-ce un lieu/un monument ancien ou moderne?
2. S'intègre-t-il bien dans son voisinage?
3. A-t-il joué un rôle historique? Si oui, quand?
4. A-t-il eu ou a-t-il aujourd'hui un impact important sur la population parisienne?
5. Est-il d'utilité publique?
6. Quelles transformations a-t-il subies? Quand et pourquoi?
7. Si vous étiez Maire de la Ville de Paris en 2050 ou 2200, comment transformeriez-vous cet endroit? Pourquoi? Décrivez votre projet.

Activité 5 **Le meilleur itinéraire**

Des cousins de province viennent vous rendre visite à Paris. Préparez-leur un programme de quatre jours de visite de monuments à raison de deux endroits par jour. Recherchez le meilleur itinéraire en mélangeant autobus, métro, taxi et marche à pied. A idez-vous des informations resemblées dans cette *Structure*.

ECRITURE EXTENSIVE

Dans ce court extrait de *Vue en coupe d'une ville malade,* Brussolo présente une fiction anticipatrice et aigre-douce d'un monde où la technologie gère entièrement l'espace humain.

Georges descendit les quelques marches de l'escalier de droite. De ce côté, les aberrations étaient immédiatement repérables, les appartements accrochés les uns aux autres, comme les wagons d'un train à la progression extraordinairement lente, semblaient inexplicablement gagnés par la prééminence débile de certaines pièces: une salle de bains occupait la moitié des lieux, alignant six ou sept baignoires identiques, les W.-C. trônaient, comme un monument ou une œuvre d'art, au centre d'une salle de quinze mètres sur dix dont la destination était visiblement tout autre. Par opposition, un living-room avec sa bibliothèque de mille volumes tenait dans un placard, chaque meuble, chaque objet ayant été réduit par l'ordinateur aux proportions d'une maison de poupée. [...]

L'ordinateur modifiait et adaptait la structure de l'habitation selon ses prévisions, et tout le monde s'en trouva satisfait jusqu'au jour où la machine s'emballa.

Sans qu'on sache très bien pourquoi, les cerveaux-relais reculèrent progressivement l'échéance de leurs prévisions, se lançant dans des spéculations échevelées. Chaque maison devint ainsi un véritable centre de prospective. Chaque ordinateur, puisant largement aux informations scientifiques, politiques, sociologiques de l'extérieur, s'improvisa futurologue.

Georges s'assit un instant. Sa longue reptation à travers des salles de réception lilliputiennes avait laissé de grandes écorchures sur ses avant-bras. Au fur et à mesure qu'il progressait, le décor et les matériaux changeaient, on quittait manifestement le présent. L'habitat semblait maintenant conçu selon d'autres critères. Ainsi les placards ne contenaient plus la cohorte habituelle de pardessus et d'imperméables qui peuplent la plupart des penderies, mais des alignements de masques à gaz, de matraques. Chaque porte était blindée, des réserves de vivres et de munitions semblaient prévues de pièce en pièce, Georges s'approcha d'un matelas jeté dans l'angle de la chambre où il se tenait, et s'allongea avec l'intention de sommeiller un moment. A peine était-il couché que l'étoffe céda sous son poids, libérant ses entrailles de laine grise. Il s'assit. Posant son index sur la paroi de béton, il se mit à appuyer sans plus forcer que s'il s'était agi d'une sonnette. Immédiatement son ongle s'enfonça lentement, comme la mèche d'une perceuse électrique. Se redressant, il saisit un fusil d'assaut M 16 posé sur un guéridon, le canon en était flexible le métal ayant pris la consistance du caoutchouc. Il en était ici comme partout ailleurs. La maison se développant sans cesse, recyclait progressivement ses matériaux. Plus son chantier de construction avançait dans le futur, plus les substances constituant pour elle le «passé» s'affaiblissaient et se détérioraient. Chaque molécule était peu à peu récupérée à l'arrière et acheminée vers ce que l'ordinateur considérait comme le stade d'habitat le plus adéquat, vers sa dernière réalisation en cours. Le présent des habitants se trouvait ainsi lentement dévoré par la moisissure, la dégénérescence.

1. Observez et décrivez le monde inventé par Brussolo dans *Vue en coupe d'une ville malade,* où l'espace humain est agencé par l'ordinateur. Dans l'espace ci-dessous, créez une carte conceptuelle (Voir *Structure 3*) du monde géré par l'ordinateur en vous inspirant du texte.

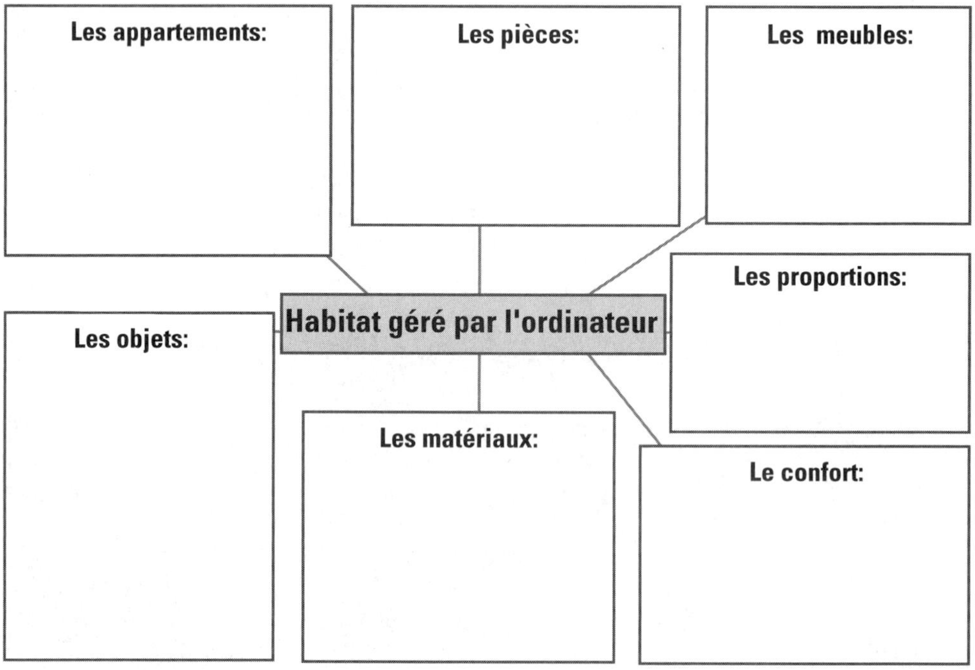

2. En fonction de quels critères l'ordinateur fait-il ses choix d'aménagement de l'espace humain? Suit-il une logique particulière? Cette logique est-elle compatible avec une logique humaine? Pourquoi?

___

___

3. Comme dans le texte de Brussolo, «une maison de poupée» fait en général référence à un espace dont les proportions ont été réduites à l'échelle de l'enfant. Soulignez dans le texte les diverses références à cet espace disproportionné et observez comment cet espace affecte Georges.

Rubrique Immobilière

La Maison du Futur

Bientôt à Los Angeles

Vue de l'extérieur, la Maison du Futur ne se distinguera peut-être pas des autres, elle sera différente à l'intérieur. Le concept est innovateur: les murs de séparation de cette Maison seront mobiles et pourront ainsi s'adapter aux besoins du moment et aux changements de style de vie de ses occupants. Intéressant, non ?

Bientôt, les maisons construites avec ces nouvelles normes seront plus faciles à rénover, grâce à de nouvelles technologies et grâce à de nouveaux matériaux de construction, lesquels seront standardisés afin de pouvoir être fabriqués plus rapidement et à moindre coût.

Le "Partnership for Advancing Technology in Housing" est un programme soutenu par le Gouvernement des Etats-Unis. Ce programme est destiné à accélérer l'usage de ces technologies innovatrices par les Promoteurs Immobiliers.

Le plus gros avantage de ces technologies nouvelles, sera la flexibilité au niveau de l'agencement intérieur de la maison. Par exemple, l'occupant d'une maison peut convertir actuellement une chambre dont il dispose pour en faire un Bureau, et s'il le désire, faire installer le "high speed transmission". Pour ce faire, il doit faire des trous dans les murs. Dans la Maison du Futur, il pourra installer son Bureau à l'endroit qui lui conviendra le mieux. Grâce aux cloisons mobiles, il pourra, par exemple, choisir celui du salon ou celui de la cuisine. Les percements de murs ne seront plus nécessaires, puisque le circuit électrique, le système de communication et l'installation de plomberie seront totalement séparés. De plus ils seront plus faciles d'accès et à manipuler, voire même sans fils du tout.

Ne sommes nous pas à l'ère des « portables », ce qui paraissait inconcevable voici peu de temps ? ...

Corinne Allemand-Labbe,
Expert Immobilier des Français de Los Angeles

4. Selon la rubrique immobilière de Corinne Allemand-Labbe grâce à quel progrès technologiques «la maison du futur» à Los Angeles sera-t-elle mieux adaptée à ses habitants?

____

____

5. En quoi Brussolo et Allemand-Labbe proposent-ils deux visions opposées des usages de la technologie pour aménager l'espace humain? A votre avis, qui des deux aura raison? Expliquez votre réponse.

____

____

ACTIVITES MULTIMEDIA

Activité 6 L'espace gargantuesque

Pour vous guider dans ces activités, consultez la page web de cette *Structure:* www.thomsonedu.com/french/scenarios

Autre espace disproportionné par rapport à l'échelle humaine, «l'espace gargantuesque», contrairement à celui d'une maison de poupée, symbolise un espace dont les proportions sont celles d'un géant. Cependant, à la différence de l'ordinateur qui aménage l'espace humain selon sa propre logique dans le texte de Brussolo, le géant Gargantua aménage le paysage qui l'entoure sans autre logique que celle de ses besoins naturels.

A. Rendez-vous sur le site web de cette *Structure* qui vous offre un résumé de l'œuvre de François Rabelais, *Gargantua*. Après avoir lu ce résumé, lisez les informations sur le personnage de Gargantua, pour en apprendre un peu plus sur ce personnage mythique représenté dans les écrits humanistes de Rabelais à la Renaissance.

B. Au commencement de *Gargantua,* Rabelais offre à ses lecteurs des conseils de lecture:

Amis lecteurs, qui ce livre lisez,
Despouillez-vous de toute affection,
Et, le lisants, ne vous scandalisez:
Il ne contient mal ne infection.
Vray est qu'icy peu de perfection
Vous apprendrez, sinon en cas de rire;
Aultre argument ne peut mon cueur élire,
Voiant le dueil qui vous mine et consomme:
Mieulx est de ris que de larmes escrire,
Pour ce que rire est le propre de l'homme.

François Rabelais, *Gargantua*, 1534

Maintenant, répondez aux questions suivantes.

1. Selon Rabelais, quel sera le critère le plus important pour que le lecteur puisse profiter de sa lecture au maximum? Pourquoi? Qu'est-ce que ce critère laisse suggérer sur le ton du récit qui suivra?

____

____

2. Comment Gargantua façonne-t-il le paysage qui l'entoure? Suit-il une logique particulière en tant qu'«ordonnateur du cosmos»?

____

____

3. Malgré ses proportions démesurées, en quoi le géant Gargantua reste-t-il plus adapté à l'échelle humaine que l'ordinateur du texte de Brussolo?

____

____

4. Des deux visions de l'homme dans l'univers présentées par Brussolo et Rabelais, laquelle vous semble la plus optimiste? Expliquez votre réponse.

____

____

Journal 8

Déménagement forcé

Les locataires de votre immeuble vont devoir déménager car un promoteur a acheté plusieurs immeubles de votre quartier, dont le vôtre, avec l'intention de les démolir pour les remplacer par des immeubles futuristes. Imaginez les diverses transformations proposées par le promoteur et les réactions de votre personnage et des autres locataires. Quel nouvel environnement choisiront-ils? Comment voient-ils leur avenir? Qu'auraient-ils fait s'ils avaient pu rester dans l'immeuble?

____

____

STYLISTIQUE: SOUHAIT ET REGRET

Les verbes modaux

Ils permettent, en français, d'exprimer des variations et des nuances de sens dans le discours. Le verbe **devoir**, par exemple, est un verbe particulièrement versatile pour exprimer, non seulement la nécessité, mais encore le souhait ou le regret, selon le temps ou le mode auquel on l'utilise.

A l'indicatif

Passé composé	Il *a dû* partir à midi.	➔	OBLIGATION	➔	Il est parti à midi parce que c'était nécessaire; il a fallu qu'il parte à midi; il a été obligé de partir à midi *(He had to leave at noon).*
		➔	PROBABILITE	➔	Il est probablement parti à midi (*He must have left at noon / He probably left at noon*).
Imparfait	Elle *devait* partir à midi.	➔	INTENTION	➔	Elle avait l'intention de partir à midi; elle était supposée partir à midi *(She was supposed to leave at noon).*
Présent	Je *dois* partir à midi.	➔	NECESSITE	➔	Il faut que je parte à midi; il est nécessaire que je parte à midi *(I have to leave at noon / I must leave at noon).*
Futur	Tu *devras* partir à midi.	➔	NECESSITE	➔	Il faudra que tu partes à midi; il sera nécessaire que tu partes à midi *(You will have to leave at noon / You will need to leave at noon).*

Au conditionnel

Présent	Vous *devriez* partir à midi.	➔	SOUHAIT	➔	Il serait souhaitable que vous partiez à midi; je vous conseille de partir à midi; je vous recommande de partir à midi *(You should leave at noon).*
Passé	Nous *aurions dû* partir à midi.	➔	REGRET	➔	Je regrette que nous ne soyons pas parti à midi; il aurait fallu que nous partions à midi *(We should have left at noon).*

Rappel grammatical: Le futur, le conditionnel, la concordance des temps

Une section de révision et des exercices d'application sur le futur, le futur antérieur, le mode conditionnel et la concordance des temps se trouvent à la page 201 dans l'*Appendice I.*

Exercices

Souhaits et regrets

1. *La postérité* Dans un exercice précédent, une cartomancienne vous a prédit l'avenir de votre personnage. Votre personnage est-il satisfait ou déçu de ce que son avenir lui réserve? Comment souhaiteriez-vous que l'on se souvienne de votre personnage et de ses actions dans le futur? Qu'est-ce que votre personnage ferait de différent si c'était à refaire? Utilisez le conditionnel présent ou passé dans votre réponse.

____

____

2. *Une réconciliation* Imaginez que votre personnage s'est disputé avec un(e) voisin(e) de l'immeuble. Inventez la raison de cette dispute et ce qui s'est passé. Votre personnage voudrait se réconcilier avec le/la voisin(e) et va:
   a. exprimer ses regrets au sujet de ce qui s'est passé (par exemple: La dernière fois, je n'aurais pas dû vous parler sur ce ton.)

   ____

   ____

   b. donner des conseils pour que cela ne se renouvelle plus (par exemple: La prochaine fois, nous devrions garder notre sang froid.)

   ____

   ____

ECRITURE INTENSIVE

Devoir sur table Contrairement aux autres compositions que vous avez écrites dans ce programme, cette composition finale ne comportera qu'un seul jet. Faites un effort particulier pour rendre à votre professeur un travail aussi correct que possible du point de vue de la syntaxe, de la grammaire et du vocabulaire, sans pour autant négliger de faire un plan cohérent incluant une introduction, des paragraphes bien agencés et une conclusion.

Composition 8

Adaptation du polar ou autoréflexion

www.thomsonedu.com/french/scenarios

Pour ce devoir sur table (que vous pouvez écrire soit à la maison, soit en classe en temps limité, selon les instructions de votre professeur), vous avez le choix entre les trois sujets suivants. Les deux premiers vous proposent une adaptation du polar, l'une à l'écran, l'autre en bande dessinée. Le troisième est un sujet d'autoréflexion.

1. *Adaptation à l'écran* Un(e) cinéaste s'intéresse au polar et voudrait l'adapter à l'écran. Quels acteurs et actrices pourraient jouer chaque personnage de la simulation. Expliquez vos choix. Quelles scènes seraient les plus intéressantes à adapter? La fin de l'histoire serait-elle changée?
2. *Adaptation en bande dessinée* Un(e) dessinateur(-trice) s'intéresse au polar et voudrait l'adapter en bande dessinée avec des possibilités de dérivés (jeux de rôle, jeux vidéo). Il/Elle présente son projet (concept et vision) aux locataires de l'immeuble au cours d'une réunion dont vous décrirez les circons-tances et le déroulement. La description de ce projet devrait comprendre, entre autres, le choix du style de graphisme et des couleurs, la sélection des personnages et l'adaptation de l'intrigue. Enrichissez cette présentation de références et de clins d'œil possibles à la peinture et au cinéma.
3. *Autoréflexion* Dans l'immeuble, vous avez eu la possibilité de devenir quelqu'un d'autre pendant la durée du trimestre/semestre. Expliquez ce que cette expérience vous a fait découvrir sur vous-même et sur votre façon d'écrire. Donnez vos impressions personnelles. Si vous deviez recommencer cette activité, choisiriez-vous une identité différente? Si oui, laquelle? Auriez-vous l'impression de faire le même choix que Gaston dans *Le Voyageur sans bagages* (Voir *Structure 7*)? Quel que soit votre choix, expliquez vos raisons.

APPENDICE I

STRUCTURE PRELIMINAIRE: L'INFINITIF

A. Formes
L'infinitif a deux temps: le présent, qui est une forme simple (**parler**, **finir**, **aller**), et le passé, qui est une forme composée (**avoir parlé**, **avoir fini**, **être allé**).
L'infinitif des verbes réguliers a pour terminaison

- ER: verbes du premier groupe comme **parl-er**.
- IR: verbes du deuxième groupe comme **fin-ir**.
- RE: verbes du troisième groupe comme **rend-re**.

*N.B.: Certains verbes irréguliers se terminent aussi en –ER (**aller**), –IR (**dormir**, **cueillir**), ou –RE (**dire**, **êter**).*

B. Emploi
1. A la forme négative, l'infinitif est précédé des deux parties de la négation.

   Je préfère *ne pas* **imaginer** cela.
   Il aurait aimé *ne jamais* l'**avoir rencontré**(**e**).
   Souviens-toi de *ne rien* **raconter** sur ta vie tapageuse.
   Nous pensions *ne plus* **avoir** à y penser.

2. Avec les négations en trois parties, l'usage varie avec l'infinitif présent et passé.

   Il avoue *ne pas encore* le **savoir**.
   Saurais-tu *ne plus jamais* y **penser**?
   Il avoue *ne* l'**avoir** *plus jamais* **fait**.
   J'ai honte de *ne pas* y **avoir** *encore* **pensé**.

   - Mais on dit:

   Je *ne* veux **parler** à *personne*, et surtout n'**entendre** *aucun* commentaire.

3. Certains verbes ont une construction différente selon qu'ils sont suivis d'un nom ou d'un autre verbe.

   Je ne regrette pas mes actions. (+ objet direct)
   Je regrette de ne pas t'avoir vue. (+ **de** + infinitif)

4. Dans une phrase, les verbes à l'infinitif qui sont l'objet du verbe principal sont
   - soit l'objet direct du verbe qui les précède

   J'aime regarder les berges fleuries.

   - soit l'objet indirect introduit par les prépositions **à** ou **de**.

   Cela donne à rêver.
   J'ai eu envie d'écrire.

(Voir *Verbes suivis de l'infinitif complément* dans l'*Appendice II* à la page 214.)

5. L'infinitif est aussi utilisé dans les formules suivantes:
   - Il + être + adjectif + de + infinitif

     Il est agréable de mener une vie insouciante.

*N.B.: Le **il** impersonnel peut aussi être remplacé par **ce** dans la langue parlée.*

C'est agréable de mener une vie insouciante.

- Ce + être + adjectif + à + infinitif

  C'est impossible à croire.

STRUCTURE 1: L'ADJECTIF ET L'ADVERBE

L'adjectif

A. Formes: Mot variable qui transforme un nom auquel il s'accorde en genre et en nombre.

B. Emploi: En français, l'adjectif qualificatif peut suivre ou précéder le nom modifié. Le placement dépend de l'adjectif lui-même. Pourtant, l'adjectif, en général, trouve sa place après le nom.

1. Les adjectifs qui suivent le nom
   - Adjectifs de couleur ou de forme (des cheveux *châtains,* la nuque très *droite*)
   - Adjectifs formés à partir d'un nom propre *(leirissien)*
   - Adjectifs de nationalité, d'office, d'origine, de religion (l'Afrique *tropicale*)
   - Adjectifs formés à partir du participe présent ou du passé d'un verbe (la peau *luisante,* un front *développé*)
   - Adjectifs modifiés par un adverbe court *(assez, plus, très).* L'adverbe et l'adjectif se placent soit avant soit après le nom (une *assez bonne* santé, les jambes *un peu courtes*).
2. Les adjectifs qui précèdent le nom
   - Adjectifs possessifs, démonstratifs, interrogatifs (*mes* mains, *ces* gestes, *quels* gestes?)
   - Adjectifs cardinaux et ordinaux (*trente-quatre* ans, ma *première* jeunesse)
   - Adjectifs qualifiant un nom propre (le *jeune* Leiris)
   - Adjectifs courts d'usage très fréquent dans le français courant (*autre, beau, bon, bref, certain, court, gentil, grand, jeune, joli, long, mauvais, même, petit, tel, vieux;* de *telles* paroles, de *grandes* chances, un *certain* nombre)
3. Dans tous les cas, si on veut mettre l'adjectif en valeur ou si on veut créer un effet stylistique, on peut changer la place habituelle de l'adjectif.

   ma plus lointaine enfance (*Mais:* mon enfance la plus lointaine)
   un sanglant démenti (*Mais:* un démenti sanglant)
   une relative liberté (*Mais:* une liberté relative)
4. Lorsqu'un même nom est qualifié par deux ou plusieurs adjectifs, chaque adjectif garde sa place avant ou après le nom.

   une grande tristesse pesante

5. Si les deux adjectifs ont la même place et s'ils sont d'une importance qualificative égale, on les unit par une virgule ou par les conjonctions **et** et **ou**.

   un front développé, bossué

   une peau luisante et colorée

   un menton faible ou fuyant

6. Si l'un des adjectifs peut former avec le nom une sorte de «nom composé», l'autre adjectif est placé après le premier sans conjonction. Si les deux adjectifs précèdent le nom, l'adjectif est placé devant le «nom composé».

   des femmes enceintes resplendissantes

   le charmant petit dernier

7. Il y a des adjectifs qui changent de sens selon qu'ils précèdent ou suivent le nom. En général, ils gardent leur sens littéral lorsqu'ils suivent le nom et acquièrent un sens figuré lorsqu'ils le précèdent.

ancien	former / ancient
vieux	old / aged
brave	good / brave
pauvre	poor / moneyless
certain	certain, some / unquestionable
divers	a vague number / varied, different
même	same / itself
propre	own / clean
méchant	bad / who expresses hostility
cher	dear / expensive
simple	single / easy, simple
différent	various / different
grand	great / tall
seul	the only one / only
prochain	the following one (next in a series) / the next one (from now)
dernier	last in a series / past
premier	first in a series / past

L'adverbe

A. Formes

Mettre l'adjectif au féminin singulier et y ajouter **-ment**.

seul	→	seule	→	seulement
complet	→	complète	→	complètement
relatif	→	relative	→	relativement
léger	→	légère	→	légèrement

Pourtant:

1. Si l'adjectif a la même forme au masculin et au féminin singulier, c'est-à-dire qu'il se termine déjà par un **-e**, on ajoute simplement **-ment**.

pénible	→	péniblement
faible	→	faiblement

2. Si l'adjectif masculin se termine par **-ant**, on remplace **-ant** par **-amment**.

   nonchalant → nonchalamment

3. Si l'adjectif masculin se termine par **-ent**, on remplace **-ent** par **-emment**.

   récent → récemment

   Exception: présent (présente) → présentement

4. Certains adverbes sont irréguliers car on leur ajoute un accent.

		aveugle	→	aveuglément
confus	→	confuse	→	confusément
		énorme	→	énormément
précis	→	précise	→	précisément
profond	→	profonde	→	profondément

5. D'autres ont des irrégularités de types variés.

bref	→	brève	→	brièvement
bon	→	bonne	→	bien
gentil	→	gentille	→	gentiment
mauvais	→	mauvaise	→	mal
meilleur	→	meilleure	→	mieux

B. Emploi et place de l'adverbe

1. L'adverbe modifie un autre adverbe, un adjectif ou un verbe. Il se place généralement avant le mot qu'il modifie.

   le bord des paupières habituellement enflammé

   les veines temporales exagérément noueuses et saillantes

2. Avec un verbe à un temps simple, l'adverbe se place généralement après le verbe. Un adverbe de temps ou de lieu peut précéder le sujet ou suivre le verbe ou le complément d'objet.

   Je fus littéralement écœuré.

   Il finira fatalement par mourir.

3. Lorsqu'un verbe est conjugué à un temps composé, l'adverbe qui le modifie se place généralement entre l'auxiliaire et le (premier) participe passé.

   J'ai vraisemblablement été abandonné.

   *Exceptions: Les adverbes de lieu (**là-bas**), et de temps (**aujourd'hui**, **hier**) peuvent soit se placer au début de la phrase, soit après le participe passé, soit en fin de phrase. **Tard** se mettra après le participe passé. Cependant, les adverbes de temps (**déjà**, **souvent**, **toujours**) précéderont le participe passé.*

   Hier, ils sont arrivés tard, mais là-bas, ils sont toujours arrivés avant la nuit.

4. Pour mettre l'adverbe en relief, il peut être placé en début de phrase.

   Sexuellement, je ne suis pas un anormal.

5. Les adverbes **à peine**, **aussi**, **du moins** et **peut-être** exigent l'inversion du verbe et de son sujet lorsqu'ils se trouvent au début de la phrase.

   Peut-être suis-je méconnu.

6. L'adverbe peut être utilisé comme nom.

   dire du bien ou du mal de quelqu'un

Exercices: Pratique orale et/ou écrite

Niveau I

I. Lisez et écrivez les phrases suivantes en introduisant l'adjectif ou les adjectifs entre parenthèses, en mettant chaque adjectif à la place qui convient et en faisant tout autre changement nécessaire.

Exemple: Ce sont des jeunes filles. (joli)
Ce sont de jolies jeunes filles.

1. Dorothée a des admirateurs. (jeune)
2. Le maître de l'enfant est avare. (vieux)
3. Où sont les éventails? (nouveau / parisien)
4. Sa taille est mince. (stupéfiant)
5. Son amour ne la hante pas. (premier / grand)
6. Avez-vous remarqué sa chevelure? (grandiose)
7. Elle fait une sieste. (long)
8. On sent un parfum excitant. (autre)
9. La porte est fermée. (ancien / étroit)
10. Quelle est sa rêverie? (dernier / petit)
11. Ce maître n'aime que les écus. (mauvais)
12. Vous avez escaladé cette montagne. (haut)
13. C'est une jeune femme. (coquet / souriant)
14. Sa sœur réussira. (grand / brun)
15. Voici un éventail. (beau / simple)
16. Qui est cet officier? (vieux)
17. Ces sentiers sont agréables. (petit / facile)
18. Cette opérette est très connue. (nouveau / français)
19. Voici une créature qui me plaît beaucoup. (charmant / spirituel)
20. Le vent soulève sa jupe. (collant / beau)

II. Donnez l'adverbe qui correspond aux adjectifs suivants.

1. lâche → ____________
2. patient → ____________
3. précis → ____________
4. innocent → ____________
5. doux → ____________
6. naïf → ____________
7. paresseux → ____________
8. puissant → ____________
9. bref → ____________
10. particulier → ____________
11. vrai → ____________
12. énorme → ____________
13. parfait → ____________
14. infaillible → ____________
15. certain → ____________
16. absolu → ____________
17. troisième → ____________
18. courant → ____________
19. suffisant → ____________
20. coquet → ____________
21. difficile → ____________
22. facile → ____________
23. immédiat → ____________
24. rare → ____________
25. prodigieux → ____________
26. gentil → ____________
27. heureux → ____________
28. essentiel → ____________
29. actuel → ____________
30. brillant → ____________

31. poli → ____________
32. obscur → ____________
33. vif → ____________
34. fidèle → ____________
35. secret → ____________
36. mou → ____________

III. Introduisez l'adverbe entre parenthèses dans les phrases suivantes. Attention au placement.

1. Je l'ai remercié. (grandement)
2. Il a dit qu'il viendrait. (sûrement)
3. Dorothée s'est mise en route. (rapidement)
4. Nous lui avons tout expliqué. (longuement)
5. Après avoir parlé, il nous a quittés. (brièvement)
6. Il est parti. (certainement)
7. Il a dit qu'elle vivait. (étroitement)
8. Nous nous sommes excusés. (profondément)
9. Le professeur a expliqué la deuxième fois. (mieux)
10. Comment se fait-il qu'elle l'aime? (aveuglément)

Niveau II

I. Récrivez les phrases suivantes en insérant l'adjectif entre parenthèses à l'endroit qui convient; faites accorder l'adjectif avec le nom en italiques et faites tout autre changement nécessaire. Attention: Ces adjectifs changent de sens selon leur place dans la phrase. Il est donc nécessaire de bien comprendre la phrase avant d'insérer l'adjectif. (Référez-vous à la liste des adjectifs qui peuvent être pré-nominaux et à leur sens.)

Exemple: Ne me racontez pas ces histoires. (ancien)
Ne me racontez pas ces anciennes histoires.

1. Un monsieur est venu vous parler. (certain)
2. Baudelaire était un poète du dix-neuvième siècle. (grand)
3. Voilà l'officier que vous avez vu hier. (même)
4. Cet enfant n'a pas de parents. (pauvre)
5. Ce n'est pas son ombrelle, c'est mon ombrelle! (propre)
6. Mon amie, ne pleure pas! (cher)
7. Il n'est pas très fort, mais c'est un garçon qui ne vous laissera jamais tomber. (brave)
8. Mon admirateur m'a souvent parlé de cela. (ancien)
9. Ce n'est qu'un homme sans ambition. (bon)
10. Cette personne dont vous me parlez, qui est-ce en réalité? (seul)
11. Un individu qui traînait les pieds nous a suivis partout. (grand)
12. Nous cherchions une beauté. (différent)
13. Tu ne dois pas acheter cette robe; ton maître se fâchera. (cher)
14. Allons nous asseoir à cette table. (propre)
15. Il y a des arbres le long de l'avenue. (prochain)
16. Bien que je ne doive pas fumer, je t'en prie, ne m'enlève pas ma cigarette. (dernier)
17. Quels regards elle a reçus! (mauvais)
18. La vie d'une esclave n'est pas toujours très agréable. (pauvre)
19. Cette conversation m'a profondément dérangée. (simple)
20. Les lourdes pendeloques gazouillent à ses oreilles. (ancien)

II. Récrivez les phrases suivantes en formant les adverbes correspondant aux adjectifs entre parenthèses et en les insérant dans la phrase à l'endroit qui convient.

Exemple: La faune et la flore marines sont menacées aujourd'hui. (grave)
La faune et la flore marines sont gravement menacées aujourd'hui.

1. Elle a diminué depuis vingt ans. (énorme)
2. La Méditerranée, par exemple, est polluée. (sérieux)
3. On comprend les conséquences seulement quand elles deviennent manifestes. (facile)
4. On était sûr qu'il n'y avait pas de résultat particulier. (pratique)
5. S'il n'avait pas dépensé autant d'argent, il aurait de quoi vivre maintenant. (constant)
6. Malgré tous nos efforts, les idées et les valeurs des autres enfants affectent nos propres enfants. (indirect)
7. Elle est arrivée à six heures et demie, mais ses amis étaient déjà partis. (malheureux)
8. Si on ne lui avait pas défendu de parler, il aurait révélé la vérité. (innocent)
9. Tout le monde veut gagner sa vie. (bon)

III. Etudiez la maxime suivante et expliquez l'emploi des mots soulignés.

Sur dix personnes qui parlent de nous, neuf disent du mal, et souvent la seule personne qui en dit du bien le dit mal.

Antoine de Rivarol (1753–1801), *Pensées, Maximes et Essais*

STRUCTURE 2: LES DEMONSTRATIFS

L'adjectif démonstratif

A. Formes

	Masculin	**Féminin**
Singulier	ce (cet)	cette
Pluriel	ces	ces

1. Au masculin singulier devant une voyelle ou un **h** muet, l'adjectif démonstratif a pour forme **cet**, excepté devant **onzième**, **huitième** et **yacht**.
2. On peut renforcer ou rendre plus précises ces formes en ajoutant les adverbes **-ci** et **-là** au nom modifié. Ces adverbes servent à distinguer ce qui est proche (**-ci**) de ce qui est éloigné (**-là**).

   Certainement parmi ces bonnes gens-là les convives de cette salle avaient été choisis.

B. Emploi

1. L'adjectif démonstratif se place devant le nom qu'il qualifie.

   Ces gens semblaient à peine se connaître.

2. Il s'accorde en genre et en nombre avec le nom.

   Il expliquait ainsi plus tard cette impression.

Le pronom démonstratif

A. Formes
Les pronoms démonstratifs se divisent en deux catégories.

1. Les pronoms démonstratifs variables

	Masculin	Féminin
Singulier	celui (-ci, -là)	celle (-ci, -là)
Pluriel	ceux (-ci, -là)	celles (-ci, -là)

2. Les pronoms démonstratifs invariables

   ce / ça
   ceci / cela

B. Emploi des formes variables
1. Le pronom démonstratif variable s'accorde en genre et en nombre avec son antécédent.

   Il leva la tête pour regarder les convives et écouter ceux qui parlaient.

2. Parfois le nombre est sous-entendu:

   C'était un repas comme ceux que l'on offre la veille des noces de campagne.
   (L'idée d'habitude est sous-entendue, d'où le pluriel désignant ce type de repas.)

3. Les formes **celui-ci** et **celui-là** servent à traduire l'anglais *the latter* (**celui-ci**) et *the former* (**celui-là**).

   Celle-ci portait sur le front une capeline tricotée.

4. En général, le pronom démonstratif variable est modifié
   - soit par l'adverbe **-ci** ou **-là**.

     Mais il était aisé de voir que ceux-ci n'avaient jamais navigué plus loin que le bout du canton.

   - soit par une proposition relative (dans quel cas **-ci** et **-là** sont généralement omis).

     Celle qui parlait portait sur le front une capeline tricotée.

   - soit par un complément prépositionnel (dans quel cas **-ci** et **-là** sont également omis).

     Ceux sans qui il n'y aurait pas eu de fête semblaient à peine se connaître.

5. Les formes de **celui-là** peuvent s'employer de façon péjorative.

   Celle-là, elle me ferait mettre en colère!

C. Emploi des formes invariables
1. **Ceci / Cela** (**Ça** pour la forme familière)

   L'antécédent de ce pronom est une expression indéfinie (un fait, une idée) n'ayant donc ni nombre, ni genre. Il est employé comme sujet de tous les verbes sauf **être**. Il peut aussi fonctionner comme objet d'un verbe ou d'une préposition.

Ceci s'emploie pour présenter l'antécédent; **cela** s'emploie lorsque l'antécédent est déjà mentionné dans la phrase.

Ceci semblait évident à Meaulnes: les gens se connaissaient à peine.

Les gens se connaissaient à peine; cela semblait évident à Meaulnes.

2. **Ce** (**C'** devant la lettre **e**, **Ç** devant la lettre **a**)

- Il s'emploie en tant que sujet du verbe **être**.

  C'était dans une grande salle au plafond bas...

- Si l'antécédent est défini, il s'emploie lorsque l'attribut du verbe **être** est:

  a. un nom + article (singulier ou pluriel; si l'antécédent est un être humain, on peut le remplacer par un pronom personnel)

  Quant aux autres, c'étaient des adolescents et des enfants.

  b. un nom propre

  C'était Meaulnes qui était assis auprès de deux vieilles paysannes.

  c. un pronom

  C'était lui qui avait enjambé un banc.

  d. un superlatif

  C'était la fête la plus étrange à laquelle il ait jamais participé.

- **Ce** sert de sujet au verbe **être** lorsque l'antécédent est une expression indéfinie. (Il est toutefois permis d'employer **ceci** ou **cela**, même avec le verbe **être**.)

  Se renseigner sur la fête, ce sera difficile.

- **Ce** s'emploie comme sujet du verbe **être** pour mettre en relief:

  a. une proposition qui serait alors le vrai sujet du verbe.

  Pour célébrer la venue de sa fiancée, c'était pourquoi le jeune homme avait invité les enfants et les vieilles gens.

  b. un ou plusieurs noms qui précèdent le verbe **être**.

  La joie et l'amitié, c'était l'ordre du jour.

  c. une expression: la construction est alors **ce + être + que**

  C'est que Meaulnes se sentait mal à l'aise.

- Ces mêmes emplois sont valables:

  a. si le verbe **être** est précédé d'un semi-auxiliaire (**devoir** ou **pouvoir**).

  La jeune femme si belle, ce doit être la fiancée.

  b. lorsque l'attribut du verbe **être** est au pluriel, **être** s'accorde avec lui → **ce sont**. L'exception est faite pour **nous** et **vous** → **c'est nous**, **c'est vous**.

  Quant aux autres, c'étaient des adolescents et des enfants.

3. **Ça** s'emploie dans la conversation à la place de:

- cela

  Ça se voyait que les invités ne se connaissaient pas.

- il (dans la construction **il + est +** adjectif)

  Ça m'étonne qu'il ne soit pas encore arrivé (au lieu de: Il est étonnant qu'il ne soit pas encore arrivé.)

Exercices: Pratique orale et/ou écrite

Niveau I

I. Lisez ou écrivez les phrases suivantes en donnant l'adjectif démonstratif qui convient.

1. Elle attend dans __________ salle de classe.
2. __________ gens m'ennuient.
3. __________ enfant est toujours méchant.
4. Qui est-ce qui vous a raconté __________ étrange histoire?
5. __________ grande salle au plafond bas est parfaite.
6. Quand avez-vous parlé avec __________ ancien marin?
7. Nous aimons bien __________ hôtel.
8. __________ café est très bon.
9. Qui a laissé __________ deux enfants tout seuls?
10. Il y avait beaucoup de gens à __________ fête étrange.

II. Remplacez les adjectifs démonstratifs et les noms qu'ils modifient par les pronoms démonstratifs convenables.

Exemple: Cette leçon-ci est facile.
Celle-ci est facile.

1. Il préfère ce livre-ci.
2. Vois-tu ces hommes-là?
3. Je voudrais acheter cette auto-là.
4. Avez-vous déjà étudié cette leçon-ci?
5. Allons voir ces deux vieilles femmes-là.
6. Ce banc-ci est sale.
7. Avez-vous parlé à ces étudiants-ci?
8. Ma mère a acheté ces gants-ci.

III. Répondez aux questions et aux phrases suivantes selon les modèles donnés.

Exemple: J'aime mieux ce livre-ci. Et toi?
— Non, je préfère celui-là.

1. Je préfère ces robes-ci. Et votre sœur?
2. Il aime mieux cette cravate-ci. Et vous?
3. Ma mère aime mieux ces souliers-ci. Et toi?
4. Nous aimons mieux ce stylo-ci. Et eux?

Exemple: Voilà un bon livre.
— Oui, mais celui de mon ami est meilleur.

5. Voilà de bons CD.
6. Voilà de bonnes explications.
7. Voilà un bon métier.
8. Voilà une bonne bicyclette.

Exemple: Voilà deux livres intéressants.
— Celui-ci est plus intéressant que celui-là.

9. Voilà des bonbons délicieux.
10. Voilà deux jolies maisons.
11. Voilà de bonnes pommes.
12. Voilà deux étudiants intelligents.

Niveau II

I. Récrivez les phrases suivantes et évitez la répétition d'un nom en remplaçant les mots en italique par le pronom démonstratif qui convient. Attention aux modifications des formes contractées préposition + article (aux amis → à ces amis).

Exemple: Voilà un livre. C'est le livre que j'ai lu hier soir.
C'est celui que j'ai lu hier soir.

1. J'ai une lettre. C'est la lettre qu'elle m'a écrite.
2. Tandis que je pensais aux pièces de Corneille, vous pensiez aux pièces de Molière.
3. Mes amis me rendent souvent visite; les amis de Robert ne lui rendent jamais visite.
4. Il y avait deux bancs devant le château; le banc le plus proche était le plus long.
5. Les marins étaient assis. Les marins n'avaient pas fait le tour du monde.
6. Les deux enfants avaient lâché les mains de l'écolier. Les deux enfants étaient partis très vite et l'écolier était resté sans bouger.
7. Les deux vieilles femmes causaient; la plus vieille en tricotant, l'autre en brodant.
8. Le jeune garçon voulait recevoir sa fiancée dans un palais. Il avait invité sa fiancée longtemps à l'avance.
9. Le dernier voyage des marins avait été long. Le dernier voyage les avait emmenés jusqu'en Chine.
10. J'aime les philosophes du dix-septième siècle, surtout Pascal et La Rochefoucauld. La Rochefoucauld était soldat; Pascal était physicien.

II. Remplacez les tirets par le pronom ou l'adjectif démonstratif qui convient.

1. Les marins qui partent sont rasés, ___________ qui restent ne le sont pas.
2. C'est dans ___________ château qu'il voulait la recevoir.
3. ___________ étrange garçon réglait tout à sa guise dans le Domaine.
4. C'est lui qui avait invité ___________ enfants et ___________ vieilles femmes.
5. Au bout d'un instant il regarda le jeune homme. ___________ était très grand.
6. Il aimait habiter parmi ___________ bonnes gens.
7. ___________ belle jeune fille l'intriguait, c'est pourquoi il l'avait invitée à cette fête.
8. C'était ___________ qu'il préférait. (la jeune fille)
9. ___________ église date du dix-septième siècle, tandis que ___________ que vous décrivez date du dix-huitième.
10. J'ai retrouvé mon stylo, mais pas ___________ de Jean, ___________ qui me rend furieux.

III. Remplacez les tirets dans les phrases suivantes par **ces**, **cet**, **c'est** ou **ses** selon le cas.

1. ___________ un ami à moi. Il a besoin qu'on lui dise ___________ quatre vérités. Ce n'est pas avec ___________ air arrogant qu'il arrivera à ___________ fins. ___________ dommage, car autrement, ___________ un garçon charmant. Enfin, à chacun ___________ défauts!

2. Elle avait de __________ grands yeux qui parlaient et avec __________ dents qui brillaient, __________ inouï, mais elle me souriait. Tout le monde disait: __________ une chienne, __________ impossible qu'elle sourie!

STRUCTURE 3: LES PRONOMS RELATIFS

A. Fonction

Les pronoms relatifs introduisent une proposition relative ou subordonnée. Ils remplacent un nom ou un autre pronom et permettent d'éviter une répétition. Ils varient selon leur antécédent et selon leur fonction dans la relative. Ils relient deux propositions.

1. En tant que pronom, son antécédent peut être:
   - une personne
   - une chose
   - une idée, une proposition, une expression, quelque chose d'imprécis ou d'indéterminé
2. Dans la proposition subordonnée, le pronom relatif peut être:
   - le sujet du verbe
   - le complément d'objet direct
   - l'objet d'une préposition

B. Formes

Antécédent: fonction	Personne	Chose	Expression
sujet	qui	qui	ce qui
objet	que	que	ce que
objet de préposition	qui	lequel	ce + préposition + quoi

N.B.: Le pronom ***lequel*** *a les mêmes formes simples et contractées, qu'il ait la fonction de pronom relatif ou de pronom interrogatif.*

C. Emploi

Le pronom relatif doit toujours être exprimé en français.

1. QUI = SUJET
   - **Qui** fonctionne comme sujet de la proposition relative.

     On recommence à aimer ces gravures pour une seule et même raison qui est qu'elles ont l'air Second Empire.
   - Il a comme antécédent soit une personne, soit une chose.

     Je n'étais pas éloigné de croire que chaque spectateur regardait comme dans un stéréoscope un décor qui n'était que pour lui.
   - Le verbe d'une proposition relative introduite par **qui** s'accorde avec l'antécédent de **qui**.

     Rien n'était plus désintéressé et plus heureux que <u>les rêves</u> offerts à mon imagination par chaque pièce et qui étaient conditionnés à la fois par les images inséparables <u>des mots</u> qui en composaient le titre et aussi la couleur des affiches.

- Pour éviter une ambiguïté on peut employer une forme de **lequel**.

  Rien ne me paraissait plus différent, si ce n'était une de ces œuvres étranges lesquelles s'inscrivaient sur l'affiche lie de vin de la Comédie-Française.

2. QUE = OBJET DIRECT

- **Que** fonctionne comme complément d'objet direct dans une proposition relative.

  Mon oncle prononçait infailliblement ces mots que le valet de chambre répétait avec étonnement: «Deux heures et quart»...

- Il a comme antécédent soit une personne, soit une chose.

  Mon oncle, que son valet de chambre aurait craint de troubler d'un seul mouvement, se plongeait alors dans une méditation.

- **Que** est remplacé par sa forme contractée (**qu'**) devant une voyelle ou un **h** muet.

  Je courais jusqu'à la colonne Morris pour voir les spectacles qu'elle annonçait.

- On a souvent recours à une inversion stylistique du sujet et du verbe après **que**. Ceci a lieu le plus fréquemment lorsque le verbe est modifié et à un temps simple, et lorsque son sujet est un nom.

  Chaque spectateur regardait un décor semblable aux milliers d'autres que regardait, chacun pour soi, le reste des spectateurs.

- **Que** étant un objet direct, il faut généralement faire l'accord du participe passé des verbes conjugués avec **avoir**.

  ...les plafonds peints que j'avais admirés...

3. OBJET D'UNE PREPOSITION

- Lorsque l'antécédent est une personne, il est préférable d'utiliser **qui**.

  L'oncle Adolphe, chez qui Marcel allait une ou deux fois par mois, connaissait bien les grandes actrices.

- Une forme de **lequel** est aussi acceptable, mais moins courante.

Pourtant: Après les prépositions **entre**, **parmi**, **sans** et **selon**, une forme de **lequel** est obligatoire, même si l'antécédent est une personne. **Qui** n'est pas permis après **entre** et **parmi**. Lorsque l'antécédent est une chose précise, il faut employer une forme de **lequel**.

Lequel s'accorde en genre et en nombre avec son antécédent et présente des formes contractées avec les prépositions **à** et **de**.

  Nous traversions un salon dans lequel on ne s'arrêtait jamais;... puis nous passions dans son cabinet de travail aux murs duquel étaient accrochées des gravures...

4. DONT

- Lorsque le pronom relatif remplace **de** + nom, on utilise **dont** immédiatement après son antécédent.

  On ne s'arrêtait jamais dans le salon dont les murs étaient ornés de moulures dorées.

- **Dont** sert parfois à exprimer une relation de possession.

  Mon oncle, dont le valet de chambre répétait les paroles, hésitait parfois...
  (Le valet de chambre de mon oncle)

- Il est toutefois permis (et même recommandé dans les phrases longues où il risquerait d'y avoir un doute sur l'antécédent) d'employer les autres formes du pronom relatif: **de qui**, **duquel**, **de laquelle**, **desquels**.

  On ne s'arrêtait jamais dans le salon duquel les murs étaient ornés de moulures dorées.
- Le participe passé ne s'accorde jamais avec **dont**.
- L'emploi de **dont** est interdit dans les cas suivants (utilisez à la place les formes **de qui**, **duquel**, **de laquelle**).

  a. comme forme interrogative

     De qui est la pièce *Domino noir*?

  b. lorsque de suit un nom introduit par une préposition et qu'il y a un rapport de possession entre ce nom et l'antécédent du pronom relatif objet de la préposition **de**.

     aux murs duquel étaient accrochées des gravures

  c. lorsque **de** fait partie de la locution prépositionnelle (**à côté de**, **au delà de**, **en face de**, **au dessous de**)

     On traversait le salon à côté duquel se trouvait son cabinet de travail.

5. OÙ

- Lorsque la préposition + le pronom relatif servent d'expression de lieu ou de temps et que l'antécédent du pronom relatif est une chose, on emploie **où**. L'emploi de **où** est interdit lorsque l'antécédent est une personne.

  Il courait jusqu'à la colonne Morris où les spectacles étaient annoncés.

  Le jour où il irait au théâtre pour la première fois n'était pas encore venu.
- Utilisez **d'où** pour remplacer la préposition **de + où**.

  Il regardait par la fenêtre chez son oncle, d'où il voyait tous les toits de Paris.

6. PRONOMS RELATIFS DONT L'ANTECEDENT N'EST NI UN NOM NI UN PRONOM

   Il arrive que l'antécédent d'un pronom relatif soit une idée, une expression, un verbe ou une autre proposition, et que l'antécédent consiste donc de plusieurs mots. Il arrive aussi que l'antécédent soit imprécis ou indéterminé et qu'il n'apparaisse même pas dans la proposition principale. Le français ajoute donc un **ce** neutre devant le pronom relatif, ce qui lui sert d'antécédent précis.

A. Formes

Sujet	ce qui	
Objet	ce que	ce + préposition + quoi
Complément prépositionnel	ce dont	(lorsqu'il s'agit de la préposition **de**)

Nous passions dans ce qu'il appelait son cabinet de travail.

B. Emploi

1. Si la phrase commence par une de ces formes, on peut répéter **ce** devant le verbe principal. Ceci a lieu le plus fréquemment lorsque le verbe principal est **être**.

   Ce qui fascinait Marcel, c'était le théâtre, c'étaient les actrices.

2. **Ce** est obligatoire si la proposition relative vient en début de phrase, mais facultatif si elle est en milieu de phrase.

   Avait-il bien envisagé ce à quoi le théâtre ressemblait?

   Avait-il bien envisagé à quoi le théâtre ressemblait?

   Ce à quoi le théâtre ressemblait, il n'avait pas bien envisagé.

3. **Ce** n'est jamais omis devant **dont**.
4. Cette forme du pronom relatif s'emploie dans certaines expressions fixes: **tout ce qui**, **tout ce que**, **tout ce dont**, **tout ce** + préposition + **quoi**, **voilà ce qui**, **voilà ce que**, **voilà ce dont**, **voilà ce** + préposition + **quoi**.

   Tout ce que je connaissais d'elles, c'étaient leurs titres.

Exercices: Pratique orale et/ou écrite

Niveau I

I. Reliez les deux phrases à l'aide d'un pronom relatif qui remplacera le(s) mot(s) souligné(s) et faites tout autre changement nécessaire.

Exemple: C'est un homme. Il semble sympathique.
C'est un homme qui semble sympathique.

1. L'automobile est un luxe. Nous ne pouvons pas nous le permettre.
2. L'avocat a environ cinquante ans. Je te parle de cet avocat.
3. C'est un long travail. Il exige de la patience.
4. Je cherche un livre. Il est sur l'étagère.
5. Me prêteras-tu ce livre? Tu me parlais de ce livre hier.
6. Bonaparte a une réputation immortelle. Il est mort en exil.
7. Les questions étaient excellentes. J'ai répondu à ces questions.
8. La ville a été bombardée. Ce poète est né dans cette ville.
9. Plusieurs hommes avançaient lentement vers la cabane. Le guide était parmi ces hommes.
10. Eva s'est blessée. Nous la voyons régulièrement.
11. Il vous faut quelque chose. Je ne l'ai pas.
12. Il ne vient pas le dimanche. Vous n'avez pas pensé à cela.
13. J'avais envie de quelque chose. Mon père ne me l'a pas donné.
14. Vous avez parlé à cet homme. Il vous a mal renseigné.
15. Voici la faute de grammaire. Jean a fait cette faute.
16. J'aime beaucoup la pièce. J'ai vu cette pièce hier soir.
17. Voilà quelques-uns de mes amis. Sans mes amis je ne parlerais jamais français.
19. Le stylo est rouge. J'ai écrit cette lettre avec ce stylo.
20. L'école est grande. Robert a garé la voiture derrière cette école.

II. Répétez la phrase en introduisant un pronom relatif et un pronom tonique pour accentuer le pronom souligné.

Exemples: Tu es en retard. / C'est toi qui es en retard.
Je te parle. / C'est à toi que je parle.

1. Je t'écoute. ____________________
2. Je m'en vais. ____________________

3. Il te l'a confié. ______________________________
4. Ils te l'ont confié. ______________________________
5. Nous sommes partis les derniers. ______________________________
6. Vous êtes si avare! ______________________________
7. J'ai peur de lui. ______________________________
8. Je les attends depuis une heure. ______________________________

Niveau II

I. Transformez les propositions suivantes en une seule phrase à l'aide d'un ou de plusieurs pronoms relatifs.

Exemple: Ce sont de gros chiens. Tu en es fier. Ils me font peur.
Ce sont de gros chiens dont tu es fier et qui me font peur.

1. C'est un roman. Il est épais. J'en ai besoin.
2. Ce sont de dures punitions. Tu les administres. J'hésite entre elles.
3. Ce médicament est très fort. Ton médecin te le recommande. J'en prends souvent.
4. Cet exercice est difficile. J'ai besoin de ton aide pour cet exercice.
5. Pour aller à Paris, il faut prendre l'avion. J'ai peur de prendre l'avion.
6. Mes amis arrivent ce soir. Ils sont parisiens. Je vous ai parlé d'eux.
7. La ville de Florence est très belle. Je l'ai déjà visitée. J'y envoie tous mes amis.
8. Votre maison me plaît. Vous venez de l'acheter. On vous en fait souvent l'éloge.
9. Tes amis sont des monstres. Ils m'ont mal traitée. Je vais me venger d'eux.

II. Remplacez les tirets par la forme du pronom **lequel** qui convient.

1. L'animal par __________ j'ai été mordu n'avait pas la rage.
2. Les toits sur __________ la pluie tombe sont gris.
3. La fenêtre à travers __________ je vois le soleil est petite.
4. Les leçons grâce à __________ vous apprenez le français sont longues.
5. L'été pendant __________ j'étais à Paris a passé trop vite.
6. Le passager à côté de __________ je viens de m'asseoir est très antipathique.
7. La femme en face de __________ il s'est assis s'est endormie.
8. Leurs enfants contre __________ je me suis battue sont tombés du train.
9. Les dauphins à __________ je donne du poisson poussent des cris de joie.
10. La poussière à __________ je suis allergique me fait éternuer.

III. Remplacez les tirets par le pronom relatif qui convient ou **ce** + le pronom relatif correct.

1. J'apprends le français, __________ est difficile.
2. La voisine __________ je déteste a un chien __________ fait trop de bruit.
3. Sa fille, __________ est très aimable et __________ j'aime beaucoup, m'apporte des fruits.
4. Elle m'apporte des fruits de son jardin, __________ est très gentil.
5. Elle me donne tout __________ pourrait me faire plaisir.
6. Elle sait __________ je l'aime bien.
7. Elle connaît mes goûts; elle sait __________ j'aime.
8. Les tigres, __________ ont des griffes, n'ont pas peur des roses.

9. Les roses ____________ je fais pousser dans mon jardin n'ont pas peur des tigres.
10. Les tigres, __________ j'ai peur, sont des animaux magnifiques.
11. Les roses des autres planètes ont peur des tigres, ____________ est naturel.
12. Les roses ont peur des tigres _________ je ne me serais jamais douté.

IV. Reliez les deux phrases dans chaque exemple à l'aide d'un pronom relatif qui remplacera les mots soulignés. (Faites attention à bien choisir le pronom relatif qui correspond à la fonction grammaticale des mots soulignés, car le même groupe de mots non soulignés de l'autre phrase a généralement une fonction différente.)

Exemple: Le DVD n'est pas arrivé. Nous voulions <u>le voir</u>.
Le DVD <u>que</u> nous voulions voir n'est pas arrivé.

1. Ces gens l'ont tous trompé. Il s'était fié <u>à ces gens</u>.
2. Voilà le roman. Vous pensiez <u>à ce roman</u>.
3. Le parking est tout près. J'ai laissé l'auto dans <u>ce parking</u>.
4. L'histoire est amusante. Georges m'a raconté <u>cette histoire</u>.
5. Une heure a passé. René n'a rien dit pendant <u>cette heure</u>.
6. Voilà le mécanicien. <u>Ce mécanicien</u> a réparé ma voiture.
7. Voilà le patron. La femme <u>du patron</u> est actrice.
8. Ce bruit est désagréable. Mes voisins font <u>ce bruit</u>.
9. Georges comptait sur <u>quelque chose</u>. Il ne me l'a pas dit.

STRUCTURE 4: LES TEMPS DU PASSE

L'imparfait

A. Formes
Tous les verbes sauf **être** forment l'imparfait de la même manière: On remplace la terminaison de la première personne du pluriel du présent de l'indicatif par les terminaisons de l'imparfait.

1er groupe (verbes réguliers en -ER)		
nous parlons	parl-	je parlais

2ème groupe (verbes réguliers en -IR à deux radicaux)		
nous finissons	finiss-	je finissais

3ème groupe (verbes réguliers en -RE et verbes réguliers en -IR à un radical)		
nous attendons	attend-	j'attendais
nous partons	part-	je partais

Les terminaisons sont régulières.

-ais	-ions
-ais	-iez
-ait	-aient

Souvenez-vous du radical **ét-** pour le verbe **être**.

j'étais	nous étions
tu étais	vous étiez
il/elle était	ils/elles étaient

B. Emploi

1. L'imparfait s'emploie dans le français parlé et dans le français littéraire
   - pour décrire un état dans le passé (personnes, choses, faits). Ceci est en général le cas pour des verbes tels que **avoir**, **être**, **aimer**, **croire**, **désirer**, **espérer**, **penser**, **pouvoir**, **savoir**, **vouloir**.

N.B.: Puisqu'on parle d'un état, ni le commencement ni la fin de l'action ne sont précisés. Ce qui est souligné est le fait que l'action ou l'état a duré.

On respectait le grand Charles.

- pour marquer une action habituelle ou répétée dans le passé.
- Souvent la phrase contient des mots-clés tels que **jamais**, **parfois**, **quelquefois**, **d'habitude**, **habituellement**, **rarement**, **souvent**, **toujours**, **tous les jours**, **le** + un jour de la semaine ou une partie de la journée (**le lundi**, **le matin** = tous les lundis, tous les matins).

Les hommes, le dimanche, s'entretenaient tous de la chose.

Quand venait la saison, tous les matins il partait en chasse.

N.B.: Si on précise le nombre de répétitions, il faut employer le passé composé.

Il est allé chasser trois fois cette année.

- dans une narration comme description des circonstances, du décor, de l'état des choses.

Un spectre entouré de flammes descendait la cheminée.

Les femmes filaient et berçaient leurs bébés.

- avec **depuis** + expression de temps lorsque la narration est au passé.

La signification est la même qu'avec un verbe au présent, mais l'action exprimée par le verbe ne dure plus: elle s'est terminée dans le passé. On peut aussi employer **Voilà ... que...**

La maison de Claudillon était hantée depuis un mois.

Voilà un mois que la maison de Claudillon était hantée.

- après **si** dans certaines phrases de condition.

Si Claudillon n'était pas mort, sa maison ne serait pas hantée.

- après **si** pour exprimer un désir.

Ah! Si seulement j'avais moins peur des revenants...!

- pour indiquer l'heure.

Il était minuit quand M. Jérôme entendit le bruissement.

Le passé composé

A. Formation du participe passé

Verbes réguliers:
Pour former le participe passé des verbes réguliers, on remplace la terminaison de l'infinitif par la terminaison du participe passé.

Infinitif		On élimine	On ajoute
1er groupe:	parler	-er	-é
2ème groupe:	finir	-ir	-i
3ème groupe:	attendre	-re	-u
	partir	-ir	-i

Auxiliaires:

avoir	eu
être	été

Verbes intransitifs (sans objet direct ni indirect):

aller	allé	je suis allé(e)

Verbes transitifs:

j'ai parlé, j'ai fini, j'ai attendu

1. Participes passés des verbes irréguliers

   Notez bien qu'il existe des noms ayant une forme semblable (mais pas toujours identique) au participe passé qui correspond (**l'absolu**, **une allée**, **la bouillie**, **la crainte**, **le fait**).

absoudre – absolu(e)
acquérir – acquis(e)
aller – allé(e)
assaillir – assailli(e)
asseoir – assis(e)
battre – battu(e)
boire – bu(e)
bouillir – bouilli(e)
conclure – conclu(e)
connaître – connu(e)
coudre – cousu(e)
courir – couru(e)
couvrir – couvert(e)
craindre – craint(e)
croire – cru(e)
croître – crû(e)
cueillir – cueilli(e)
cuire – cuit(e)
devoir – dû(e)
dire – dit(e)
dormir – dormi(e)
écrire – écrit(e)
faillir – failli
fuir – fuit(e)
joindre – joint(e)
lire – lu(e)
mettre – mis(e)
mourir – mort(e)
moudre – moulu(e)
mouvoir – mu(e)
naître – né(e)
peindre – peint(e)
plaire – plu
pleuvoir – plu
pourvoir – pourvu(e)
pouvoir – pu
prendre – pris(e)
recevoir – reçu(e)
rendre – rendu(e)
rire – ri
savoir – su(e)
sentir – senti(e)
servir – servi(e)
suivre – suivi(e)
tenir – tenu(e)
traire – trait(e)
vaincre – vaincu(e)
valoir – valu(e)
vêtir – vêtu(e)
vivre – vécu(e)
voir – vu(e)
vouloir – voulu(e)

2. Choix de l'auxiliaire

   Le passé composé est un temps composé de deux parties: le présent de l'indicatif de l'auxiliaire **avoir** ou **être** et le participe passé du verbe conjugué.

   La majorité des verbes français, y compris **avoir** et **être**, se conjuguent avec **avoir**. Tous les verbes pronominaux se conjuguent avec l'auxiliaire **être** ainsi que les verbes à la voix passive.

   ■ Les verbes intransitifs suivants se conjuguent avec **être**.

aller	mourir	retourner
arriver	naître	revenir
descendre	partir	sortir
devenir	passer	tomber
entrer	rentrer	venir
monter	rester	

   Remarquez qu'il s'agit de verbes de mouvement ou qui indiquent un changement d'état. Il est plus facile de les retenir par groupes de deux, trois ou quatre: **naître-mourir**, **monter-descendre**, **entrer-rentrer-sortir**, **arriver-partir-retourner**, **aller-venir-revenir-devenir**.

*N.B.: **Descendre, monter, passer, rentrer, retourner** et **sortir** peuvent être transitifs et avoir un objet direct. Dans ce cas ils sont conjugués avec **avoir.***

Elle a monté une chaise dans sa chambre. (*Mais:* Elle est montée sur une chaise.)

II a descendu ses pistolets du grenier pour aller à la chasse.

IIs ont sorti les feuilles de vigne sèches du grenier.

Nous avons rentré les chaises du jardin.

Les rats ont retourné les feuilles de vigne pour trouver des grains de raisin.

Le participe passé

A. Accord du participe passé

1. Verbes conjugués avec **avoir**: Le participe passé de ces verbes s'accorde en genre et en nombre avec le complément d'objet direct lorsque celui-ci précède le verbe. C'est le cas lorsque l'objet est:

   ■ un pronom personnel: **me**, **te**, **nous**, **vous**, **le**, **la**, **les**. (Voir *Structure 7: Les pronoms personnels.*)

   J'ai entendu deux rats. Je les ai entendus.

   ■ une proposition relative introduite par **que** (pronom relatif objet direct du verbe).

   Les rats que j'ai entendus n'étaient pas des notaires.

   ■ introduit par les interrogatifs **quel**, **lequel** ou **combien de** (accord facultatif) ou par les exclamatifs **quel** et **que de**.

   Quels rats a-t-il entendus?

   Que de catastrophes il a vues!

*N.B.: Quand l'objet direct suit le verbe, le participe passé d'un verbe conjugué avec **avoir** ne s'accorde pas.*

Mon oncle a enlevé les feuilles.

2. Verbes conjugués avec **être**: Le participe passé de ces verbes s'accorde toujours en genre et en nombre avec le sujet du verbe.

   Les voisins sont effrayés. Ils sont tous partis.

*N.B.: Bien que les verbes pronominaux se conjuguent avec **être**, le participe passé ne s'accorde pas avec le sujet, mais avec l'objet direct, s'il y en a un et s'il est avant le verbe.*

3. Le participe passé peut être invariable:
   - lorsque le complément d'objet qui précède est **en** ou **dont**.

     Les rats? J'en ai entendu deux.

   - lorsqu'il s'agit du participe passé du verbe **être** ou d'un verbe impersonnel.

     Elle n'a jamais été peureuse.

     La hardiesse qu'il lui a fallu pour attendre les «notaires» fit l'admiration du village.

   - lorsque certains participes passés s'emploient comme prépositions.

     Elle avait tout anticipé dans sa vie, excepté la vieillesse.

     Vu les rumeurs, mon oncle chargea ses pistolets.

     Tout le monde, les voisins y compris, pensait que la maison était hantée.

     Passé cet incident, les Maillanais ne crurent plus aux revenants.

   - lorsqu'un infinitif ayant fonction d'objet direct du verbe au passé composé suit immédiatement le participe passé. Cet infinitif peut être soit exprimé, soit implicite.

     Les revenants les ont fait partir.

B. Emploi

1. Le passé composé est généralement un temps du français parlé ou écrit aujourd'hui, tandis que le passé simple, beaucoup moins fréquent de nos jours en est l'équivalent dans le français littéraire ou classique.
2. On emploie le passé composé:
   - pour indiquer qu'une action a eu lieu dans le passé et qu'elle s'est terminée dans le passé. On comprend que cette action a eu lieu une fois ou un nombre précis de fois.

     Je lui ai proposé de parler aux «notaires», mais elle a refusé trois fois.

   - pour indiquer une action habituelle ou répétée pendant un espace de temps précis.

     Pendant toute la nuit, les locataires ont eu peur.

   - pour exprimer une action qui s'est terminée dans une période de temps pas encore révolue.

     Ce matin, il est allé sur la place du village.

C. Nuances sémantiques

1. **Etre** au passé composé implique soit un changement d'état, soit l'achèvement d'un état et son isolation dans le passé.

   Il a toujours été courageux.

2. Certains verbes qui impliquent un état mental et qui s'emploient généralement à l'imparfait indiquent, quand ils sont au passé composé, une action dont la définition temporelle est précise et limitée.

croire:	il a cru	= croire à un moment précis, soudainement
penser:	il a pensé	= une idée vient à quelqu'un
pouvoir:	il a pu	= réussir à
savoir:	il a su	= découvrir
vouloir:	il a voulu	= essayer de
	il n'a pas voulu	= refuser de

3. partir / sortir / quitter / laisser

   Quitter et **laisser** se conjuguent toujours avec **avoir** et doivent toujours avoir un complément d'objet direct indiquant la personne ou la chose que l'on quitte ou qu'on laisse. **Partir** et **sortir** peuvent s'employer seuls ou avec un nom de lieu pour indiquer d'où on part ou d'où on sort.

   Les locataires sont partis. Ils sont vite sortis de la maison.

   Les revenants ont quitté la maison. Ils ont laissé les Maillanais en paix.

*N.B.: **laisser** + infinitif + complément d'objet signifie «permettre que quelque chose soit fait».*

Ils ont laissé les Maillanais dormir en paix.

Passé composé / Imparfait

Parfois, on peut choisir entre le passé composé et l'imparfait. Tout dépend de la nuance qu'on veut donner à son discours. Une suite de verbes au passé composé accélère l'action, tandis que l'imparfait la ralentit.

Le passé composé peut donc être visualisé par une suite de points précis sur la ligne imaginaire du temps, indiquant parfois une chronologie d'actions terminées dans le passé, alors que l'imparfait dont le nom décrit bien sa fonction, ne permet de donner de définition parfaite aux actions; on ne connaît ni leur début ni leur conclusion.

L'emploi de l'imparfait renforce l'idée que l'action était en train de se dérouler, de progresser, qu'elle avait lieu pendant une période de temps passée qui n'est précisée ni par rapport aux moments de son commencement et de sa fin, ni forcément par rapport à sa durée. Si on veut décrire l'état des choses dans le passé, on emploie donc l'imparfait. On peut l'employer aussi pour indiquer une action en cours au moment où une autre s'est produite.

Les rats remuaient les journaux.

Quand M. Jérôme s'est approché avec la lanterne, les rats remuaient les journaux.

Les temps littéraires

Les temps littéraires de l'indicatif sont le passé simple, le passé antérieur et le passé surcomposé. Le passé simple est, parmi les temps littéraires, le plus employé aujourd'hui. Cependant, dans la langue courante et même dans la langue écrite, on lui préfère aujourd'hui le passé composé. Le passé simple est surtout utilisé à la troisième personne du singulier et du pluriel. Il est très souvent employé dans la littérature. Il faut donc pouvoir le reconnaître et le comprendre dans une narration.

Le passé surcomposé remplace le passé antérieur dans un discours moins formel ou plus moderne. Il n'est pas vraiment considéré comme un temps littéraire mais pourrait le devenir. Il est formé en conjugant l'auxiliaire **avoir** ou **être** au passé composé + le participe passé du verbe:

Dès qu'elle a eu compris...

A peine ont-elles été sorties...

Le passé simple

A. Formes

1. Pour former le passé simple, il suffit d'ajouter les terminaisons suivantes au radical de l'infinitif.

   Verbes réguliers en **-ER** → -ai, -as, -a, -âmes, -âtes, -èrent

   Verbes réguliers en **-IR** et **-RE** (et certains verbes à radical irrégulier) → -is, -is, -it, -îmes, -îtes, -irent

N.B.: Pour quelques verbes irréguliers on trouve aussi les terminaisons suivantes → -us, -us, -ut, -ûmes, -ûtes, -urent.

parler: je parlai, tu parlas, il parla, nous parlâmes, vous parlâtes, ils parlèrent

finir: je finis, tu finis, il finit, nous finîmes, vous finîtes, ils finirent

attendre: j'attendis, tu attendis, il attendit, nous attendîmes, vous attendîtes, ils attendirent

avoir: j'eus, tu eus, il eut, nous eûmes, vous eûtes, ils eurent

être: je fus, tu fus, il fut, nous fûmes, vous fûtes, ils furent

aller: j'allai, tu allas, il alla, nous allâmes, vous allâtes, ils allèrent

savoir: je sus, tu sus, il sut, nous sûmes, vous sûtes, ils surent

Pour vérifier les formes du passé simple des verbes irréguliers, se reporter à **Système-D** si vous avez choisi d'acheter ce logiciel avec votre manuel. Vous pouvez aussi aller sur le site www.leconjugueur.com.

3. Les verbes irréguliers suivants ont le même radical au passé simple et au participe passé, ce qui facilite le passage du passé simple au passé composé.

acquérir: j'acquis (j'ai acquis)
s'asseoir: je m'assis (je me suis assis)
boire: je bus (j'ai bu)
conclure: je conclus (j'ai conclu)
connaître: je connus (j'ai connu)
croire: je crus (j'ai cru)
devoir: je dus (j'ai dû)
falloir: il fallut (il a fallu)
lire: je lus (j'ai lu)
plaire: je plus (j'ai plu)
pleuvoir: il plut (il a plu)
pouvoir: je pus (j'ai pu)
résoudre: je résolus (j'ai résolu)
savoir: je sus (j'ai su)
valoir: je valus (il a valu)
vivre: je vécus (j'ai vécu)
vouloir: je voulus (j'ai voulu)

4. Verbes qui ont la terminaison en **-RE**

conduire: je conduisis (j'ai conduit)
craindre: je craignis (j'ai craint)
écrire: j'écrivis (j'ai écrit)
faire: je fis (j'ai fait)
mettre: je mis (j'ai mis)
peindre: je peignis (j'ai peint)
prendre: je pris (j'ai pris)
rire: je ris (j'ai ri)
vaincre: je vainquis (j'ai vaincu)

5. Les verbes **tenir** et **venir** ont un passé simple très irrégulier.

   tenir: je tins, tu tins, il tint, nous tînmes, vous tîntes, ils tinrent

   venir: je vins, tu vins, il vint, nous vînmes, vous vîntes, ils vinrent

B. Emploi

1. Le passé simple est le temps littéraire encore parfois utilisé dans la langue écrite et qui a la plupart du temps le même sens que le passé composé.
2. Il sert à exprimer des actions qui ont eu lieu dans un passé éloigné et qui sont entièrement terminées dans le passé.
3. On le rencontre fréquemment dans les œuvres littéraires des siècles passés, dans les contes de fées et encore aujourd'hui avec certains verbes courants à la troisième personne du singulier et du pluriel. Les formes de la première et deuxième personne du pluriel sont particulièrement désuètes.

C. Autres temps littéraires

1. Le passé antérieur de l'indicatif qui correspond au plus-que-parfait avec les mêmes règles de chronologie: l'action du passé antérieur précède celle d'un verbe au passé simple, tout comme l'action d'un verbe au plus-que-parfait précède celle d'un verbe au passé composé ou à l'imparfait. L'idée d'antériorité dans le passé est souvent exprimée par les conjonctions **après que**, **aussitôt que**, **dès que**, **lorsque**.

   Aussitôt que la princesse fut réveillée, le prince l'embrassa.

2. L'imparfait du subjonctif et le plus-que-parfait du subjonctif qui expriment les nuances chronologiques dans ce mode. (Voir *Structure 6: Le subjonctif*). Ces deux temps sont très peu usités aujourd'hui, mais il faut savoir les reconnaître pour comprendre la littérature antérieure au vingtième siècle.

TABLEAU RECAPITULATIF DES TEMPS DE LA NARRATION

Plus-que-parfait	Imparfait	Présent	Futur antérieur	Futur
Passé surcomposé	Passé composé			
Passé antérieur	Passé simple			

Exercices: Pratique orale et/ou écrite

Niveau I

I. *Exercice d'échauffement rapide* Mettez les infinitifs suivants au passé composé puis à l'imparfait aux personnes indiquées.

1. avoir: tu
2. être: je
3. faire: elle
4. commencer: il
5. sembler: il
6. payer: tu
7. recevoir: vous
8. marcher: je
9. choisir: nous
10. pouvoir: je
11. boire: nous
12. lire: elles
13. sortir: elles
14. mettre: ils
15. falloir: il
16. ouvrir: nous
17. vouloir: tu
18. venir: je
19. connaître: elle
20. devoir: elles
21. aller: vous
22. s'asseoir: nous
23. s'arrêter: tu
24. trahir: vous

II. *Exercice à deux* Repérez les expressions de temps qui entraînent l'usage de l'imparfait et soulignez-les. Mettez ensuite les verbes entre parenthèses à l'imparfait de répétition.

1. Tous les matins elle ____________ (prendre) son café au Flore et ____________ (lire) le journal.
2. L'après-midi, elle ____________ (écrire) des articles et ____________ (aller) parfois aux réunions de sa cellule.
3. Le soir elle ____________ (faire) une promenade digestive dans le Quartier latin après dîner.
4. Quand elle ____________ (avoir) encore l'énergie, elle ____________ (voyager).
5. Dans l'ensemble, sa vie ____________ (être) bien remplie, mais elle ne ____________ (finir) pas de se plaindre de son ennui, et comme chaque fois qu'il ____________ (partir), la solitude lui ____________ (peser) et elle ____________ (se languir).

III. *Exercice à deux* Donnez les participes passés des verbes suivants. Remarquez la terminaison de l'infinitif des verbes qui se terminent en **-u**. Est-ce toujours la même? Quels infinitifs donnent les terminaisons **-i**, **-is** et **-it** au masculin singulier du participe passé?

pouvoir	parcourir	devoir
décrire	naître	vaincre
voir	croire	reproduire
souffrir	boire	combattre
survivre	avoir	déplaire
prendre	manger	recueillir
savoir	créer	dépeindre
vouloir	réussir	confondre
mettre	aller	abstenir
connaître	mourir	pressentir

IV. *Exercice à deux* Donnez l'infinitif de chaque verbe et repérez les verbes conjugués avec **être**. Soulignez-les, puis répétez les phrases suivantes en français parlé en utili-sant le passé composé. Attention au placement des adverbes s'il y a lieu. Indiquez la terminaison des participes passés.

1. Je vins avec elle.
2. Je vis la suite.
3. Elle le fit bien.
4. Ils le surent rapidement.
5. Il tint à y aller.
6. Je fumai fréquemment des Gauloises.
7. Nous fûmes toujours les premiers.
8. Je ne vainquis jamais ma peur.
9. Ils furent très fiers.
10. Nous vîmes leur réaction.
11. Nous vînmes tout de suite.
12. Je fus très content.
13. Vous fîtes de votre mieux.
14. Il partit sans ses amis.
15. Il crut presque à l'avenir.

16. Ils y assistèrent patiemment.
17. Elle le but en entier.
18. Je compris ce qu'il dit.
19. Elle mourut très jeune.
20. Nous nous y allongeâmes.
21. Le général eut raison.
22. Il dut forcément rester à la maison.
23. L'enfant obéit vite à sa mère.
24. Nous prîmes le train pour Milan.
25. J'allai parfois en ville pour le voir.
26. Ils vécurent tout seuls.

Niveau II

I. Né en 1901 en France et contemporain de Charles Lindbergh, Jean Mermoz devient pilote en 1921. En 1928, il commence à effectuer des longs courriers. Lisez le passage suivant inspiré d'un de ses récits de vol. Mettez les verbes entre parenthèses au passé composé et faites l'accord du participe passé si nécessaire.

1. Mermoz et quelques camarades (aller) à Casablanca.
2. Plusieurs fois, la nuit, les atterrissages (être) difficiles.
3. Pour la première fois, en 1928 le courrier (être transporté) en quatre jours de Toulouse à Buenos Aires.
4. Un jour, Mermoz et son équipage (se retrouver) dans la mer.
5. Ils (penser) tous qu'ils allaient mourir.
6. Mais ils (être sauvé) par un navire.
7. Ce soir-là, après avoir débarqué les caisses, il les (vider) et (disposer) en cercle.
8. Le lendemain à l'aube il (falloir) repartir.
9. Peu de temps après, Mermoz et son équipage (devenir) très soudés.
10. Mermoz a le souvenir des heures difficiles qu'ils (vivre) ensemble.

II. Faites l'accord du participe passé si nécessaire et indiquez le mot et la fonction du mot avec lequel il s'accorde.

Exemple: Sa réaction a été violente. Il l'a tout de suite remarquée. [**l'**= objet direct].

1. Nous nous sommes enfin rencontré_____.
2. La tempête est apaisé_____; je me remets en marche.
3. Les fleurs qu'elle a mis_____ dans la chambre sont très jolies.
4. Malgré leurs efforts, ils n'ont pas pu_____ repartir.
5. Ils sont trop privé_____ de nourriture.
6. Dans sa chambre elle s'est vite endormi_____.
7. Cette est maison très bien situé_____.
8. La femme qui est allé_____ les retrouver était inquiète.
9. Quelles robes avez-vous acheté_____?
10. Ce sont ses vieux camarades qui sont parti_____ les premiers.
11. Est-ce que ce sont les cartes que vous avez pris_____?
12. Quelle offre étonnante! Pourquoi l'avez-vous refusé_____?
13. Il a monté_____ les escaliers quatre à quatre.
14. Où est le livre qu'il m'a donné_____?

15. Les grands escaliers qu'ils ont monté_____ sont raides.
16. Ce sont de bons romans. Je les ai lu_____.
17. C'est une mauvaise nouvelle. Comment est-ce que vous l'avez su_____?
18. Les longs discours que je lui ai tenu_____ n'ont servi_____ à rien.
19. Avec toutes les méchancetés que tu lui as dite_____, il ne te pardonnera pas.
20. Quels sont ces bruits que vous avez entendu_____?

III. L'extrait suivant est adapté du roman de Marie Nimier, *La Girafe*. Le narrateur, un jeune homme de 19 ans, Joseph, nommé «stagiaire-soigneur» à l'improviste par le directeur du zoo de Vincennes, est chargé d'accompagner Hedwige, une jeune girafe, depuis le port de Marseille où elle est arrivée de Prétoria (Afrique du Sud) jusqu'à sa destination finale à Paris. Lisez le texte une première fois pour le comprendre, puis mettez les verbes entre parenthèses au temps du passé qui convient.

> Lorsque nous (arriver) _______________ dans la cour des entrepôts sombres du port de Marseille où (se trouver) _______________ Hedwige, il me (falloir) _______________ un certain temps avant de pouvoir affronter le soleil. La caisse (se détacher) _______________ sur le mur blanchi à la chaux. Elle me (paraître) _______________ immense et noire, un trou mat sans fond qui (absorber) _______________ la lumière. Trois douaniers (monter) _______________ la garde et je (tendre) _______________ à l'aveuglette la lettre du directeur. Quelqu'un la (prendre) _______________, je (être) _______________ présenté par mon prénom, Joseph, comme si à mon âge cela (suffire) _______________. On me (serrer) _______________ trois fois la main. Un homme me (pousser) _______________ vers un escabeau et me (inviter) _______________ à grimper. Une petite lucarne (s'ouvrir) _______________ sur l'intérieur de la caisse. J'y (passer) _______________ la tête toute entière, avide de retrouver la nuit. Une odeur de pourriture acide me (sauter) _______________ à la gorge. En une fraction de seconde, je (avoir) _______________ l'impression de revivre mon enfance à la ferme. Quelque chose (bouger) _______________ et (venir) _______________ se plaquer contre mon visage. Je me (retirer) _______________ doucement, illuminé par cette tendre et moite puanteur. Mon émotion (être) _______________ telle que mon corps (se presser) _______________ instinctivement sur le bois de l'échelle. Je (replonger) _______________ dans l'ombre et (rester) _______________ là, immobile. Hedwige (revenir) _______________ vers moi. Je (devoir) _______________ gémir à son contact et sa robe (tressaillir) _______________ sous l'effet de surprise. J'aurais aimé que cet instant dure pour l'éternité.

IV. Récrivez les phrases suivantes en substituant le pronom personnel qui convient aux mots soulignés et en faisant tout autre changement nécessaire.

Exemple: On a tiré <u>Nanon</u> par les pieds.
On l'a tirée par les pieds.

1. Tu as déjà ouvert <u>ces lettres</u>.
2. C'est ainsi que tu as appris <u>la nouvelle</u>.
3. Tu as lu trop <u>de romans</u>.
4. Ma mère a cherché partout <u>ses lunettes</u> sans succès.
5. J'ai beaucoup souffert <u>de la grippe</u> cet hiver.
6. Il a trouvé <u>la ville de Paris</u> très belle.

7. Mais il a trouvé <u>les Parisiens</u> assez distants.
8. As-tu terminé <u>tes exercices de grammaire</u> pour aujourd'hui?
9. As-tu trouvé <u>la salle de classe</u> facilement?
10. As-tu assisté <u>au cours</u> la semaine dernière?

Niveau III

I. Dans ce passage adapté de Frédéric Mistral, repérez les verbes au passé simple et mettez-les au passé composé.

Exemple: Nous <u>vînmes</u> sans attendre.
Nous sommes venus sans attendre.

Et aussitôt les femmes, entre voisines et sous à sous, ramassèrent de quoi faire dire une messe au pauvre Claudillon. Le prêtre dit la messe; il fit pour Claudillon les prières voulues, et quelques Maillanais de bonne volonté retournèrent voir, la nuit, s'il y avait toujours hantise.

M. Jérôme monta sur une chaise, et sur le plancher du réduit trouva tout bonnement des feuilles de vigne sèches. Mon oncle enleva les feuilles et s'en revint coucher. Le lendemain matin, lorsqu'il alla sur la place:

— Eh bien! Monsieur Jérôme, lui dirent les paysans, vous avez l'air quelque peu pâle! Mon oncle expliqua leur erreur au sujet des notaires qui n'étaient que des rats. Un immense éclat de rire prit les bons Maillanais; et, depuis ce jour-là, les gens de mon village ne crurent plus aux revenants.

STRUCTURE INTERMEDIAIRE: L'INTERROGATION, LA NEGATION, L'IMPERATIF

L'interrogation

A. La forme interrogative peut s'exprimer de plusieurs façons:

1. En faisant l'inversion du verbe et du sujet.

   Y avait-il beaucoup de monde dans l'autobus ce jour-là?

   Remarques:

   - Si le verbe se termine par une voyelle, on ajoute la lettre **-t-** pour l'euphonie devant les pronoms sujets qui commencent par une voyelle: **il**, **elle**, **on**, **ils**, **elles**.

     A-t-il fini par remarquer le long cou du jeune homme?

   - Si le sujet exprimé n'est pas un pronom, on fait alors une «inversion double».

     Le jeune homme avait-il un long cou?
     Le jeune homme n'avait-il pas un long cou?
     Le jeune homme est-il allé s'asseoir?

2. Avec **est-ce que** en début de phrase.

   Est-ce qu'il a fini par remarquer le long cou du jeune homme?
   Est-ce que le jeune homme avait un long cou?

*N.B.: Les questions ci-dessus sont des questions «totales» auxquelles on répond généralement par **oui** ou **non**. Toute l'information est comprise dans la question. L'intonation des questions totales est distincte: elle est montante sur la dernière syllabe.*

3. En changeant l'intonation, c'est-à-dire en utilisant l'intonation décrite ci-dessus et en l'appliquant à une phrase de forme affirmative. Cette option est réservée à la langue parlée uniquement.
4. Avec des pronoms interrogatifs, si la question porte sur un nom ou une action.
   - Si la question porte sur une personne (ou plusieurs personnes), que sa fonction grammaticale dans la phrase soit le sujet, l'objet direct ou indirect, le pronom interrogatif sera toujours **qui**. On peut aussi éviter l'inversion en utilisant **qui est-ce que**.

     Qui avez-vous rencontré? Qui est-ce que vous avez rencontré?

*N.B.: **Qui** ne s'abrège jamais.*

   - Si la question porte sur un objet et que sa fonction grammaticale dans la phrase est soit le sujet, soit l'objet direct, on utilise le pronom **que**, sa forme abrégée devant une voyelle (**qu'**) ou **qu'est-ce que**.

     Qu'a-t-il fait? Qu'est-ce qu'il a fait?

     Que désignait-il du doigt?

   - Mais si sa fonction grammaticale est l'objet indirect et que le pronom est précédé d'une préposition, le pronom **que** devient **quoi**.

     De quoi vous êtes-vous plaint?

     A quoi le narrateur a-t-il pensé?

5. Avec l'expression **n'est-ce pas?** à la fin de la question.

   Vous n'avez rien dit, n'est-ce pas?

6. Avec des adverbes interrogatifs tels que **combien**, **comment**, **quand**, **où**, **pourquoi**.

   Où êtes-vous passé en revenant de la Porte Champerret?

   Comment êtes-vous parti?

   - Il est toujours possible d'utiliser la forme **est-ce que** avec les adverbes ci-dessus mais sans faire l'inversion.

     Où est-ce que vous êtes passé? Comment est-ce qu'il est parti?

7. Avec des adjectifs interrogatifs qui s'accordent normalement en genre et en nombre avec le nom qu'ils qualifient. Ils peuvent être précédés d'une préposition.

singulier:	quel	quelle
pluriel:	quels	quelles

   Quelle sorte de transport en commun utilise-t-il?

   De quel moyen de transport s'agissait-il?

*N.B.: Lorsque l'adjectif **quel** accompagne un nom, il peut indiquer une exclamation.*

   Quelle foule! Quelle bousculade! Quel autobus bondé!

8. Enfin, pour obtenir une définition (d'un objet, d'un concept, d'une action), on utilise la forme interrogative **qu'est-ce que**.

   Qu'est-ce qu'un galon tressé?

   Qu'est-ce que les transports en commun?

La négation

A. Formes

1. La négation en français est composée de deux parties:
   - le **ne** qui se place avant le verbe (entre le sujet et le verbe lorsque le verbe n'est pas à la forme interrogative).
   - un ou plusieurs autres mots comme **pas**, **plus**, **jamais**, **jamais plus** ou **pas encore** qui se placent après le verbe ou après l'auxiliaire.

   Gloria ne plaisantait plus.

   Gloria ne plaisanterait jamais plus.

   Gloria n'a plus plaisanté.

2. Si le verbe est précédé d'un pronom objet, le **ne** se place entre le sujet et le pronom qui sont placés juste avant le verbe.

   Elle ne s'en était jamais séparée auparavant.

   A la forme interrogative ou interrogative négative, la question commence par **Ne**.

   Ne s'en séparait-elle pas?

   Ne s'en était-elle pas séparée auparavant?

4. Lorsque les mots négatifs **personne** et **rien** sont les sujets du verbe, ils sont en début de phrase.

   Personne ne pouvait la reconnaître.

   Rien n'y manquait, sauf la tête.

*N.B.: **Ne** devient **n'** devant une voyelle. **Ni** ne change jamais.*

5. Il ne faut pas oublier de changer l'article indéfini (**un/une**, **des**) et les articles partitifs (**du/de la/de l'**) en **de** à la forme négative:

   Gloria avait-elle une montre Cartier?

   Non, Gloria n'avait jamais eu de montre Cartier.

Négation des expressions affirmatives entre parenthèses

Négations de...	Exemples
ne… pas (tous les verbes)	Ses migraines ne lui faisaient pas plaisir.
ne… aucun(e) [toujours au singulier]	Il n'y avait aucun doute.
(un, une, des, plusieurs, quelques + nom)	Il n'y avait aucune autre femme comme elle.
ne… jamais (des fois, parfois, quelquefois, souvent, toujours, de temps en temps, de temps à autre)	Elle ne quittait jamais son diamant à l'annulaire gauche.
ne… ni… ni… (et, ou)	Il ne manquait ni la robe du soir, ni la montre, ni le diamant.
ne… nulle part (quelque part, un nom désignant un lieu)	Elle n'allait plus nulle part.
ne… nul(le) (quelques, tous, toutes)	Elle n'avait nul souci.
ne… personne (quelqu'un, nom d'une personne ou pronom personnel)	Elle ne parlait à personne.

ne… pas du tout (forme emphatique de ne… pas)	Gloria ne plaisantait pas du tout.
ne… pas encore (déjà)	On n'avait pas encore reconnu Gloria.
ne… pas souvent (tous les verbes)	Ne sortait-elle pas souvent?
ne… pas toujours (tous les verbes)	Elle n'avait pas toujours les jambes bronzées.
ne… pas un(e)	J'avais toujours plusieurs montres sur moi, mais elle n'en avait pas une.
ne… plus (encore, toujours [quand il est synonyme de encore])	En tout cas, elle n'était plus anonyme.
*N.B.: **Ne… plus** peut s'ajouter aux expressions suivantes: **ne plus jamais, ne plus du tout, ne plus personne, ne plus rien***	*Elle ne pouvait plus voir personne.*
ne… rien (quelque chose, une chose ou le nom d'un objet)	Non, elle ne regrettait rien.
ne… plus rien (encore quelque chose)	Et elle n'avait plus rien à dire.
ne… pas grand-chose (quelque chose)	Elle ne portait pas grand-chose.
non plus (aussi)	Lui non plus, d'ailleurs.

6. Lorsqu'un verbe à l'infinitif est mis à la forme négative, la locution négative se met devant le verbe.

   Elle promit de ne pas lui parler. Elle promit de ne jamais sortir sans lui.

7. Mais avec les verbes **être** et **avoir**, on a le choix.

   Elle préfère ne pas avoir le dos à la fenêtre. Elle préfère n'avoir pas le dos à la fenêtre.

8. A l'infinitif passé, le même choix existe.

   Ne pas en être séparé. N'en être pas séparé.

9. **Ne que** n'est pas une négation, mais une restriction. Elle signifie **seulement**.

   Comparez: Elle a seulement un diamant à l'annulaire gauche.
   Elle n'a qu'un diamant à l'annulaire gauche.

10. On utilise encore parfois le **ne** explétif, qui n'a pas de sens négatif:
    - après une comparaison d'inégalité.
      Gloria avait les jambes plus bronzées qu'on ne l'aurait cru.
    - après les verbes ou les conjonctions qui entraînent l'emploi du mode subjonctif.

      Avant qu'on ne l'assassine, Gloria était une femme élégante.

      Elle s'enfermait chez elle de crainte qu'on ne découvre ses migraines qui l'enlaidissaient.

L'impératif

Le mode impératif existe à un seul temps: on donne des ordres au présent et à trois personnes seulement (la deuxième personne du singulier et du pluriel et la première personne du pluriel qui correspond à une exhortation collective). Ces trois formes correspondent au présent de l'indicatif pour tous les verbes sauf **être**, **avoir**, **vouloir** et **savoir**. Ces quatre verbes ont presque la même forme à l'impératif et au subjonctif.

N.B.: Le pronom personnel sujet n'est jamais employé à l'impératif.

Indicatif présent	Impératif
Ecout-ER	
Tu écoutes	Ecoute!
Nous écoutons	Ecoutons!
Vous écoutez	Ecoutez!
Fin-IR	
Tu finis	Finis!
Nous finissons	Finissons!
Vous finissez	Finissez!
Prend-RE	
Tu prends	Prends!
Nous prenons	Prenons!
Vous prenez	Prenez!
Part-IR	
Tu pars	Pars!
Nous partons	Partons!
Vous partez	Partez!

Impératifs irréguliers

Infinitif	Impératif
avoir	aie, ayons, ayez
etre	sois, soyons, soyez
savoir	sache, sachons, sachez
vouloir	veuille, veuillons (forme rare), veuillez (forme de politesse)

N.B.: Si le verbe se termine par un ***-s*** *à la deuxième personne du singulier du présent de l'indicatif, à l'impératif on omet le* ***-s****, sauf si le verbe est immédiatement suivi d'un pronom commençant par une voyelle, c'est-à-dire* ***y*** *ou* ***en****. Dans ce cas, on garde le* ***-s*** *pour l'euphonie et on fait la liaison.*

Va examiner la scène du crime!
Vas-y!
N'y va pas!

Pose des questions aux témoins!
Poses-en!
N'en pose pas!

N.B.: Les pronoms d'objet se placent après le verbe à la forme affirmative de l'impératif, mais devant le verbe à la forme négative.

Finis-les! Ne les finis pas!

Exercices: Pratique orale et/ou écrite

Niveau I

I. Mettez les phrases suivantes à la forme interrogative en utilisant l'inversion du verbe et du sujet pour toutes les phrases, puis avec **est-ce que** pour les phrases modèles affirmatives. Attention à l'ordre des mots dans les phrases interrogatives négatives.

Exemples: Le commissaire s'appelle Coudrier.
Le commissaire s'appelle-t-il Coudrier?
Est-ce que le commissaire s'appelle Coudrier?

Le commissaire n'est pas devenu chercheur.
Le commissaire n'est-il pas devenu chercheur?

1. Le commissaire ressemble à son nom.
2. Il a décidé de devenir commissaire pendant ses études.
3. Mon témoignage est essentiel à l'enquête.
4. Il n'a jamais fait de recherches sur les atomes.
5. Il n'a pas voulu travailler derrière un microscope.
6. Il préfère interroger les suspects et enquêter dans les rues.
7. La porte qui a claqué m'a fait sursauter.
8. J'essayais de ne pas montrer mes émotions.
9. Je n'y suis pas bien arrivé.
10. J'avais bu beaucoup trop de café.

II. Mettez les phrases suivantes à la forme négative.
Attention: Ne répondez pas aux questions, mais mettez-les à la forme interrogative négative.

1. Elle portait une robe du soir en satin.
2. Je voulais disparaître sans laisser de traces.
3. La comtesse de Saint-Fiacre avait-elle la tête entre les mains?
4. Il s'en était rendu compte.
5. Le sacristain avait-il terminé sa tâche?

III. Répondez aux questions suivantes en utilisant la forme négative correcte pour indiquer l'opposé du sens du mot souligné. Utilisez des pronoms personnels si possible.

1. Le commissaire Maigret s'inquiétait-il parfois?
2. Prenait-il quelques précautions?
3. A-t-il attendu patiemment la fin du dernier Evangile et de la bénédiction?
4. Restait-il beaucoup de fidèles?
5. La comtesse de Saint-Fiacre respirait-elle encore?
6. Ses mains cachaient-elles toujours son visage?
7. Pouvait-on faire quelque chose pour elle?
8. Quelqu'un était-il venu la secourir?
9. L'arme du crime se trouvait-elle quelque part?
10. Quelque chose aurait pu empêcher ce meurtre?

IV. Le commissaire Maigret décrit la façon dont sa femme, Louise, fait sa recette favorite, la mouclade. Répétez cette recette à votre ami en lui disant au fur et à mesure ce qu'il faut faire. Utilisez l'impératif singulier. Attention à la place des pronoms.

Exemple: Elle prend deux litres de moules bien fraîches.
Prends deux litres de moules bien fraîches.

1. Elle lave vivement les moules à l'eau courante.
2. Elle met le vin blanc à feu vif et elle verse les moules, avec le bouquet garni, le sel et le poivre.
3. Dès qu'elles sont ouvertes, elle retire une coquille à chacune.
4. Elle les met dans un plat creux.
5. Pour la sauce, elle fait fondre le beurre, elle ajoute la farine et elle les mélange au fouet.
6. Elle ajoute le jus de cuisson des moules et elle le fait épaissir à feu très doux.
7. Elle mélange la crème, les jaunes d'œuf, le jus de citron, la moutarde, le curry. Elle les ajoute à la sauce.
8. Elle nappe les moules et elle les passe deux minutes au four pour faire dorer.
9. Elle sert ensuite très chaud dans des assiettes chaudes.

V. *A votre tour* Expliquez à un ami français comment faire un sandwich au beurre de cacahuète et à la gelée de raisin. Mettez les verbes à l'impératif.

Exemple: Utilise du pain de mie blanc en tranches. Prends deux tranches...

Niveau II

I. Posez les 20 questions auxquelles répondent les groupes de mots soulignés dans le texte adapté d'*Au Bonheur des ogres* (1985) de Daniel Pennac ci-dessous en utilisant l'inversion du verbe et du sujet si possible.

> <u>Le commissaire Coudrier</u> ressemble à <u>son nom</u>. C'est un chercheur <u>sans passion</u>. Il cherche <u>des truands, des assassins, des poseurs de bombes</u>, mais il pourrait aussi bien <u>partir en quête de la scission de l'atome ou de la potion anti-cancer</u>. Ce sont <u>les hasards</u> de ses études supérieures qui l'ont placé <u>devant moi</u> plutôt que derrière un microscope. Il est décoré de la Légion d'honneur depuis <u>plusieurs années</u>. <u>Aujourd'hui</u>, il est vêtu d'<u>un costume vert bouteille</u> sous lequel il ne porte pas de <u>holster</u>, et, à cause de <u>mes hésitations</u>, il m'explique <u>posément</u> que, en tant que témoin <u>oculaire principal</u>, <u>mon témoignage</u> est absolument essentiel.
>
> A <u>cet instant même</u>, une porte <u>claque</u> et je fais <u>un bond</u> de <u>deux mètres</u>. Il m'exhorte à <u>ne pas être si nerveux</u>.

II. *Ecrivez un dialogue* L'un(e) de vos voisin(e)s dans l'immeuble ne retrouve plus sa voiture. Vous allez lui poser des questions pour savoir si la voiture a été volée ou si c'est lui/elle qui perd la mémoire et ne se souvient plus où la voiture était garée. Votre voisin(e) nie (*répond négativement*) avoir été étourdi(e). Vous lui donnez des conseils à l'impératif en l'exhortant à faire plus attention, à écrire l'adresse devant laquelle il/elle s'est garé(e) chaque soir, à appeler le commissariat de police, à acheter une voiture jaune ou rouge vif pour la voir de loin. Choisissez votre propre conclusion et jouez le dialogue en classe avec un(e) partenaire.

STRUCTURE 5: LE PARTICIPE PRESENT

A. Formes du participe présent

1. Pour former le participe présent, on met le verbe à la première personne du pluriel du présent de l'indicatif et on remplace la terminaison **-ons** par le **-ant** du participe présent.

Infinitif		Participe présent	Première personne du pluriel
1er groupe:	parl-er	parl-ant	nous parl-ons
2ème groupe:	fin-ir	finiss-ant	nous finiss-ons
3ème groupe:	attend-re	attend-ant	nous attend-ons
	part-ir	part-ant	nous part-ons

2. Seulement trois verbes ont un participe présent irrégulier (comparez cette liste à celle des verbes irréguliers à l'impératif): les deux verbes auxiliaires et le verbe **savoir**.

avoir	avons	ayant
etre	sommes	étant
savoir	savons	sachant

3. Le participe présent existe aussi au passé sous une forme composée. Dans ce cas, on met l'auxiliaire au participe présent et le verbe au participe passé.

parlant	ayant parlé
partant	étant parti
finissant	ayant fini

B. Emploi

Le participe présent peut être utilisé comme une forme verbale, un nom, un adjectif ou une préposition. Comme adjectif, il s'accorde avec le nom qu'il qualifie. Comme forme verbale et comme préposition, il est toujours invariable. Comme nom, son genre dépendra du genre de la personne qu'il représente.

La charité bruyante produisit un effet médiocre.
Le conseiller n'y tenant plus, il nous aborda sur la route.
Les villageois se regroupèrent devant l'église suivant leur habitude.
Un représentant du conseil municipal s'est présenté.

N.B.: Lorsque le participe présent est utilisé comme adjectif, il change parfois légèrement d'orthographe.

Infinitif	Participe présent	Adjectif
exceller	excellant	excellent(e)
fatiguer	fatiguant	fatigant(e)
savoir	sachant	savant(e)

1. Emploi du participe présent avec **en** ou **tout en**
   - Avec **en**, le participe présent exprime:
     a. la simultanéité de deux actions.

        Je marchais la mort dans l'âme (tout) en priant Dieu de la revoir.

     b. le moment.

        En revenant de l'école, mes frères tiraient la sonnette.

     c. la manière ou le moyen.

        En agitant ses mains en signe d'adieu, elle se jeta du toit.

- Seul, sans préposition, le participe présent ajoute au sens d'un nom ou d'un pronom. Il exprime:
  a. une cause, une raison ou une explication.

     Croyant que c'était elle que l'on applaudissait, la folle saluait.

  b. une action qui précède immédiatement l'action principale.

     Entendant crier «elle vit encore», je tombai des épaules de mon père.

  c. une action qui suit immédiatement l'action principale et en indique le résultat ou la conséquence.

     Elle sauta du toit, brisant la véranda avec un fracas épouvantable.

  d. une action simultanée à l'action principale. (Attention: Son sujet doit être l'objet direct de la proposition principale.)

     Contemplant les dégâts, le père Maréchaud marmonnait des paroles incompréhensibles.

  e. une circonstance ou une condition.

     Devenant folle, elle voulut sauter du toit.

- Il peut aussi remplacer une proposition relative.

  C'était le père Maréchaud en bonnet de coton, contemplant les dégâts. (= qui contemplait les dégâts)

2. Participe présent ou infinitif?
   - L'emploi du participe présent en français ne suit pas les mêmes règles que l'emploi du gérondif en anglais. Le français utilise beaucoup plus souvent l'infinitif, en particulier:
     a. avec les verbes de perception.

        Je la vois trembler de peur. (*I see her shaking with fear.*)

     b. après les prépositions autres que la préposition **en**.

        Avant de tirer la sonnette, réfléchis! (*Before ringing the bell, think!*)

     c. avec un infinitif seul.

        Penser, c'est vivre. (*Thinking is being alive.*)

   - On peut aussi remplacer le verbe par le nom en français.

     L'escalade et le saut à l'élastique me font peur. (*Rock climbing and bungee jumping scare me.*)

   - Enfin, l'expression **en train de** remplace souvent la forme progressive en anglais.

     Je suis en train d'applaudir. (*I am applauding.*)

Exercices: Pratique orale et/ou écrite

Niveau I

I. Donnez le participe présent des verbes suivants.

1. rougir
2. savoir
3. dire
4. courir
5. croire
6. avoir
7. craindre
8. fuir
9. comprendre
10. faire

II. Mettez les verbes entre parenthèses au participe présent ou à la forme correcte de l'adjectif.

1. En ____________________ (exiger) notre travail avant quinze heures, elle nous a privés de fête.
2. La nuit du 14 juillet, les lumières ____________________ (scintiller) formaient une rampe.
3. Une femme de ménage ____________________ (obéir) est appréciable chez les conseillers municipaux.
4. Il est sorti de la maison, ____________________ (oublier) de fermer la porte.
5. Elle a réussi à atteindre la véranda en ____________________ (allonger) le bras.
6. Les femmes ____________________ (tolérer) gardent leur calme.
7. ____________________ (faire) semblant de n'avoir rien entendu, il continua à marcher.
8. Voici les formulaires ____________________ (contenir) les informations officielles.
9. Les escargots se déplacent en ____________________ (ramper).
10. Elle s'est blessée en ____________________ (sauter) du toit.

Niveau II

I. Combinez les phrases suivantes en remplaçant les mots soulignés par le participe présent qui convient. Eliminez la conjonction si besoin et faites tout autre changement nécessaire. Choisissez entre **tout en**, **en**, ou le participe présent seul.

Exemple: Il mangeait et nous expliquait les raisons de son retour.
Tout en mangeant, il nous expliquait les raisons de son retour.

1. Elle offre une augmentation à la bonne et elle attire l'hostilité des voisins.
2. Elle regardait la foule et elle est tombée.
3. Le père Maréchaud était riche, et il ne se privait de rien.
4. Nous avions toujours vécu à Paris et nous ne connaissions encore personne dans le village.
5. Madame Maréchaud est rentrée chez elle. Elle était humiliée.
6. Les enfants tiraient la sonnette. Ils rentraient de l'école.
7. Mes frères et moi, nous n'aimions pas le père Maréchaud, parce qu'il était grotesque.
8. Elle ne travaille pas vigoureusement, parce qu'elle se sent très fragile.
9. Puisque les pompiers ne pouvaient pas venir assez vite, le feu s'est éteint tout seul.
10. Une femme s'avançait. Elle s'apitoyait bruyamment sur la folle.

Niveau III

I. Traduisez en français les phrases suivantes. Attention à ne pas forcément traduire le gérondif par un participe présent.

1. The parents heard the children laughing.
2. She was combing her long brown hair while looking at herself in the mirror.
3. Shaking with fear instead of facing danger is dangerous.
4. Pretending to play, they taught many useful lessons to their children.
5. Watching fireworks is a favorite pastime in France on July 14th.
6. Being unable to remember his dreams, he invented them.

7. Did you see someone jumping?
8. Living alone, she hardly needs to go shopping.
9. What a fascinating mystery!
10. I learned slang by reading detective novels.
11. Instead of watching me, why don't you help me?!

STRUCTURE 6: LE SUBJONCTIF

Les conjugaisons des verbes sont organisées selon différents modes qui eux-mêmes contiennent différents temps. L'indicatif, ou le mode qui sert à indiquer ou exprimer ce qui est, a été ou sera, comprend neuf temps. Le subjonctif, qui sert à exprimer ce qui est subjectif, a quatre temps: présent, passé, imparfait et plus-que-parfait, ces deux derniers étant considérés aujourd'hui comme des temps littéraires peu usités. Les autres modes sont le conditionnel et l'impératif. L'infinitif, la forme de base du verbe, et les participes ne sont pas des formes qui se conjuguent.

A. Formes
Le subjonctif présent est formé à partir de la troisième personne du pluriel du présent de l'indicatif des verbes réguliers. On retire la terminaison **-ent** et on la remplace par les terminaisons du subjonctif présent: **-e**, **-es**, **-e**, **-ions**, **-iez**, **-ent**.

1er groupe (-ER)	**2ème groupe (-IR à deux radicaux)**	**3ème groupe (-RE)**	**(-IR)**
que je parle	que j'obéisse	que j'attende	que je sorte
que tu parles	que tu obéisses	que tu attendes	que tu sortes
qu'il/elle parle	qu'il/elle obéisse	qu'il/elle attende	qu'il/elle sorte
que nous parlions	que nous obéissions	que nous attendions	que nous sortions
que vous parliez	que vous obéissiez	que vous attendiez	que vous sortiez
qu'ils/elles parlent	qu'ils/elles obéissent	qu'ils/elles attendent	qu'ils/elles sortent

1. Les changements d'orthographe rencontrés au présent de l'indicatif (**lever = je lève**, **appeler = j'appelle**, **régler = je règle**) se retrouvent aussi au présent du subjonctif. Les verbes en **-cer** et **-ger** n'auront plus besoin du **-ç-** ou du **-e-** devant les terminaisons de la première personne du pluriel.

Indicatif	**Subjonctif**
nous commençons	nous commencions
nous changeons	nous changions

2. Les verbes en -**ayer**, -**oyer** et -**uyer** garderont le **y** avant la terminaison -**ions** et **-iez** aux première et deuxième personnes du pluriel (**payions**, **nettoyions**, **appuyiez**).

N.B.: Les verbes ***être*** *et* ***avoir*** *ont pour formes respectives:*

que nous soyons　　que nous ayons
que vous soyez　　que vous ayez

N.B.: Il n'y a pas de i *après le* y.

3. Le subjonctif passé est un temps composé. Il est formé du subjonctif présent de l'auxiliaire du verbe suivi du participe passé du verbe en question.

   que j'aie considéré

   que je sois sorti

4. Les deux temps littéraires du subjonctif sont l'imparfait et le plus-que-parfait. Le premier est un temps simple, le second est un temps composé.

imparfait:	que je parlasse	que je finisse	que je rendisse	que je partisse
plus-que-parfait:	que j'eusse parlé	que je fusse fini	que j'eusse rendu	que j'eusse parti

B. Emploi du subjonctif

1. L'emploi du subjonctif est gouverné soit par le sens du verbe de la proposition principale ou d'une expression (verbale ou non), soit par une conjonction.

   Je veux que vous me pardonniez si j'apporte une mauvaise nouvelle.

   C'est dommage (*ou*: Quel dommage) que la nouvelle soit si mauvaise!

   Il est venu, bien que les nouvelles soient mauvaises.

2. Parfois il remplace un impératif ou exprime un souhait dans les phrases exclamatives.

   Que sa puissance mette des bornes à toutes choses!

3. Souvenez-vous pour vous aider à mieux comprendre que le mot subjonctif est dérivé de subjectif et de subjectivité. Les verbes et expressions qui déclenchent l'emploi du subjonctif expriment les idées suivantes:

   - les sentiments et les émotions
   - la volonté, le désir, le souhait, la préférence
   - le doute, l'improbabilité
   - l'interdiction
   - le besoin, la nécessité
   - l'éventualité, la possibilité
   - le jugement, l'opinion

N.B.: Lorsque l'idée de doute est inversée par la forme négative, et exprime l'opposé (c. à d. la certitude), on utilise l'indicatif.

   Je doute qu'il me retienne.

   Je ne doute pas qu'il me retiendra.

4. De même, lorsqu'un verbe ou une expression exprime la certitude (**croire**, **déclarer**, **dire**, **penser**, **trouver**, **être certain**, **être sûr**, **il est évident**), il/elle entraîne l'indicatif, à moins d'être à la forme négative ou interrogative.

   Je suis certain que les joues vous tomberont sous le menton.

   Je ne pense pas qu'il ait jamais vu une belle vieille.

   Es-tu sûr qu'il ait vu une belle vieille?

*N.B.: Le verbe **espérer** n'entraîne jamais le subjonctif. Il est généralement suivi du futur, mais quelquefois du présent de l'indicatif ou d'un temps du passé.*

   J'espère que vous aurez peur de votre miroir.

5. Certaines conjonctions déclenchent l'emploi du subjonctif. Elles ont aussi parfois un équivalent sous forme de préposition, suivie de l'infinitif passé ou présent, ou s'il n'y a pas de verbe, d'un nom.

   La colonne de gauche donne la liste des conjonctions qui déclenchent l'emploi du subjonctif, la colonne de droite donne la liste des prépositions correspondantes.

Conjonctions	Prépositions
à condition que	à condition de (+ infinitif)
afin que	afin de (+ infinitif)
à moins que	à moins de (+ infinitif)
avant que	avant de (+ infinitif); avant (+ nom)
bien que	
de crainte que	de crainte de (+ infinitif)
de façon que	de façon à (+ infinitif)
de manière que	de manière à (+ infinitif)
de peur que	de peur de (+ infinitif)
de sorte que	
jusqu'à ce que	jusqu'à (+ infinitif ou + nom)
pour que	pour (+ infinitif, + nom)
pourvu que	
quoique	
sans que	sans (+ infinitif, + nom)

6. Le subjonctif n'est pas toujours obligatoire, mais sert à indiquer le doute ou l'incertitude dans les propositions relatives. Le choix de l'indicatif donnerait l'impression de certitude qu'on peut avoir devant un fait réel.

   Il ne se passe heure du jour qui ne vous prenne quelque beauté.
   (Le narrateur admet la subjectivité de ce jugement.)

   Il ne se passe heure du jour qui ne vous prend quelque chose.
   (Le narrateur affirme un fait dont il est certain.)

7. De même dans les phrases superlatives, ou lorsque l'idée du superlatif est rendue par des expressions telles que **le premier**, **le dernier**, **le seul** ou **l'unique**, on utilise le subjonctif.

   Je suis le seul qui puisse vous porter cette mauvaise nouvelle.

8. Le présent du subjonctif peut exprimer à la fois une idée présente ou une idée future.

   Je pense que vous perdrez vos attraits. (futur de l'indicatif)

   Je ne pense pas que vous perdiez vos attraits. (subjonctif)

9. La concordance des temps au subjonctif (non littéraire) s'appuie uniquement sur la chronologie des faits. On utilise le subjonctif passé si l'action de la proposition subordonnée précède celle de la proposition principale.

   Quelque soin que vous ayez eu de vous-même, vous ne seriez déjà plus belle aujourd'hui.
   (Si cette personne avait pris soin d'elle-même pendant sa jeunesse, cela ne changerait rien à son état présent.)

10. Il faut être attentif à ne pas employer le subjonctif lorsqu'une structure plus simple peut lui être substituée. Si le sujet de l'action principale est le même que celui d'une action subordonnée, on utilise une proposition infinitive. Remarquez la différence de sens:

    Je veux que vous partiez (Je/vous = sujets différents)

    Je veux partir (Je/je = répétition inutile)

Exercices: Pratique orale et/ou écrite

Niveau I

Révision des formes du subjonctif.

I. Introduisez l'expression entre parenthèses et mettez le verbe au temps qui convient. Faites les changements nécessaires.

1. (il faut) je vous fais part de ce que je viens d'apprendre.
2. (je doute) vous pouvez conserver cette grande autorité.
3. (je crains) vous serez fâchée de ce que je vous dirai.
4. (il est possible) vous n'avez aucune raison de vous inquiéter.
5. (il est regrettable) les femmes ne savent pas me prendre au sérieux.
6. (il est juste) nous nous vengerons.
7. (il vaut mieux) vous usez de votre jeunesse.
8. (j'insiste) faites des bouquets sans attendre!
9. (je ne doute pas) vous vous lamentez de vos rides.
10. (il se peut) je me suis trompé.

II. Mettez les verbes entre parenthèses au temps qui convient.

1. Voulez-vous que je vous ______________ à quel point votre beauté m'émeut? (dire)
2. Il faut toujours que le temps ______________ des bornes à toute chose. (mettre)
3. Quelque soin que vous ______________ de vous-même, vous ne conserverez votre beauté. (prendre)
4. Je ne suis pas sûr que vous ______________ en être fâchée. (devoir)
5. Nous nous étonnons qu'elle ______________ vous écouter. (savoir)
6. Il est fâcheux que le temps ______________ autant de dégâts. (faire)
7. Pourvu qu'elle m' ______________ une lettre et qu'elle me ______________ . (écrire / répondre)
8. Je la préviens afin qu'elle ______________ mes conseils judicieux et de crainte qu'elle n'______________ au devant d'une catastrophe. (suivre / aller)

Niveau II

I. Choisissez les expressions ci-dessous pour joindre les phrases de façon logique et changez le temps et/ou le mode des verbes si nécessaire. N'utilisez pas la même expression deux fois.

afin que	de sorte que
avant que	jusqu'à ce que
bien que	pour
de peur de	

1. Elle écrit une lettre. Elle me fait plaisir.
2. Je t'expliquerai. Tu comprendras.
3. Nous continuerons de voyager. Nous atteindrons Rome.
4. L'homme dit la vérité à Clorinde. Clorinde la connaissait déjà depuis longtemps.
5. Il a caché les miroirs. Elle se rend compte qu'elle a vieilli.
6. Clorinde ne se regarde jamais dans un miroir. Elle voit qu'elle a vieilli.
7. Mon serviteur doit m'acheter des timbres. Je peux poster cette lettre.

II. Mettez les phrases suivantes à la forme interrogative, puis répondez à la forme négative. Faites attention à utiliser le bon mode.

Exemple: Je pense que cet homme ne comprend rien aux femmes!
Penses-tu que cet homme ne comprenne rien aux femmes?
Je ne pense pas que cet homme ne comprenne rien aux femmes.

1. Je crois que cette femme est naïve.
2. Nous espérons que vous reviendrez.
3. Il est certain qu'elle lui répondra docilement.
4. Il est probable qu'ils continueront à se rencontrer.
5. Il est vrai que les hommes sont parfois égoïstes.

STRUCTURE 7: LES PRONOMS

A. Formes

1. La fonction du pronom est de remplacer un nom ou un autre pronom. Dans ce cas, il s'accorde en genre et en nombre avec son antécédent. Il peut aussi remplacer un adjectif ou une proposition (une action). Dans ce cas, le pronom est toujours masculin singulier.

   Landry comprenait enfin que la petite Fadette l'aimait et il la prenait dans ses bras en pleurant.

   Je ne crois pas à l'amour, je te l'ai déjà dit.

2. La fonction des pronoms varie.
   - Les pronoms personnels peuvent être:
     a. sujet.

        je (j'), tu, il, elle, on, nous, vous, ils, elles

     b. objet direct.

        le, la, l', les

     c. objet direct ou indirect et pronom réfléchi (direct ou indirect).

        me (m'), te (t'), se (s'), nous, vous, se (s')

d. pronom disjoint (tonique).

moi, toi, lui, elle, soi, nous, vous, eux, elles

Remarquez la présence des pronoms **nous** et **vous** dans plusieurs de ces groupes et par conséquent l'importance de bien comprendre sa fonction dans la phrase.

3. Le pronom objet direct remplace un mot (ou un groupe de mots) qui d'habitude se met directement après le verbe.

   Fadette regarde <u>Landry</u>.

   Fadette <u>le</u> regarde.

4. Le pronom objet indirect remplace un objet introduit par une préposition. Dans le cas des pronoms personnels **me**, **te**, **nous**, **vous**, **se**, ainsi que **lui** et **leur**, ces pronoms remplacent toujours des personnes (ou des animaux familiers) et la préposition remplacée est **à**.

   Fadette explique ses sentiments <u>à Landry</u>.

   Fadette <u>lui</u> explique ses sentiments.

5. La difficulté réside dans le choix entre un pronom objet direct (**le**, **la**, **l'**, **les**) et indirect (comme **lui** ou **leur**) dont les formes sont distinctes et dans la différence de construction de certains verbes anglais et français.

   Par exemple les verbes suivants prennent un objet direct en français et un objet indirect en anglais:

   attendre
   demander
   écouter
   regarder

   Les verbes ci-dessous prennent un objet direct en anglais et indirect en français:

appartenir	plaire
demander	répondre
dire	ressembler
écrire	téléphoner
obéir	

N.B.: Certains verbes ont deux objets: un objet direct pour la chose et un objet indirect pour la personne. Cette construction est généralement semblable en anglais.

Fadette donne son amour à Landry. *Fadette gives her love to Landry.*

6. Le pronom **y** remplace les objets introduits par les prépositions **à**, **dans**, **en**, **chez**. Il s'agit alors de choses.

   Fadette suivait Landry <u>aux champs</u>. Elle y suivait Landry.

   Seras-tu <u>chez toi</u> ce soir? J'y serai.

7. Le pronom **en** remplace les objets introduits par **de**, l'article indéfini **un(e)** et les expressions de quantité comme **beaucoup de**, **assez de**, **un verre de**, **un centimètre de**, **pas de**.

   — As-tu <u>de l'amour</u> pour moi? demanda Landry.

   — Oui, j'en ai! répondit Fadette.

   — Avait-elle <u>un petit agneau</u> sur les genoux?

   — Oui, elle en avait un.

N.B.: On répète le nombre ou la quantité après le verbe. On n'est pas obligé de répéter les autres informations qui dépendent des mots remplacés.

8. L'ordre de ces pronoms dans la phrase est établi par rapport au verbe et à leur fonction.

   Les pronoms atones (non toniques) précèdent le verbe à la forme affirmative. Les pronoms toniques (disjoints) suivent le verbe et sont généralement précédés d'une préposition (celle-ci les séparent du verbe, d'où le nom disjoint).

   Tu **me** l'as dit bien des fois!

   C'est à **toi** que je l'ai dit quand nous dansions avec **eux**.

9. Voilà les formes des pronoms toniques disjoints:

moi	nous
toi	vous
lui / elle / soi	eux, elles

10. Les pronoms toniques disjoints remplacent des noms de personne (ou d'animaux familiers) lorsqu'une préposition (généralement autre que la préposition **à**) suit le verbe.

    J'obéis à ma mère. → Je lui obéis. (pronom atone)

    Je rentre avec mon meilleur ami. → Je rentre avec lui. (pronom tonique disjoint)

11. Lorsqu'on veut insister sur la personne qui fait l'action, on utilise aussi les pronoms toniques.

    C'est à toi que j'explique mes raisons, pas à lui.

    Lui, il m'écoute, toi, tu n'écoutes personne.

N.B.: Certains verbes feront faire la distinction entre choses et personnes pour le choix du pronom.

Landry s'intéresse à Fadette. Il s'intéresse <u>à elle</u>.

Landry s'intéresse <u>à la pêche</u>. Il s'<u>y</u> intéresse.

12. Les tableaux ci-dessous indiquent l'ordre des pronoms personnels.

Dans les phrases affirmatives

Sujets	Objets directs	Objets directs / indirects	Objets indirects / Pronoms-adverbes
je		me	
tu		te	
il / elle / on	le / la / l'		lui / y / en
nous		nous	
vous		vous	
ils / elles	les		leur

Tu nous les donneras.

Elle lui en parlera.

Vous m'y verrez.

Dans les phrases interrogatives (sans est-ce que)

Objets directs / indirects	Objets directs	Objets indirects	Sujets
			je
me			tu
te	le / la / l'	lui / y / en	il / elle / on
nous			nous
vous			vous
	les	leur	ils / elles

La lui donneras-tu?
Vous en servez-vous?
Y en aura-t-il assez?

A l'impératif affirmatif, l'ordre est le même qu'en anglais

Objets directs	Objets indirects
	moi (m')
	toi (t')
le / la / l'	lui / y / en
les	leur
	nous
	vous

Prends-lui-en!
Achète-le-leur!
Sors-toi de là!
Donne-moi cet espoir. Donne-le-moi.

(*Mais:* Donne-m'en. Le pronom disjoint redevient non tonique ou atone lorsqu'il est suivi d'un pronom commençant par une voyelle.)

A l'impératif négatif, les pronoms sont dans le même ordre qu'au présent à la forme négative

Ne lui en prends pas!
Ne le leur dis pas!
Ne me le donne pas!

Exercices: Pratique orale et/ou écrite

Niveau I

I. Remplacez les mots soulignés par des pronoms.

Exemples: Elle a trouvé <u>l'agneau</u> près de la rivière.
Elle *l'*a trouvé près de la rivière.
Elle a trouvé <u>les agneaux</u> <u>près de la rivière</u>.
Elle *les y* a trouvés.

1. La petite Fadette suivait la rivière en disant des folies au garçon.
2. Depuis un an, elle regardait Landry d'un air pensif.
3. Elle ne savait pas ce qu'il faisait dans les champs.
4. Elle espérait plaire à ce garçon en dansant.
5. Landry se plaisait à côté de la petite Fadette.
6. Il savait s'occuper de ses agneaux, mais il ne savait pas comprendre Fadette.
7. Elle pensait souvent à Landry avec espoir.
8. Elle pensait qu'un jour Landry trouverait Fadette digne de lui.
9. J'aurai du plaisir à garder tes moutons.
10. Il a suivi la petite Fadette dans la carrière du Chaumois.

II. Répondez aux questions suivantes par l'affirmative en remplaçant les mots soulignés par des pronoms. Attention aux accords des participes passés.

Exemple: Landry a-t-il accompagné la petite Fadette?
Oui, il l'a accompagnée.

1. Tu crois que l'amour commande plus que l'amitié?
2. Est-ce que Landry a confiance en Fanchon? A-t-il du courage?
3. Est-ce que la petite Fadette a trouvé Landry au bord de la rivière?
4. Est-ce qu'il avait parlé de son chagrin à la petite Fadette?
5. Est-ce que la petite Fadette a dit à Landry qu'elle l'aimait?
6. Penses-tu que c'était vrai?

Niveau II

I. Remplacez le verbe souligné par le verbe entre parenthèses. Faites les changements nécessaires dans la phrase et conjuguez le verbe.

1. Mes amies lui écrivent. (regarder)
2. Nous l'attendrons jusqu'à minuit. (parler)
3. Petits, ses enfants lui ressemblaient. (chercher)
4. J'oublie souvent de leur téléphoner. (prévenir)
5. Ce manteau lui appartient. (ne pas plaire)

Niveau III

I. Traduisez les phrases suivantes en français. Utilisez les verbes entre parenthèses.

1. He noticed her long ago. (remarquer)
2. Did you ask her if she understood you? (demander / comprendre)
3. I gave her back the love she had for me. (rendre / avoir)
4. One must teach children to tell the truth. (apprendre / dire)
5. Sadness touched them all. (toucher)
6. I am selling it (masc. sing.) to you, not to them (masc. sing.). (vendre)
7. I do not believe that you too are angry with me. (croire)

STRUCTURE 8: LE FUTUR ET LE CONDITIONNEL

Le futur

Il n'existe de futur qu'au mode indicatif. Le sens du futur au mode subjonctif est inclus dans le présent.

A. Formes

1. Pour obtenir le futur de l'indicatif, on ajoute les terminaisons suivantes à la forme de l'infinitif du verbe.

-ai	-ons
-as	-ez
-a	-ont
parler: je parler**ai**	**étudier:** j'étudier**ai**
finir: je finir**ai**	**réussir:** je réussir**ai**
sortir: je sortir**ai**	**partir:** je partir**ai**

2. Pour la troisième conjugaison (verbes en **-re**), on élimine le **-e** final de l'infinitif avant d'ajouter la terminaison du futur.

   prendre: je prendr**ai** **répondre:** je répondr**ai**

3. Le futur est l'un des temps les plus réguliers de la langue française; cependant il existe quelques verbes dont le radical du futur est irrégulier.

avoir	radical: AUR	j'aurai
être	radical: SER	je serai
aller	radical: IR	j'irai
faire	radical: FER	je ferai
pouvoir	radical: POURR	je pourrai
savoir	radical: SAUR	je saurai
vouloir	radical: VOUDR	je voudrai

4. Parmi les verbes en -IR et -OIR à radical irrégulier, remarquez les paires suivantes pour vous aider à mieux les retenir: **courir-mourir**, **devoir-recevoir**, **falloir-valoir**, **tenir-venir**.

courir	radical: COURR	je courrai
mourir	radical: MOURR	je mourrai
devoir	radical: DEVR	je devrai
recevoir	radical: RECEVR	je recevrai
falloir	radical: FAUDR	il faudra
valoir	radical: VAUDR	je vaudrai
tenir	radical: TIENDR	je tiendrai
venir	radical: VIENDR	je viendrai
envoyer	radical: ENVERR	j'enverrai
voir	radical: VERR	je verrai

   Notez que pour les verbes en **-ayer**, **-oyer** et **-uyer**, on remplace le **y** par un **i** au futur et au conditionnel.

B. Emploi

1. Le futur indique une action qui n'est pas encore arrivée.

   Viens, nous causerons de la situation.

2. Il atténue un impératif.

   Viens chez moi, tu dormiras.

3. Il s'emploie après **si** (= *whether*) dans le sens de l'interrogation indirecte.

   Le jeune homme ne sait pas s'il pourra dormir.

4. Il s'emploie après les conjonctions de temps **aussitôt que**, **dès que**, **lorsque**, **quand**, si le verbe de la proposition principale est au futur ou à l'impératif.

   Quand je serai chez toi, tu me diras des choses ennuyeuses.

5. Après **si** (= *if* + conditionnel), on emploie le présent.

   Si je viens, je me tairai.

6. Parfois, l'idée du futur est exprimée par une expression verbale ou un autre temps. Par exemple, on emploie **aller** + l'infinitif du verbe pour indiquer une action qui est sur le point de se passer.

   Vous savez, mon ami, vous allez mourir de faim maintenant!

   Dans une narration au passé, le verbe **aller** est à l'imparfait.

   Tu savais que tu allais mourir de faim.

Le futur antérieur

A. Formes

Le futur antérieur est un temps composé. Il est formé de l'auxiliaire conjugué au futur et du participe passé du verbe.

parler:	j'aurai parlé
finir:	j'aurai fini
prendre:	j'aurai pris
sortir:	je serai sorti(e)

B. Emploi

1. Le futur antérieur indique le plus souvent une action qui aura lieu entre le moment présent et un moment du futur.

   Demain, il ira chercher Michel. Il sait que pour le retrouver, il aura pris un gazcab à travers Paris.

2. On utilise aussi le futur antérieur pour:

   a. clarifier la chronologie des événements (ou indiquer qu'une action doit être accomplie avant qu'une autre n'ait lieu) avec des conjonctions comme **aussitôt que**, **dès que**, **lorsque**, **quand**.

      Il saura ce qu'il deviendra quand il y aura réfléchi.

   b. exprimer une interrogation indirecte avec **si** (= *whether*)

      Le jeune homme ne sait pas si Michel aura pu comprendre la joie de son ami.

Le conditionnel présent

Le conditionnel est un mode qui a deux temps, le présent et le passé.

A. Formes
Le présent de ce mode se forme sur le même radical que le futur. Les terminaisons du conditionnel présent sont les mêmes que celles de l'imparfait de l'indicatif.

parler:	je parler-AIS nous parler-IONS	tu parler-AIS vous parler-IEZ	il/elle parler-AIT, ils/elles parler-AIENT
finir:	je finir-AIS		
prendre:	je prendr-AIS		

B. Emploi

1. On emploie le conditionnel dans les phrases hypothétiques où le **si** exprime une condition dont le résultat est expliqué dans la proposition principale. L'ordre de ces deux propositions (proposition principale et proposition avec **si**) est indifférent.

    Si vous comptiez sur votre famille, vous ne seriez pas libre.

    Je serais heureux si nous allions voir ton oncle.

    Dans les cas ci-dessus, l'hypothèse fait partie du domaine des possibilités plausibles.

2. Avec les verbes **devoir**, **pouvoir** et **vouloir**, le présent du conditionnel exprime un désir ou un ordre atténué et poli.

    Voudrais-tu venir dormir chez moi?

3. On utilise aussi le conditionnel présent pour exprimer un doute sur la véracité d'un fait (style journalistique).

    Ces voitures étonnantes rouleraient sans faire de bruit...

4. Difficultés de traduction de l'anglais vers le français:

    Les verbes précédés de *would* en anglais n'expriment pas toujours le conditionnel. Parfois, ils expriment l'imparfait d'habitude.

    Every morning, he would ask him to go for a ride.

    Chaque matin, il lui demandait d'aller faire un tour en voiture.

    L'anglais *should* exprime l'obligation et se traduit par le verbe **devoir**, parfois au conditionnel.

    You should come home with me.

    Tu devrais rentrer avec moi.

5. Le conditionnel présent est conjugué comme le futur du passé. Celui-ci est utilisé pour exprimer le futur dans une narration au passé.

    Il dit qu'il viendra chez moi.

    Il a dit / Il disait qu'il viendrait chez moi.

Le conditionnel passé

A. Formes

Le conditionnel passé est un temps composé. Il est formé du présent du conditionnel de l'auxiliaire et du participe passé du verbe.

parler:	j'aurais parlé
finir:	j'aurais fini
prendre:	j'aurais pris
sortir:	je serais sorti(e)

B. Emploi

1. On utilise le conditionnel passé dans les phrases hypothétiques où le **si** exprime une condition dont le résultat impossible et irréalisable est expliqué dans la proposition principale.

   Si vous aviez compté sur votre famille, vous n'auriez pas été libre.

   Si nous étions allés voir ton oncle, j'aurais été heureux.

2. Avec les verbes **devoir**, **pouvoir** et **vouloir**, le passé du conditionnel exprime un désir ou un ordre encore plus atténué et poli que le présent du conditionnel.

   J'aurais voulu être libre.

   Il aurait dû ne pas compter sur sa famille.

3. Le conditionnel passé indique une information dont la certitude n'est pas absolue.

   Selon ses amis, cette conversation aurait eu lieu au lever du jour.

4. Les phrases hypothétiques suivent généralement une progression qui va de la probabilité concevable au présent à l'impossibilité sans appel au passé. Certaines variations sont possibles selon le sens de la phrase et la chronologie des événements, mais le tableau suivant reflète les cas les plus courants.

Proposition avec *si*	Proposition principale
■ présent	■ futur (ou impératif ou présent)
■ imparfait	■ conditionnel présent
■ plus-que-parfait	■ conditionnel passé

Si tu comptes sur ta famille, tu ne seras pas libre.

Si tu comptes sur ta famille, tu n'es pas libre.

Si tu comptes sur ta famille, essaie donc d'être libre!

Si tu comptais sur ta famille, tu ne serais pas libre.

Si tu avais compté sur ta famille, tu n'aurais pas été libre.

N.B.: Il n'y a jamais de futur ni de conditionnel dans la proposition subordonnée avec ***si****.*

Variations:

Si tu viens, c'est que tu auras compris la valeur d'une discussion.

Si tu es venu, c'est qu'elle ne s'était pas trompée sur toi.

- Pour un rappel de la chronologie des temps de la narration, voir *Structure 4: Les temps du passé.*

Exercices: Pratique orale et/ou écrite

Niveau I

I. *Exercice d'échauffement rapide* Mettez les verbes suivants au futur simple, puis au futur antérieur.

Exemple: Nous sommes - Nous serons - Nous aurons été

1. Je dois
2. Je suis
3. Nous venons
4. Elle va
5. Ils ont
6. Tu sais
7. Vous voulez
8. Elles tiennent
9. Tu vois
10. Vous courez

II. Répondez aux questions suivantes au futur de l'indicatif. Puis, transformez les phrases en remplaçant les mots soulignés par les pronoms qui conviennent.

Exemple: Allez-vous manger au restaurant?
Oui, je mangerai au restaurant.
Oui, j'y mangerai.

1. Allez-vous devenir amoureux(-euse) ce mois-ci?
2. Vos amis et vous, allez-vous comprendre ses réactions?
3. Paul et Georges vont-ils pouvoir déménager?
4. Allez-vous être libre de partir?
5. Toi et lui, allez-vous avoir le temps de voyager?
6. Vont-elles voir les avantages de cette solution?
7. Va-t-il recevoir votre lettre à temps?
8. Va-t-il falloir qu'il réponde à toutes tes questions?
9. Vas-tu devoir engager plus d'aide?
10. Allons-nous achever ce projet dans les temps?

III. La question est au présent. Répondez (a) au conditionnel présent et (b) au conditionnel passé. Répondez avec les deux verbes de chaque question.

Exemple: Mangez-vous si vous avez faim?

a. Je mangerais si j'avais faim. *ou*
Si j'avais faim, je mangerais.
b. J'aurais mangé si j'avais eu faim. *ou*
Si j'avais eu faim, j'aurais mangé.

1. Voyez-vous les défauts des gens même s'ils vous sont sympathiques?
2. Vous dépêchez-vous si vous êtes en retard?
3. Allez-vous dans les grands magasins s'il y a des soldes?
4. Rougissez-vous si vous oubliez le nom de quelqu'un?
5. Venez-vous en Australie avec nous si nous déménageons là-bas?

Niveau II

I. Vos parents vous demandent si vous avez déjà fait les choses suivantes. Répondez en disant que vous les ferez plus tard. Dans vos réponses, évitez les répétitions en remplaçant par un pronom les mots indiqués en italique.

Exemple: As-tu enfin appris à conduire?
Non, j'apprendrai plus tard.

1. As-tu fais *tes devoirs*?
2. As-tu suivi *nos conseils*?
3. Es-tu allé(e) acheter *le pain*?
4. As-tu écrit *à ta grand-mère*?
5. As-tu bu *ton sirop pour la toux*?
6. As-tu été *compréhensif(-ive) avec tes amis*?
7. T'es-tu demandé *ce que nous faisions à ton âge*?
8. Tes amis sont-ils *passés te voir*?
9. As-tu dû payer *une amende*?
10. As-tu reçu *une bonne note en maths*?
11. Est-ce que *cela a valu la peine*?

II. Répondez aux questions suivantes. (Chaque réponse doit comprendre les deux propositions de la question aux temps qui conviennent.) Remarquez le temps des verbes dans les questions et suivez le même modèle dans vos réponses. Parfois, vous devrez utiliser un nouveau verbe dans la réponse.

Exemple: Que feriez-vous si vous aviez froid?
Je m'habillerais plus chaudement si j'avais froid.
ou
Je mettrais un pull-over si j'avais froid.
Si j'avais froid, j'allumerais un feu dans la cheminée.

1. Que feriez-vous si vous aviez envie de rencontrer des gens?
2. Qu'auriez-vous vu si vous étiez allé(e) au cinéma?
3. Qu'entendriez-vous si vous alliez au concert?
4. Que feras-tu à manger si je viens dîner ce soir?
5. Seriez-vous tombé(e) amoureux(-euse) si vous n'aviez pas vu son alliance?
6. Où est-ce que je pourrais aller si je voulais recommencer ma vie?

Niveau III

Quand on est amoureux, on s'exprime beaucoup au futur et au conditionnel!

I. Dans sa chanson célèbre dans le monde entier, *Ne me quitte pas,* Jacques Brel promet à la femme qu'il aime, si elle ne le quitte pas, des perles de pluie; il veut la couvrir d'or et de lumière… Ecrivez une chanson sur le modèle de *Ne me quitte pas* (vous trouverez le lien sur la page web de la *Structure 8*) et expliquez ce que vous ferez pour que la personne que vous aimez ne vous quitte pas. (Employez au moins six verbes au futur et deux au futur proche.)

II. a. Lisez la chanson de Jacques Brel, *Madeleine,* en lien sur la page web de la *Structure 8*. Quels sont les projets du chanteur pour ce soir-là? Que veut-il faire avec Madeleine? Répondez à la troisième personne du pluriel du futur. *Le chanteur dit qu'ils…*

b. Si vous deviez sortir avec la personne que vous aimez, que voudriez-vous faire? Faites cinq phrases au conditionnel présent.

Exemple: Si X acceptait de sortir avec moi, je l'emmènerais à... et nous ...

III. Dans cette chanson de Michel Emer chantée par Edith Piaf, *Si un jour tu partais* (vous trouverez le lien sur la page web de la *Structure 8*), remarquez les cinq conséquences hypothétiques de la rupture de ce couple qui sont exprimées dans le refrain. Que se passerait-il si la personne aimée brisait leur amour?

IV. Traduisez en français

1. I shall drive this car to Marseille if you agree to meet me there.
2. I would drive this car to Marseille if you would agree to meet me there.
3. I hope she will buy the house we saw. I would love to live there!
4. This clever burglar will open the door!
5. Here is the woman whose work I will always admire.
6. What will I need to go live abroad?
7. Should we consider leaving this country, you and I? (consider = **envisager**)
8. As soon as we move to Canada, I will send you my new address.

APPENDICE II

LES VERBES

Pour exprimer toutes les nuances de la chronologie et de la manière de s'exprimer, les temps des verbes sont d'abord groupés par *modes:* l'indicatif, le subjonctif, le conditionnel et l'impératif.

L'indicatif permet d'exprimer ce qui est, ce qui a été et ce qui sera. C'est le mode qui offre le plus de précision quant à la chronologie, avec neuf temps différents, dont six pour le passé.

Le subjonctif est le mode de la subjectivité et sert à exprimer le doute, le désir, la volonté, le jugement et le sentiment. Aujourd'hui, on n'utilise que le présent (qui peut aussi rendre l'idée du futur) et le passé du subjonctif, mais on trouve encore l'imparfait et le plus-que-parfait dans les textes littéraires.

Le conditionnel est le mode qui sert à exprimer l'action qui se produirait si une condition était remplie. Il peut aussi atténuer un ordre ou un désir. Il existe au présent et au passé.

L'impératif est le mode qui sert à donner des ordres. Il n'existe qu'au présent et n'est conjugué qu'à trois personnes (deuxième du singulier et du pluriel et première du pluriel).

Enfin, les verbes ont deux participes: le présent et le passé.

La forme qui sert à classifier les verbes est l'infinitif. Les verbes réguliers dont l'infinitif se termine en **-er** appartiennent à la première conjugaison, en **-ir**, comme **finir**, à la deuxième conjugaison et les verbes en **-re**, comme **apprendre**, à la troisième. L'initif a une forme passée composé.

On distingue des temps simples et des temps composés. Les deux auxiliaires, **avoir** et **être**, servent à conjuguer les verbes aux temps passée composées.

Les verbes réguliers

Parmi les verbes considérés comme réguliers, certains subissent des changements d'orthographe mineurs qui nous font reconnaître des sous-catégories de la première conjugaison.

1. Les verbes en **-cer**, comme **commencer**, **effacer**, **forcer**, **lancer**, **menacer**, **placer**, **renoncer**. Le **c** prend une cédille (**ç**) devant les voyelles **a**, **o**, **u** pour conserver le son doux du **c** de l'infinitif.

    Je commence

    Mais:

nous commençons	je commençais	elles commençaient
annoncer	forcer	lancer
menacer	prononcer	remplacer

2. Les verbes en **-ger**, comme **changer**, **manger**, **plonger**, **ronger**, **songer**. On ajoute un **e** après le **g** devant les voyelles **a**, **o**, **u** pour conserver le son doux du **g** de l'infinitif.

    Je change

    Mais:

    nous chang*eons*   tu chang*eais*

abréger	échanger	neiger
affliger	élonger	obliger
agréger	emménager	ombrager
alléger	encourager	outrager
allonger	endommager	partager
aménager	engager	plonger
arranger	engorger	préjuger
s'arroger	expurger	présager
asperger	forger	prolonger
assiéger	fourrager	propager
avantager	gager	protéger
bouger	gorger	rallonger
changer	immerger	ravager
converger	infliger	rédiger
corriger	s'insurger	rengorger
décharger	interroger	ronger
dédommager	juger	songer
déménager	loger	soulager
déranger	manger	surcharger
désavantager	ménager	venger
désengager	nager	voltiger
diriger	naufrager	voyager
diverger	négliger	

3. Les verbes en **-yer**, **-oyer** et **-uyer**, comme **essayer**, **payer**, **employer**, **nettoyer**, **ennuyer**, **essuyer** transforment le **y** en **i** devant un **e** muet.

j'essa*i*e	j'essa*i*erai	*Mais:* nous essa*y*ons
tu netto*i*es	tu netto*i*erais	*Mais:* nous netto*y*ions
il s'ennu*i*e	elle s'ennu*i*era	*Mais:* on s'ennu*y*ait.

appuyer	essayer	octroyer
bégayer	essuyer	ondoyer
convoyer	étayer	payer
coudoyer	flamboyer	poudroyer
déployer	foudroyer	rayer
effrayer	larmoyer	relayer
employer	nettoyer	tutoyer
ennuyer	noyer	verdoyer

*N.B.: Avec les verbes en **-ayer**, on peut soit conserver le **y** dans toute la conjugaison, soit le changer en **i** devant un **e** muet.*

je paie	*ou*	je paye
tu paies		tu payes
il/elle paie		il/elle paye
ils/elles paient		ils/elles payent

Impératif: paie ou paye

4. Les verbes en **e** + consonne + **er** comme **-ecer**, **-emer**, **-ener**, **-eper**, **-eser**, **-ever**, **-evrer**.

   Le **e** muet de la pénultième syllabe de l'infinitif devient un **è** (ouvert) devant une syllabe contenant un **e** muet (présent, futur, subjonctif, conditionnel présent).

   lever: je l*è*ve   qu'elles se l*è*vent   je l*è*verai   vous l*è*veriez

achever	empeser	promener
amener	lever	ramener
crever	mener	relever
élever	parsemer	soulever
emmener	peser	

5. Les verbes en **é** + consonne + **er** comme **-ébrer**, **-écer**, **-écher**, **-éder**, **-égler**, **-égner**, **-égrer**, **-éguer**, **-éler**, **-émer**, **-éner**, **-érer**, **-éser**, **-éter**, **-étrer**. Le **é** (fermé) devient un **è** (ouvert) devant une syllabe contenant un **e** muet; pourtant on garde le **é** au futur et au conditionnel.

   espérer: j'espère

   Mais:

   j'esp*é*rerai(s)

accéder	dérégler	intégrer
accélérer	désaltérer	interférer
adhérer	désespérer	interpréter
adultérer	désintégrer	lacérer
aérer	dessécher	lécher
agglomérer	différer	léguer
aliéner	digérer	léser
alléguer	écrémer	libérer
altérer	empoussiérer	macérer
assécher	enfiévrer	modérer
avérer	énumérer	obséder
blasphémer	espérer	opérer
céder	exagérer	oxygéner
compléter	exaspérer	pécher
confédérer	excéder	pénétrer
conférer	exécrer	perpétrer
conglomérer	exonérer	persévérer
considérer	fédérer	pondérer
coopérer	gérer	posséder
décéder	héler	précéder
décolérer	hypothéquer	préférer
déconsidérer	imprégner	procéder
déféquer	incarcérer	proférer
déférer	incinérer	proliférer
dégénérer	inférer	prospérer
déléguer	inquiéter	rapiécer
délibérer	insérer	reconsidérer

récupérer	réitérer	suggérer
référer	reléguer	tolérer
refléter	rémunérer	transférer
refréner	répéter	ulcérer
réfrigérer	révéler	végéter
régénérer	réverbérer	vénérer
régler	révérer	vitupérer
régner	sécher	vociférer
réincarcérer	sécréter	
réintégrer	succéder	

6. Verbes en **-eler** et **-eter** comme **appeler**. Ces verbes doublent le **l** ou le **t** devant un **e** muet.

   appeler: j'appe*ll*e

amonceler	dépaqueter	jumeler
atteler	désensorceler	morceler
béqueter	écheveler	moucheter
bourreler	empaqueter	niveler
cacheter	ensorceler	pailleter
canneler	épeler	pelleter
chanceler	épousseter	pommeler
claqueter	étinceler	projeter
cliqueter	étiqueter	rappeler
colleter	feuilleter	rejeter
craqueter	ficeler	renouveler
cureter	fileter	ressemeler
déchiqueter	fuseler	ruisseler
décolleter	grommeler	souffleter
déficeler	harceler	tacheter
denteler	jeter	voleter

7. Les verbes en **-eler** et **-eter** comme **acheter** ne doublent pas la consonne mais le **e** devient **è** devant une syllabe muette.

   acheter: j'ach*è*te

acheter	déceler	haleter
celer	dégeler	modeler
ciseler	écarteler	racheter
congeler	fureter	receler
crocheter	geler	surgeler

8. Verbes en **-éger**. Le **é** devient **è** (ouvert) devant un **e** muet sauf au futur et au conditionnel (voir Nº 5, à la page 210). Le **g** prend un **e** devant les voyelles **a** et **o** (voir Nº 2, à la page 208).

j'abr*è*ge	ils abr*è*gent
Mais:	
nous abr*é*geons	elle abr*é*gera

abréger	désagréger
agréger	piéger
alléger	protéger
arpéger	siéger
assiéger	

Les verbes irréguliers

Les verbes entre parenthèses se conjuguent comme les verbes principaux qui les précèdent. Vous trouverez les conjugaisons de ces verbes sur **Système-D** si vous avez choisi d'acheter ce logiciel avec votre manuel. Vous pouvez aussi consulter le site www.leconjugueur.com.

absoudre (dissoudre / résoudre)

acquérir (conquérir / s'enquérir / quérir / reconquérir / requérir)

aller

assaillir (saillir / tressaillir)

asseoir (rasseoir)

battre (abattre / combattre / contrebattre / débattre / s'ébattre / rabattre / rebattre)

boire

bouillir (rebouillir)

conclure (exclure / inclure / occlure / reclure)

connaître (méconnaître / reconnaître / paraître / apparaître / comparaître / disparaître / réapparaître / recomparaître / reparaître / transparaître)

coudre (découdre / recoudre)

courir (accourir / concourir / discourir / encourir / parcourir / recourir / secourir)

couvrir (découvrir / recouvrir / ouvrir / entrouvrir / rentrouvrir / rouvrir / offrir / souffrir)

craindre (contraindre / plaindre)

croire

croître (accroître / décroître / recroître)

cueillir (accueillir / recueillir)

cuire (réduire / conduire / déduire / éconduire / enduire / induire / introduire / produire / reconduire / réduire / réintroduire / reproduire / séduire / traduire / construire / détruire / instruire / reconstruire / luire / entreluire / reluire / nuire / s'entrenuire)

devoir

dire (contredire / dédire / interdire / médire / prédire / redire)

dormir (endormir / redormir / rendormir)

écrire (circonscrire / décrire / inscrire / prescrire / proscrire / récrire / réinscrire / retranscrire / souscrire / transcrire)

faillir (défaillir)

faire (contrefaire / défaire / malfaire / méfaire / parfaire / redéfaire / refaire / satisfaire / surfaire)

falloir

fuir (s'enfuir)

joindre (adjoindre / conjoindre / disjoindre / enjoindre / rejoindre / oindre / poindre)

lire (élire / réélire / relire)

mettre (admettre / commettre / compromettre / démettre / émettre / s'entremettre / omettre / permettre / promettre / réadmettre / remettre / retransmettre / soumettre / transmettre)

moudre (émoudre / remoudre)

mourir

mouvoir (émouvoir / promouvoir)

naître (renaître)

peindre (dépeindre / repeindre / astreindre / étreindre / restreindre / atteindre / aveindre / ceindre / enceindre / empreindre / épreindre / enfreindre / feindre / geindre / teindre / déteindre / éteindre / reteindre)

plaire (complaire / déplaire / taire)

pleuvoir

pourvoir (dépourvoir)

pouvoir

prendre (apprendre / comprendre / déprendre / désapprendre / entreprendre / s'éprendre / se méprendre / réapprendre / reprendre / surprendre / rendre / défendre / descendre / condescendre / redescendre / fendre / pourfendre / pendre / dépendre / rependre / suspendre / tendre / attendre / détendre / distendre / entendre / étendre / prétendre / sous-entendre / sous-tendre / vendre / revendre / épandre / répandre / fondre / confondre / se morfondre / refondre / perdre / reperdre / mordre / démordre / tordre / distordre / retordre / rompre / corrompre / interrompre)

recevoir (apercevoir / concevoir / décevoir / percevoir)

rire (sourire)

savoir

sentir (consentir / pressentir / ressentir / mentir / démentir / partir / repartir / se repentir / sortir / ressortir)

servir (desservir / resservir)

suivre (s'ensuivre / poursuivre)

tenir (s'abstenir / appartenir / contenir / détenir / entretenir / maintenir / obtenir / retenir / soutenir)

traire

vaincre

venir (advenir / circonvenir / convenir / devenir / intervenir / parvenir / prévenir / provenir / revenir / se souvenir / subvenir / survenir)

vêtir (dévêtir / revêtir)

vivre (revivre / survivre)

voir (entrevoir / prévoir / revoir)

vouloir

VERBES SUIVIS DE L'INFINITIF COMPLEMENT

A. Liste des principaux verbes qui sont suivis directement de l'infinitif (*sans* préposition):

aimer mieux	entendre	regarder
aimer	envoyer	reconnaître
aller	espérer	rentrer
assurer	faillir	retourner
avoir beau	faire	revenir
chercher	falloir	savoir
compter	mener	sembler
courir	mettre	sentir
croire	monter	souhaiter
daigner	paraître	supposer
descendre	oser	se trouver
désirer	penser	valoir mieux
détester	pouvoir	venir
devoir	préférer	voir
dire	prétendre	voler
écouter	se rappeler	vouloir

B. Liste des principaux verbes qui introduisent l'infinitif complément avec la préposition **à**:

s'accoutumer à	(se) destiner à	persister à
aider à	(se) déterminer à	se plaire à
aimer à	se disposer à	(se) pousser à
amener à	employer à	prendre plaisir à
s'amuser à	(s') engager à	se préparer à
s'appliquer à	enseigner à	procéder à
apprendre à	exciter à	provoquer à
s'attendre à	s'exercer à	recommencer à
autoriser à	(se) forcer à	(se) réduire à
avoir à	s'habituer à	renoncer à
se borner à	hésiter à	se résigner à
chercher à	inciter à	réussir à
commencer à	inviter à	servir à
condamner à	s'intéresser à	songer à
conduire à	manquer à	suffire à
se consacrer à	se mettre à	tarder à
consentir à	(s) obliger à	tendre à
consister à	s'occuper à	tenir à
continuer à	parvenir à	travailler à
décider à	passer (du temps) à	venir à
se décider à	pencher à	viser à
demander à	penser à	

C. Liste des principaux verbes qui introduisent l'infinitif complément avec la préposition **de**:

s'abstenir de
accepter de
accuser de
achever de
admirer de
s'apercevoir de
arrêter de
avertir de
avoir peur de
(se) blâmer de
cesser de
(se) charger de
choisir de
commander de
commencer de
conseiller de
se contenter de
continuer de
(se) convaincre de
convenir de
craindre de
crier de
décider de
(se) défendre de
demander de
se dépêcher de
(se) dire de
se douter de
écrire de
s'efforcer de
(s') empêcher de
s'empresser de
entreprendre de
essayer de
s'étonner de
éviter de
s'excuser de
faire bien de
se fatiguer de
(se) féliciter de
finir de
forcer de
se garder de
gêner de
se hâter de
s'impatienter de
inspirer de
(s') interdire de
jouir de
(se) jurer de
manquer de
menacer de
mériter de
se moquer de
mourir de
négliger de
être obligé de
obtenir de
s'occuper de
(s') offrir de
ordonner de
oublier de
pardonner de
parler de
se passer de
(se) permettre de
persuader de
(se) plaindre de
prendre garde de
prendre soin de
se presser de
prier de
(se) promettre de
(se) proposer de
punir de
recommencer de
refuser de
regretter de
remercier de
(se) reprocher de
résoudre de
(se) rire de
risquer de
sommer de
souffrir de
soupçonner de
se souvenir de
tâcher de
tenter de
venir de

CREDITS

Text/Realia

2–3	Georges Perec, *Espèces d'espaces* © Editions Galilée, 1974/2000. Reprinted by permission by Editions Galilée.
12–13	Michel Leiris, *L'Age d'homme* © Editions Gallimard. Reprinted by permission by Editions Gallimard.
23	Charles Baudelaire, "Portrait de Dorothée" in *Petits poèmes en prose*, 1869
30	Alain Fournier, *Le Grand Meaulnes*, 1913
44	Marcel Proust, "Du Côté de chez Swann" in *A la recherche du temps perdu*, 1913
62–63	Frédéric Mistral, *Mémoires et Récits*, ca 1920
85	Julia Kristeva, *Possessions* © Editions Fayard, 1996
86	Isabelle Milkoff, *Poule de luxe* © Rue Saint Ambroise fictions 14, 2004. Reprinted by permission by the author.
87	Denis Diderot, *Jacques le fataliste et son maître*, 1796
88	Georges Simenon, *L'affaire Saint-Fiacre* © Le Livre de Poche, 1932
88	Boris Vian, *L'Herbe rouge* © Le Livre de Poche, 1962
90–93	Guy de Maupassant, *L'inutile beauté*, 1875
100	Georges Sand, *Histoire de ma vie*, 1854
102–103	Raymond Radiguet, *Le Diable au corps*, 1923
110	Madame de Sévigné, *Lettre à Madame de Grignan du 29 juillet, 1676*
118	Honoré de Balzac, *Lettre à Clorinde*, ca 1830
119	Marie Curie, *Journal*, 1906
122	Choderlos Laclos, *Les Liaisons dangereuses*, 1792
128	Théodore Zeldin, *De la conversation* © Editions Fayard, 1999
130	*Un air de famille* © Agnès Jaoui et Jean-Pierre Bacri, Paris, Editions de l'Avant-Scène théâtre, collection des Quatre-Vents, 2005. Reprinted by permission by Editions de l'Avant-Scène théâtre.
137	Georges Sand, *La petite Fadette*, 1849
140	Jules Verne, *Paris au XXe siècle* © Hachette Livre en coédition avec le cherche midi éditeur, 1995. Reprinted by permission by Hachette Livre en coédition avec le cherche midi éditeur.
149–150	Serge Brussolo, *Vue en coupe d'une ville malade* © Editions Denoël, 1980. Reprinted by permission by Editions Denoël.
151	Reprinted by permission by Corinne Allemand-Labbe.
152	François Rabelais, *Gargantua*, 1534

Photos

All photos were provided by the authors.

20	Morris, Lucky Luke, les Dalton et Jolly Jumper, Cité de la Création (2001)
70	Marc-Antoine Mathieu, Réalité, sortie de secours, Cité de la Création (1999)
146	Nicolas de Crécy, New York sur Charente, Cité de la Création (2001)